欧元区

人民币国际化动力机制研究

Studies on Euro Area's Motivation to
RMB Internationalization

周旺旺·著

时 事 出 版 社
北 京

本书获深圳技术大学学术专著出版基金资助

前　　言

本书所关注的是国际政治经济学中的货币政治问题。在国际货币金融历史中，人民币国际化是近20年来的一个具有重要现实意义的前沿问题。自布雷顿森林体系解体，美元一直作为霸权货币主导全球的货币计价、交易和储备功能。排在美元之后的是曾经辉煌全球的英镑和新成立的坚挺欧元。欧元的稳定离不开德国央行和法国央行的支持，离不开其背后强大的德国、法国制造业。未来人民币的国际化，同样需要强大的国内制造业基础和顶层设计，例如在技术上的高端制造业持续研发投入。

在未来20年，人民币必将成为国际货币基金组织中更为重要的权重货币。全球各地的人民币离岸交易中心，如伦敦、法兰克福和巴黎，也必然会提升人民币的外汇交易量和货币流通。作为“欧盟物价稳定器”的欧洲央行，已经将人民币视为重要的储备货币。“一带一路”沿线国家中，采用人民币作为计价货币的买方卖方会越来越多。人民币作为国际化货币的三个重要功能——国际交易、国际计价、国际储备——会越发明显。从这个角度讲，人民币国际化是一个自然而然的事情，是随着中国不断富强而自然实现的一个重要现象。

作为一个发展中的社会主义大国，中国在当今全球贸易价值链、全球消费市场、全球治理中扮演着极为重要的角色，是人类命运共同体的重要参与者。随着中国的持续发展，人民币的国际货币地位会必然提升。

正如一位学者所言：“我们可以把马儿拉到河边，但不能强迫它低头喝水。”人民币国际化的供给方是中国自身，而需求方是与中国有国际贸易金融往来的各国各地。人民币国际化的进程中，其他国家支持或反对人民币的动机与运作方式值得研究。我们需要了解其他国家的内部情况，不同贸易集团、不同层级政府、不同金融协会之间是如何较量的，以及最终如何形成自身的政策。欧元区的大国和小国，就为本研究提供了生动案例。在未来，人民币国际化需求方的政治经济动力机制，值得更为深入的探索。这将为中国的人民币国际化提供更为精准的政策支持。

本书抛砖引玉，希望未来有更多作品从需求方的角度，对人民币国际化做更多的货币政治案例分析。“打铁还需自身硬”，同样重要的是中国制造业的持续进步，这会让中国在国际货币领域拥有更多的定价权。人民币国际化也将受益于逐步推进的全球重要商品人民币计价。

目　　录

导　论

一、研究缘起

本书研究的是人民币国际化背景下中国与欧元区国家的货币合作问题。在当下国际货币体系中，作为全球第二大货币主体的欧元区国家，主动与中国建立货币合作的动力和条件是什么?

中欧货币合作的前半段是由人民币国际化开启的。2009 年 7 月 1 日，中国人民银行等机构联合制定了《跨境贸易人民币结算试点管理办法》。这被视为中国在 2008 年全球经济危机爆发后和多年改革国际货币体系收效有限的情况下，主动推进人民币国际化来降低对美元依赖的标志。2009 年颁布的《跨境贸易人民币结算办法》只是第一步，它意味着中国在跨境贸易中开始渐渐用人民币替代美元进行结算。2010—2015 年人民币在国际支付领域从第 35 位升至第 4 位，波动后稳定在第 5—8 位。2016 年 10 月人民币被纳入国际货币基金组织特别提款权篮子，在国际层面被接纳为一种重要的官方储备货币，成为中国经济融入全球金融体系进程的一个重要里程碑。[①]人民币在全球货币体系中的地位稳步提升。

一种货币的国际化会引发其他国家的关注。有趣的是，当一种货币还处于国际化的初级阶段时，就能吸引很多国家的支持。在人

① 国际货币基金组织官网：“IMF 将人民币加入特别提款权篮子”，2016 年 9 月 30 日，https：//www. imf. org/zh/News/Articles/2016/09/29/AM16 – NA093016IMF – Adds – Chinese – Renminbi – to – Special – Drawing – Rights – Basket，上网时间：2019 年 8 月 5 日。

民币国际化进程中，中国与其他国家、地区央行签署了一系列货币合作协议。截至2020年1月，中国共与39个国家央行签署了货币互换协议，并与其中部分国家完成续签，同时已经授予21个国家不同的人民币合格境外机构投资者额度（RQFⅡ）。就欧元区来说，2013年10月中国与欧洲中央银行签订3500亿人民币/450亿欧元本币互换协议，并于2016年、2019年先后2次进行了展期，使欧元区也获得了人民币流动性安全网。2014年德国、法国、卢森堡快速与中国建立了人民币清算机制，在2014—2015年均获得了不同数量的RQFII额度，并在2015—2020年持续推动与人民币的深入合作。

作为美国传统盟友的欧洲国家，在2013—2017年间，如英国、德国、法国、荷兰等欧洲各国的领导人不仅先后访华并与中国达成一系列货币、金融、经贸、科技等领域的合作，还争做中国在欧洲“最好的朋友”。英国媒体曾提出“中英黄金十年”，德国、法国驻华大使则在《人民日报》联合发声：“德、法是中国在欧盟的核心伙伴”。欧洲国家对华态度的明显转变和欧洲国家对人民币国际化的支持似乎有些不顾及美国盟友的感受。2008年金融危机爆发后，欧洲人对美元政策和盎格鲁·撒克逊式的自由主义经济模式就已心生不悦。① 早在20世纪七八十年代，美国在货币事务上对欧洲的施压就已经让欧洲人很不满意。欧洲在近年一直尝试与中国合作改革国际货币体系，但未达到理想的效果。② 欧洲对美国货币政策的不满是中欧货币合作的一个背景。

目前大多数研究关注的是人民币国际化进程中，中国的条件和政策设计，而少有研究深入分析合作方的条件、动机和行动。欧元区货币决策主体和成员国是在怎样的条件、动力和在哪些推动主体的努力

---

① 德国和法国认为它们的银行体系旨在服务于整体经济，而不像英美银行业那样从事短期的投机活动。参见：［德］马库斯·布伦纳梅尔、［英］哈罗德·詹姆斯、［法］让－皮埃尔·兰多著，廖岷等译：《欧元的思想之争》，中信出版社2017年版，第173页。

② Miguel Otero－Iglesias and Ming Zhang，“EU－China Collaboration in the Reform of the International Monetary System：Much Ado About Nothing?” Working Paper No. 2012W07，2012.

下一步步与中国达成人民币合作；成员国内部的政治经济差异，对货币合作过程又有何影响。本书将深入到欧元区合作方内部，通过案例比较研究和访谈方法，追踪货币合作方的推动主体所做的持续而重要的努力，实证分析欧元区主要国家与人民币合作的深层动力。

理论意义而言，我们将从国际政治经济学的视角，对协商货币崛起的条件进行有益讨论，对政策吸引他国支持和建立货币合作的观点进行实证探索。就现实意义而言，2018 年 12 月欧盟委员会在英国“脱欧”的关键背景下通过《加强欧元国际货币角色》的报告，[①] 这对未来人民币国际化、美元的国际货币地位和国际货币体系都会产生影响。因而，货币国际化在对外政策制定中日益突显其重要性。[②] 探析中欧货币合作背后推动者的意图和利益及影响推动过程的潜在因素，对于理解当前中欧货币关系的本质、推动“一带一路”倡议下的人民币国际化和货币合作是有价值的。

本书重点关注中国与欧元区国家在双边贸易和金融领域的货币合作，考察合作国的推动主体，包括各国政府、央行、地方政府、促进人民币业务发展的专业机构、金融组织和经济工商业实体组织等在其中发挥的作用。我们将从推动主体的政治经济利益需求着手，考察其如何推动合作逐步达成。本书强调货币合作的“政治性”而非“技术性”，重点关注货币合作达成的政治经济基础。

二、综述

述评分为三部分：第一部分首先将界定概念和讨论范围，分析国际货币定义、国际货币分类、国际货币的成本收益、国际货币权力和货币国际化中的政治经济决定因素，梳理有关国际货币的政治经济学基础概念，进而聚焦到对协商货币和货币国际化研究中政治

---

① European Commission，https：//ec. europa. eu/commission/sites/beta - political/files/deepening - economic - and - monetary - union - euro - summit - dec2018_ en. pdf.

② 《2018 年政府工作报告》和 2017 年全国金融工作会议都显示出对“人民币国际化”议题的重视。

力量的讨论；第二部分将讨论国际货币合作，在第一部分国际货币的基础上，着重分析有关货币合作的研究，简要梳理目前货币合作领域最成熟的欧元区货币合作的政治经济分析成果；第三部分是综述的重点，将分为四大类评述目前中外学者在这一领域的已有成果和不足，为我们接下来的研究提供借鉴。

（一）国际货币

1. 国际货币的定义

国际货币是指在国际层面发挥交易媒介、计价工具和价值贮藏功能的货币。① 货币一开始由单个民族国家发行并在发行国家疆界内部流通，发挥交换媒介、计价单位和储藏功能。国家对货币构成绝对的政治权威。随着技术创新和全球化的到来，市场力量推动着原本在本国疆界内流通的货币走出国界，并在其他国家和地区的交易网络中扮演角色。在保罗·克鲁格曼（Paul Krugman）的定义中，国际货币存在六个维度的功能。②

表 1　国际货币的六种职能

	交易中介	价值尺度	价值储藏
私人部门	国际贸易和金融交易中的支付手段	国际贸易和金融交易中商品、资产的计价	以金融资产形式持有
公共部门	干预外汇市场的货币工具	确定本国汇率平价	外汇储备

资料来源：根据克鲁格曼文章内容整理。

2. 国际货币的分类

苏珊·斯特兰奇（Susan Strange）在《英镑和英国政策》中，

① Benjamin J. Cohen, *The Future of Sterling as an International Currency*, MacMillan Press, 1971, pp. 13 – 23.

② Paul Krugman, "The International Role of the Dollar: Theory and Prospect," NBER, 1984, p. 263.

将国际货币按照受政治力量推动和市场力量推动的标准分为四类。[①]受政治力量推动的包括主导货币（Master Currency）和协商货币（Negotiated Currency），受市场力量推动的货币是顶级货币（Top Currency）与中立货币（Neutral Currency）。顶级货币是指国际上最受欢迎的货币，其受欢迎的原因源于货币发行国在国际上的经济领导力。而主导货币和协商货币主要由发行国和发行国与合作方的政治共同决定。主导货币通常指帝国或霸权国的货币，发行国允许或强迫其卫星国对其货币的使用。如果主导货币本身是一种受追捧、带有潜在好处的货币，卫星国或殖民国会自愿使用；但是，如果主导国货币是一种不受欢迎且没有任何实质收益的货币，主导国有时需要动用政治强制力强迫卫星国对本币使用。因此，主导货币带有强烈的政治强制力色彩。而协商货币是指那些曾经拥有经济、政治主导优势，但现在已经失去这种领先地位，需要通过外交手段与政治谈判来保证国际地位的货币。

埃里克·赫莱纳（Eric Helleiner）针对斯特兰奇对协商货币的定义，进行了一定程度的补充。赫莱纳认为，协商货币既可以指那些地位处于下降状态的货币，也可以表示那些政治、经济地位正在上升的崛起国货币。

本杰明·科恩（Benjamin J. Cohen）则按照国际货币的地位高低，即一种货币金字塔的高下之分划分国际货币的类型：顶级货币，享有全世界顶级的流通度，也是最受尊敬的货币，如一战前的英镑和二战后的美元；贵族货币（Patrician Currency），如曾经的德国马克和日本日元；精英货币（Elite Currency），如当时的英镑、荷兰盾和瑞士法郎等；平民货币（Plebeian Currency），只是有限使用的货币，主要是一些较小的工业国的货币，如澳大利亚、奥地利、西班牙、新加坡、韩国等国的货币，其货币权威受到外国影响而大打折

---

① Susan Strange, *Sterling and British Policy. A Political Study of an International Currency in Decline*, London, New York, Toronto: Oxford University Press, 1971.

扣；另外还有渗透货币（Permeated Currency）、准货币（Quasi - currency）和伪货币（Pseudo Currency）等。①

3. **国际货币的收益与成本**

发行国际货币首先会为发行国带来好处，主要有：第一，获得铸币税，即货币面值与制造货币成本之差的收入；第二，降低交易成本，因为使用本国货币而不是第三方货币进行跨境结算可以绕开很多结算手续和费用，也能避免汇率多重波动造成的成本；第三，宏观经济灵活性，发行国可以直接用本国货币为国际收支失衡融资；第四，杠杆功能，利用本国货币为国内宏观经济融资可以提高发行国的政策自主性，而自主性是影响力的前提，因此发行国际货币可以直接提高发行国的硬实力；第五，声誉，本国货币在国际市场上的大量流通和发行国稳健的货币政策风格，都可以提高发行国的国际地位和威望。②

发行国际货币也需要付出成本，主要有三种成本：第一，国内货币政策受外国使用本国货币的制约；第二，发行国会面临流动性和信心的两难困境，即“特里芬困境”（Triffin Dilemma）；③ 第三，当发行国货币在其他国家扮演“锚货币”角色时，发行国就失去了汇率这项宏观经济政策工具。④ 很多学者认为随着时间变化，发行国

---

① Benjamin J. Cohen, *The Geography of Money*, Ithaca and London: Cornell University Press, 1998.

② Benjamin J. Cohen, “The Yuan Tomorrow? Evaluating China's Currency Internationalisation Strategy”, *New Political Economy*, Vol. 17, No. 3, 2012, pp. 361 - 371; Benjamin J. Cohen, *The Geography of Money*, Ithaca, NY: Cornell University Press, 1998; Benjamin J. Cohen, “The Macrofoundations of Monetary Power,” in D. M. Andrews, ed., *International Monetary Power*, Ithaca, NY: Cornell University Press, 2006, pp. 31 - 50; Eric Helleiner, *The Making of National Money: Territorial Currencies in Historical Perspective*, Ithaca, NY: Cornell University Press, 2003.

③ 特里芬困境：国际货币发行国一方面需要不断输出本国货币，满足国际市场对本币的流动性需求；另一方面若过度发行本国货币又会导致外国使用者对本币币值和货币政策失去信心，因而使发行国陷入两难困境。

④ Benjamin J. Cohen, *The Future of Sterling as an International Currency*, London: Macmillan, 1971, p. 42.

际货币的收益很可能在下降，而成本却很可能会上升。①

4. **国际货币权力**

国际货币政治的重要内容是对国际货币权力的追求。有学者从权力的自主性角度论述国际货币权力的宏观基础，而另外一些注重从联系性权力和结构性权力的维度解释国际货币权力的内在机理。斯特兰奇在《国家与市场》中从联系性权力和结构性权力的角度阐释国际货币权力的内在逻辑。联系性权力（Relational Power）指一国强迫另一国去做事情；结构性权力（Structural Power）则指代一种决定事情该怎么做和决定国家对国家、国家对人、国家对企业关系架构的权力，也就是决定游戏规则的权力。斯特兰奇认为，结构性权力存在于安全、生产、金融和知识这四个主要结构和运输、贸易、能源和福利系统这四个次级结构中。在这些结构中谁拥有支配结构的资源和决定规则的权力，就能决定国际政治经济的走向。② 科恩则认为，货币权力和其他权力一样，包含两种属性：影响力属性和自主性属性，自主性是影响力的前提。国际货币权力的自主性指发行国避免国际收支失衡调整成本的能力。③

赫莱纳在斯特兰奇的基础上，进一步指出货币的结构性权力可以同时从宏观层面和微观层面发挥作用。从微观层面来说，货币的结构性权力影响途径包括对其他国家的金融调控、对国际金融危机的管理、重塑经济地理和形成对发行国的认同。④

---

① Robert A. Mundell, "EMU and the International Monetary System: A Transatlantic Perspective," working Paper No. 13. Vienna: Austrian National Bank, 1993, p. 17; Benjamin J. Cohen, *The Geography of Money*, Ithaca, NY: Cornell University Press, 1998, pp. 124 – 129; Hyoung – kyu Chey, "Theories of International Currencies and the Future of the World Monetary Order," *International Studies Review*, Vol. 14, No. 1, March 2012, p. 57.

② Susan Strange, *States and Markets. An Introduction to International Political Economy*, New York: Basil Blackwell, 1988.

③ Benjamin J. Cohen, " The Macro – foundations of Monetary Power," in David M. Andrews, ed, *International Monetary Power*, Ithaca and London: Cornell University Press, 2006, pp. 31 – 50.

④ Eric Helleiner, "Below the State: Micro – Level Monetary Power," in David M. Andrews, ed, *International Monetary Power*, Ithaca and London: Cornell University Press, 2006, p. 84.

表 2　国际货币权力的宏观与微观层面

	货币权力方面	主要机制
宏观层面	吸取财富	铸币税、货币的升值和贬值
	投射宏观经济偏好	对全球金融市场的拉伸力量；使用汇率武器
微观层面	影响对其他国家的金融调控	调控金融市场使用核心货币
	对国际金融危机管理的影响	公开最后贷款人活动；影响私人机构对主导货币的借贷
	重塑经济地理	改变交易成本和培养与主导货币发行国的经济联系
	形成认同	创造对主导货币价值和稳定的共同利益；货币的象征意义；使用和发行主导货币的共同信任；共同的"经济语言"；集体货币经验

资料来源：根据赫莱纳文章自制。

乔纳森·科什纳（Jonathan Kirshner）提出了结构性权力发挥作用的三种途径，分别是货币操纵（Currency Manipulation）、货币依赖（Currency Dependence）和体系破坏（Systemic Disruption）。与赫莱纳的观点不同的是，科什纳尤其强调发行国在施加结构性权力时的意图性。① 安德鲁·沃尔特（Andrew Walter）认为，从长期来看，市场是决定货币权力地位的最重要的因素。如果领导货币发行国滥用货币权力并造成适得其反的后果，市场上的追随者会因为其不再可靠、不再值得信赖而转用其他货币。②

总之，国际货币权力的多维度视角既可以帮助我们理解货币政治研究的重要意义，又可以补充对国家行为体在国际货币事务中的

① Jonathan Kirshner, *Currency and Coercion: The Political Economy of International Monetary Power*, Princeton, NJ: Princeton University Press, 1995.

② Andrew Walter, "Domestic Sources of International Monetary Leadership," in David M. Andrews, ed, *International Monetary Power*, Ithaca and London: Cornell University Press, 2006, pp. 51 – 71.

决策与行为解释。国际货币地位和相应的国际货币权力如此重要，那什么是决定货币国际化的关键因素？

5. 货币国际化的决定因素

决定货币国际化的关键因素既有经济因素也有政治因素。首先，有三个经济因素影响货币地位：对国际货币的信心、发达而流动的金融市场和广阔的交易规模。① 就信心而言，巴里·艾肯格林（Barry Eichengreen）曾预测如果美国外债和经常账户赤字依然居高不下，那么对美元的信心不足会导致美元持续贬值。美元会重蹈英镑的覆辙。② 从发达、开放的金融市场来看，人民币如果要实现国际化，中国就需要像美国一样拥有发达、开放的金融市场，这也是艾肯格林（Eichengreen）认为人民币成为真正领先国际货币的重要障碍。③ 最后是广阔的交易网络，金德尔伯格（Charles Kindleberger）强调国际货币的选择不依据价值或道德价值，而应依据经济规模。④ 一些经济学家通过研究验证了这个观点，一个国家占世界产品和国际贸易的份额的确正向地影响了本国货币在国际外汇储备的份额。⑤ 也有学者证明了 19 世纪末贸易规模是货币领导力的动力来源。⑥ 当今美元的支持，主要来自美国在世界经济

---

① Eric Helleiner, "Political determinants of international currencies: What future for the US dollar?" *Review of International Political Economy*, Vol. 15, Issue 3, 2008, p. 357.

② Barry Eichengreen, "Sterling's Past, Dollar's Future: Historical Perspectives on Reserve Currency Competition," *mimeo*, April 2005.

③ Benjamin J. Cohen, "Toward a Leaderless Currency System," paper presented at workshop "Wither the Key Currency?" Cornell University, Ithaca, New York, October 12th – 14th, 2007.

④ Charles Kindleberger, "The Politics of International Money and World Language," *Essays in International Finance*, No. 61, Princeton: Princeton University Press, 1967, p. 7.

⑤ M. Chinn and J. Frankel, "Will the Euro Eventually Surpass the Dollar as Leading International Reserve Currency?" NBER Working Paper 11510, Cambridge, MA: National Bureau of Economic Research, 2005.

⑥ M. Flandreau and C. Jobst, "The Empirics of International Currencies: Evidence from the 19th Century," mimeo, November 2005.

中占主导优势的经济体量和美国遍布全球的跨国公司。[①]

其次，政治因素主要包括间接政治影响力和直接政治影响力。间接政治影响力指发行国通过影响决定货币国际化的三个经济因素（即信心、发达的金融市场和广阔的交易规模），推进本币国际地位的提升；直接政治影响力是指政治发挥更加直接的作用，使其他国家并不是由于本币的内在经济吸引力，而决定对他国货币的国际地位给予直接支持。[②] 更为重要的是，当一种货币在国际上处于地位上升和下降的时期，政治因素对国际货币使用的影响力很可能高于经济因素。[③]

总结以上观点，合作方会支持一种本币吸引力尚不明显的、由其他国家发行的国际货币，主要原因在于合作方受到发行国的政策吸引影响。成本—收益计算、与发行国的关系和合作方之间的竞争关系会共同影响合作方的态度。当发行国确定推进本币国际化时，发行国就会采取政策手段，制定一些诱人的政策，吸引、鼓励其他国家对本币的支持和使用。这就是后文将重点讨论的政策吸引（Policy Inducements）。[④]

（二）国际货币合作

1. 两种货币合作类型

国际政治中对合作的研究已经非常丰富，主要分为两类：一类是按

---

① E. Frank, "The Surprising Resilience of the US Dollar," *Review of Radical Political Economics*, Vol. 35, No. 3, 2003, pp. 248 – 254; Fred Bergsten, "The Euro and the Dollar," in A. Posen, ed., *The Euro at Five: Ready for a Global Role*, Washington, DC: Institute for International Economics, 2005.

② Eric Helleiner, "Political determinants of international currencies: What future for the US dollar?" *Review of International Political Economy*, Vol. 15, Issue 3, 2008, pp. 354 – 378.

③ Eric Helleiner, "Enduring Top Currency, Fragile Negotiated Currency: Politics and the Dollar's International Role," in Eric Helleiner and Jonathan Kirshner, eds., *The Future of the Dollar*, Ithaca, NY: Cornell University Press, 2009.

④ Susan Strange, *Sterling and British Policy. A Political Study of an International Currency in Decline*, London, New York, Toronto: Oxford University Press, 1971; Eric Helleiner, "Political determinants of international currencies: What future for the US dollar?" *Review of International Political Economy*, Vol. 15, Issue 3, 2008, pp. 354 – 378; Hyoung – kyu Chey, "Theories of International Currencies and the Future of the World Monetary Order," *International Studies Review*, Vol. 14, No. 1, March 2012, pp. 51 – 77.

照罗伯特·基欧汉定义的合作概念，合作是行为者按照对方真实或预期偏好调整他们行为的政策协调过程。因此，基欧汉的定义强调从混乱到和谐的相互调整过程，这个调整过程发生的原动力在于从混乱到和谐可以使参与调整的各方有利可图。按照基欧汉的观点，合作的前提是存在一些混乱。因为若不存在混乱，那么行为体之间的关系就是和谐的，就不需要积极的相互调整。鉴于基欧汉将混乱视为合作的前提，我们因此可以将这种类型的合作视为一种由问题导向的被动型合作。[1]

另一类是按照海伦·米尔纳或大卫·安德鲁的界定，合作是指合作双方（各方）为共同的目标而共同努力。单方面的政策适应或调整不是合作。[2] 这个定义并没有强调问题、混乱是合作的前提，只强调参与各方的共同目标、共同利益以及共同努力的合作行为。因此，可以理解为一种由意愿导向的主动型合作。[3] 以上两种合作都可以是双边或多边的，而且也都存在大国或强国强迫小国或弱国合作的可能。

"合作"在国际政治领域中有时同义于"协调"或"调整"。大卫·安德鲁斯（David Andrews）定义了两种不同类型的协调，一种是过程协调（Procedural Coordination），是指双方相互调整自身政策的过程，但不代表这个过程就能达到双方都适合的结果；另一种是本质协调（Substantive Coordination），是指对双方都比较适合的政策被建立的结果，而且强调各自建立的政策一定具有一致性。[4] 因此，过程协调

---

① Robert O. Keohane, *After Hegemony. Cooperation and Discord in the World Political Economy*, Princeton, New Jersey: Princeton University Press, 1984, p. 50.

② David M. Andrews, "Monetary Policy Coordination and Hierarchy," in David M. Andrews, ed, *International Monetary Power*, Ithaca and London: Cornell University Press, 2006, pp. 91 – 116; Helen Milner, "International Theories of Cooperation among Nations: Strengths and Weaknesses," *World Politics*, Vol. 44, April 1992, pp. 466 – 496.

③ 肯尼斯·奥耶在《无政府状态下的合作》中对"合作"的定义是"合作各方有意识的谈判过程"，也符合第二种意愿导向的主动合作的类型。而且，奥耶尤其强调只有合作的共同利益被认知时，合作才更容易达成。参考：Kenneth A. Oye, *Cooperation under Anarchy*, New Jersey: Princeton University Press, 1986。

④ 英语中前者就是指 the act of coordinating，后者表述为 the state of being coordinate。David M. Andrews, "Monetary Policy Coordination and Hierarchy," in David M. Andrews, ed, *International Monetary Power*, Ithaca and London: Cornell University Press, 2006, p. 93.

强调合作、协调的过程、行为，不代表这种行为达到了合作的目标，而本质协调特指合作达到了合作各方都期待的结果。那些协调需求更大的国家只能通过改变国内政策，单方面地追求本质协调的结果，这被称作顺从协调（Subordination Coordination）或政策适应（Policy Adaptation）。而国际政治中过程协调是多见的，但是本质协调却经常难以达到。

2. **货币合作**

对于货币合作，经济学家习惯通过模型计算成本—收益，选择最优的货币合作模式。① 但是，经济学理论并不能决定经济决策，经济决策和货币决策最终是由政治决定的。②

---

① 比如，有的从技术角度研究如何为国际货币政策合作设计目标规则，参考：Gianluca Benigno amd Pierpaolo Benigno，"Designing Targeting Rules for International Monetary Policy Cooperation，" *Journal of Monetary economics*，Vol. 53，2006，pp. 473 – 506。有的通过两个国家的动态模型分析最佳货币合作方案的特点，结论是通过通胀目标机制可以实施最佳方案的货币合作。参考：Gianluca Benigno and Pierpaolo Benigno，"Implementing International Monetary Cooperation Through Inflation Targeting，" *Macroeconomic Dynamics*，Vol. 12，2008，pp. 45 – 59。有的以美国与其他 OECD 国家为例，利用 8 种经济模型搭配出 520 种政策协调组合方式，又加上另外的货币和财政政策协调可能性，分别算出不同政策协调组合对美国和其他 OECD 国家实际福利的影响，参考：Jeffrey A. Frankel and Katharine A. Rockett，"International Macroeconomic Policy Coordination When Policy – makers Disagree on the Model，" working Paper No. 2059，1986；Jeffrey Frankel，Scott Erwin and Katharine Rockett，"International Macroeconomic Policy Coordination When Policymakers do not Agree on the True Model：Reply，" *The American economic Review*，Vol. 82，No. 4，1992，pp. 1052 – 1056。或者，当确定决策者了解合作模型的前提下，通过引入两个静态的经济模型，以美国、德国和日本三国之间的协调为例，来检验统一的政策行动是否能够提高各国的经济福利，参见：Gilles Oudiz and Jeffrey Sachs，"Macroeconomic Policy Coordination among the Industrial Economies，" *Brookings Papers on Economic Activity*，Vol. 1984，No. 1，1984，pp. 1 – 75。随后又利用动态模型测量国际宏观经济政策协调的收益，参考：Gilles Oudiz and Jeffrey Sachs，"International Policy Coordination in Dynamic Macroeconomic Models，" in Willem H. Buiter and Richard C. Marston，eds.，*International economic Policy Coordination*，Cambridge：Cambridge University Press，1985。有的提出一个基本均衡的两国合作数学模型，并强调鉴于货币合作经常达不到预期效果，所以需要制度设计或对合作酌情做出一些承诺，以使承诺可信，参见：Joseph Plasmans，Jacob Engwerda，Bas Van Aarle，Giovanni Di Bartolomeo and Tomasz Michalak，*Dynamic Modeling of Monetary and Fiscal Cooperation among Nations*，Netherland：Springer，2006。

② Jonathan Kirshner，"The Inescapable Politics of Money，" in Jonathan Kirshner，ed.，*Monetary Orders*：*Ambiguous Economics*，*Ubiquitous Politics*，Ithaca，NY：Cornell University Press，2003，pp. 3 – 7.

货币合作总是充满吸引力。国家或非国家行为体愿意进行货币合作，是为了达到彼得·凯南（Peter Kenen）提出的两个政策目标：达到政策最优化和保持体制或提供公共产品，前者是指合作可以使国家更接近其政策目标，后者指相互协调可以促进追求更广泛的集体目标，如捍卫当前的国际安排和应对潜在经济或政治冲击的威胁。①

当然，不是所有学者都认为合作是有利可图的。肯尼斯·罗格夫（Kenneth Rogoff）认为，因为集体实施通胀性货币政策并不会导致本国货币的贬值，所以，当央行缔结货币合作协议后，扩张性货币政策出现的可能性更高。也就是货币合作很可能会导致一个适得其反的结果。② 作为对罗格夫观点的回应，有学者认为只要将价格设置者设定为厌恶通胀的群体如小规模的个体经营者，货币合作就会引起更高的就业率和可能更低的通胀率。也就消除了货币合作的适得其反的效应。③

总之，随着全球经济相互依赖程度的提高，国家也因为意识到货币合作的相对收益而提高参与、达成货币合作的意愿。④ 货币合作的目的，可能是为了稳定通胀预期，⑤ 也可能是为了消除本国货币政策对其他国家的负外部性。⑥ 并且，由于货币决策如汇率机制本身既

---

① Peter B. Kenen, "The Coordination of Macroeconomic Policies," in William H. Branson, Jacob A. Frankel, and Morris Goldstein, eds., *International Policy Coordination and Exchange Rate Fluctuations*, Chicago: University of Chicago Press, 1990, pp. 68 – 69.

② Kenneth Rogoff, "Can International Monetary Policy Cooperation Be Counterproductive?" *Journal of International Economics*, Vol. 18, 1985, pp. 199 – 217.

③ Henrik Jensen, "Monetary Policy Cooperation May Not Be Counterproductive," *The Scandinavian Journal of Economics*, Vol. 99, No. 1, 1997, pp. 73 – 80.

④ Motoshi Suzuki, "Economic Interdependence, Relative Gains, and International Cooperation: The Case of Monetary Policy Coordination," *International Studies Quarterly*, Vol. 38, 1994, pp. 475 – 498.

⑤ Adam Posen and Arvind Subramanian, "Stabilizing Inflation: Why We will Need International Monetary Cooperation in the Coming Global Recovery," *Oxford Review of Economic Policy*, Vol. 26, No. 1, 2010, pp. 1 – 3.

⑥ Jeffry A. Frieden, "Global Governance of Global Monetary Relations: Rationale and Feasibility," *Economics*, Vol. 3, 2009, pp. 1 – 16.

受国内因素又受国际因素的影响，因此如果不存在国际层面的协调，很多问题如汇率波动就会成为一个单一国家难以解决，同时困扰所有国际经济参与国的问题。可见国际货币协调毕竟是不可缺少的。①所以，国际政治经济学者就货币合作达成的基本共识——货币合作是有收益的。②

然而，要达成货币合作，又总是困难重重。按照前面的分类，货币合作的质量受很多因素的影响。

3. 第一类问题导向的被动合作

针对问题导向的被动型合作，国际政治经济学领域已经针对有关全球宏观经济问题的协调与合作，进行了非常系统的研究。对这类合作效果的分析，本杰明·科恩总结出五条合作可能达不到预期效果的原因，包括：（1）合作收益的广度问题（Magnitude of Gains），如果货币合作的外部性降低，那么合作的潜在收益也会较低；（2）合作的成本分配问题（Magnitude of Cost），合作涉及时间、人力、物力的投入和国家自主性的妥协，参与合作的国家数目越多，货币合作难度越大；（3）时间不一致性问题（Time-inconsistency），合作参与方可能一开始愿意合作，后面又因其他原因反悔；（4）激励扭曲问题（incentive-distortion），指如果参与者面临其他激励的诱惑，也可能选择放弃合作；（5）模型不确定性（Model Uncertainty），

① J. Lawrence Broz and Jeffry A. Frieden, "The Political Economy of International Monetary Relations," *Annual Review of Political Science*, Vol. 4, 2001, pp. 317 – 343.

② 以下均通过实证研究证明货币合作是存在收益的：D. A. Currie, P. L. Levine and N. Vidalis, "Cooperative and Noncooperative Rules for Monetary and Fiscal Policy in an Empirical Two – Bloc Model," in R. Bryant and R. Porters, eds., *Global Macroeconomics: Policy Conflict and Cooperation*, London: Macmillan, 1987; W. J. McKibbin and J. D. Sachs, *Global Linkages: Macroeconomic Interdependence and Cooperation in the World economy*, Washington: The Brookings Institution, 1991; A. J. Hughes – Hallet, "The Impact of Interdependence on Economic Policy Design: The Case of the US, EEC and Japan," *Economic Modelling*, Vol. 4, 1987, pp. 377 – 396; Wolfram Berger, "Optimal Monetary Policy and Sectoral Shocks: Is International Monetary Cooperation Beneficial?" *The Scandinavian Journal of Economics*, Vol. 109, No. 2, 2006, pp. 267 – 290 等。

决策者会因为要么不熟悉经济运转的机理、经济互动的机制，要么对政策作用持有不同观点、存在理解偏差，导致合作难以维系。① 但是，究其本质，科恩认为以上五个阻碍因素最终还是源于国内决策者对“不可能三角”② 的权衡。由于参与货币合作的决策者面临国内目标和国内局势的不断变化，位于决策者面前的合作成本、收益、激励与模型也一直处于动态变化，所以货币合作参与者难以对货币合作做出恒久可靠的承诺。③ 这是国际货币合作难以稳固的根本原因。科恩认为在这种情况下要使合作能长期有效，需要合作各方做出更加可信的承诺。这种可信承诺出现的前提是，合作各方在其他政治、经济领域也感到命运共系。

托马斯·威利特（Thomas D. Willet）通过综述性研究，验证了科恩的观点。他认为，国内经济结构和政治压力会形成国内偏差，进而导致政策协调会加剧而不是降低国际宏观经济不稳定，如一国对宏观经济政策的偏好像通胀、就业之间的权衡就会导致宏观经济政策协调效果不能被保持的局面。④ 最后，从政治经济学文献中提取出有关货币政策协调的十六条命题（proposition），其中的六条命题都强调了国内因素对货币合作

① Benjamin J. Cohen, “The Triad and the Unholy Trinity: Problems of International Monetary Cooperation,” in Jeffry A. Frieden and David A. Lake, eds., *International Political Economy Perspectives on Global Power and Wealth*, London and New York: Routledge, 2000, 4th edition, pp. 248 - 249.

② “不可能三角”（Impossible Trinity）指国家在货币决策中对三个目标即政策自主性、汇率稳定和资本自由流动只能三者选其二的困境。

③ 货币合作的选择如固定汇率合作当然也会有损本国货币政策效率。当银行倾向从国外用外币借钱用以进行国内房贷时，货币政策会对信贷市场和经济有较低的作用，所以，结论是正式的货币合作会削弱本国货币政策有效性。参见：Xiaofen Chen, “The Dampening Effect of Bank Foreign Liabilities on Monetary Policy: Revisiting Monetary Cooperation in East Asia,” *Journal of International Money and Finance*, Vol. 31, 2012, pp. 412 - 427。

④ Thomas D. Willett, “National Macroeconomic Policy Preferences and International Coordination Issues,” *Journal of Public Policy*, Vol. 8, No. 3/4, 1988, pp. 235 - 263.

成败的影响。①

而杰弗里·弗兰克尔（Jeffrey A. Frankel）更加关注“模型不确定性”对国际货币政策协调质量的影响，并提出通过降低不确定性提高货币合作成功性的建议。弗兰克尔首先提出三种不确定性模型的来源：（1）经济体的初始状态；（2）设立正确的福利收益分配政策目标；（3）经济模型将对经济体的变化归因于对政策的变化。但这三种不确定性模型的根源降低了协调的可能收益且使负面效应有出现的可能性，通过提高经济学知识和经济信息交换有助于降低不确定性和提高国际货币合作的收益预期，② 帮助合作更好达到预期目标。

凯苏克·伊达（Keisuke Iida）通过对美国、日本和德国央行的外汇干预协调为例、肯尼思·罗格夫（Kenneth Rogoff）的检验第三方（或市场预期）作用、吉多·塔贝里尼（Guido Tabellini）的不当激励、弗兰克尔的模型不确定性和国际强制这四个理论的有效性，最后发现由弗兰克尔提出的“模型不确定性”理论最有说服力，也

---

① 其中六条命题的具体内容为：国内政治因素尤其使协调更难接近反复博弈；国际监管和政策协调协议如果能使国内行为者达到他们的目标，就会一样达到成功；在那些政府相对于国内社会压力相对更加脆弱的国家，达成国际层面的政策协调更加困难；在那些政府比较弱的政治结构，对选举周期和通胀偏好的倾向会特别大。当限制了“期望”的协调范围时，就会提高“不期望”协调的激励；有时为了回避对国内经济政策和不佳表现的责备，会积极促进国际政策协调；这样的国际政策协调行为可能是对国内急需的政策行动的替代。其他可参见：Thomas D. Willett, “Developments in the Political Economy of Policy Coordination,” *Open economies Review*, Vol. 10, 1999, pp. 221 – 253。其他就国际货币合作或国际货币协调的综述性文献，参考：Peter Mooslechner and Matin Schuerz, “International Macroeconomic Policy Coordination: Any Lessons for EMU? A Selective Survey of the Literature,” in Andrew Hughes Hallett, Peter Mooslechner and Martin Schuerz, eds., *Challenges for Economic Policy Coordination within European Monetary Union*, 2001, pp. 65 – 90; Owen F. Humpage, “A Hitchhiker's Guide to International Macroeconomic Policy,” *Economic Review*, Vol. 26, No. 1, 1990, pp. 1 – 13。

② Jeffrey A. Frankel, “Obstacles to International Macroeconomic Policy Coordination,” *Journal of Public Policy*, Vol. 8, No. 3/4, 1988, pp. 353 – 374; J. A. Frankel and K. E. Rockett, “International Macroeconomic Policy Coordination When Policy Makers Do Not Agree on the True Model,” *American Economic Review*, Vol. 78, 1988, pp. 318 – 340; Atish R. Gosh and Paul R. Masson, “Model Uncertainty, Learning, and the Gains from Coordination,” *The American Economic Review*, Vol. 81, No. 3, 1991, pp. 465 – 479.

就是由于货币决策者经济学知识的有限性，决策并不能完全应对现实经济问题，从而导致货币合作不能达到预期效果。① 拉尔夫·布赖恩特（Ralph C. Bryant）也通过对G3和G7的货币政策协调的实证研究，证明不确定性模型是G3、G7合作失败的原因：也就是决策者对全球宏观经济实际运转情况的了解存在不确定性，成为国际货币政策协调不成功的主要原因。这些学者都认为只有降低不确定性才能提高国际货币合作的成功概率。② 因此，当货币合作本身就是一项难以达成的挑战时，多边机制如G20就不应该将协调重点放在非常困难的长期改革目标上，尤其是当不存在重大的威胁时，执行承诺的低效和紧迫性的降低都会导致全球宏观经济政策协调的失败。③

总之，围绕国际收支失衡和汇率体制改革的研究，均体现了问题导向的被动合作最终难以达成理想效果的结论。它的根本阻碍在于，当协调过程中突然出现新问题或混乱，调整又容易与国内其他政策目标形成冲突，参与者之间就会容易产生搭便车的“别人调整、我不调整”的心理。因而，“不可能三角”、国内压力、合作的不确定性以及紧迫性的缺少都会阻碍合作的达成。当然，除了主观因素外，自50年代以来的国际环境变化如国际金融结构、资本市场的复杂化，作为客观环境也使协调变得更困难。④

4. 第二类意愿导向的主动合作

国际政治中除了出现问题需要合作，当然也存在为了利益而主

① Keisuke Iida, “International Monetary Cooperation among the United States, Japan, and Germany,” Princeton: Princeton University Press, 1999. 在后继研究中，伊达发现除了战略不确定性会影响国际合作的达成，分析上的不确定性也会损害国际合作，而通过发信号和学习可以规避分析不确定带来的负面效应。参见：Keisuke Iida, “Analytic Uncertainty and International Cooperation: Theory and Application to international Economic Policy Coordination,” *International Studies Quarterly*, Vol. 37, 1993, pp. 431 – 457。

② Ralph C. Bryant, *International Coordination of National Stabilization Policies*, Washington, DC: Brookings Institution, 1995.

③ Adam Triggs, “Macroeconomic Policy Cooperation and the G20,” *The World Economy*, Vol. 41, No. 13, 2018, pp. 1309 – 1341.

④ Michael Webb, *The Political Economy of Policy Coordination: International Adjustment Since 1945*, Ithaca and London: Cornell University Press, 1995.

动合作的现象。就这个问题而言，区域货币一体化尤其是欧洲货币联盟属于此类合作研究的典型。

凯瑟琳·麦克纳马拉（Kathleen R. McNamara）在探究 19 世纪 80 年代欧洲汇率合作成功的原因时，认为欧洲主要国家的新自由主义共识是欧洲汇率合作的关键。当时的主要货币决策者已经意识到在资本自由流动的情况下，只能在汇率稳定和货币政策自主性之间进行选择，而通过建立固定汇率机制可以同时保住汇率稳定和货币政策自主性这两个目标。[①] 这些合作者是为了共同利益并共同努力达到合作目标的典型案例。埃米·弗登（Amy Verdun）通过对欧洲货币决策群体中知识共同体探究，展现了欧洲汇率合作和欧洲货币联盟达成的过程与原因。同样也展示了参与方合作的意愿和主动性。[②] 肯尼思·戴森（Kenneth Dyson）等人直接从每个主要合作国家即德国、法国、英国、意大利的视角，展示他们有关欧洲货币联盟的战略、利益、制度和意图，全方位揭示了欧洲经济、货币一体化背后的合作细节。[③] 马丁·马库森（Martin Marcussen）则通过发展合作参与者对合作认知的转变过程展现欧洲人愿意进行货币联盟的过程与原因。[④]

除了对欧洲货币合作的关注，学者们也将注意力放在对其他区域或跨区域的货币合作上，如对东亚区域货币合作的研究[⑤]、非洲地

① Kathleen R. McNamara, *The Currency of Ideas. Monetary Politics in the European Union*, Ithaca and London: Cornell University Press, 1998.

② Amy Verdun, "The role of the Delors Committee in the creation of EMU: an epistemic community?" *Journal of European Public Policy*, Vol. 6, 1999, pp. 308 – 328.

③ Kenneth Dyson and Kevin Featherstone, *The Road to Maastricht: Negotiating Economic and Monetary Union*, Oxford: Oxford University Press, 1999, pp. 62 – 72.

④ Martin Marcussen, *Ideas and Elites: The Social Construction of Economic and Monetary Union*, Aalborg: Aalborg University Press, 2000.

⑤ Masakiro Kawai and Shinji Takagi, "Towards Regional Monetary Cooperation in East Asia: Lessons from Other Parts of the World," *International Journal of Finance and Economics*, Vol. 10, 2005, pp. 97 – 116; Wang Hongying, "The Political Economy of Exchange Rates in East Asia," in Thomas Oatley and W. Kindred Winecoff, eds., *Handbook of the International Political Economy of Monetary Relations*, Massachusetts: Edward Elgar, 2014, pp. 241 – 264.

区的货币合作[1]、发展中国家之间的货币合作[2]、亚洲—太平洋跨区域货币合作[3]等。当然，也有学者专注对世界上重要的国际多边货币机制如国际货币基金组织[4]和世界银行的研究。同时过往文献也存在对双边货币合作如日美货币合作[5]等的研究。

虽然这里按照货币合作发生的起点将货币合作分为问题导向的被动型合作和意愿导向的主动型合作，但是，这两种合作类型有时是难以区分的。正如兰德尔·亨宁（C. Randall Henning）的研究结论所揭示的，很多小国为维持国际货币体系稳定，积极寻求货币合作，如欧洲货币联盟。这类货币合作看似是欧洲国家在没有混乱、问题出现的背景下主动寻求的合作，但是，正是由于主导国即美国重复破坏国际体系的稳定以至于威胁到区域稳定性，小国因而产生激励，通过货币合作寻求区域的货币稳定。[6]

综上，从更深层次而言，一种货币合作究竟是问题导向还是意

---

① Djeto Assane and Abbas Pourgerami, "Monetary Cooperation and Economic Growth in Africa: Comparative Evidence from the CFA – Zone Countries," *The Journal of Development Studies*, Vol. 30, No. 2, January 1994, pp. 423 – 442.

② Barbara Fritz and Laurissa Muehlich, "Varieties of Regional Monetary Cooperation: A Tool for Reducing Volatility in Developing Economies?" *Contemporary Politics*, Vol. 21, No. 2, 2015, pp. 127 – 144.

③ M. Dutta, "The Euro Revolution and the European Union: Monetary and Economic Cooperation in the Asia – Pacific Region," *Journal of Asian Economics*, Vol. 11, 2000, pp. 65 – 88.

④ Harold James, *International Monetary Cooperation Since Bretton Woods*, Washington, D. C. International Monetary Fund and New York and Oxford: Oxford University Press, 1996.

⑤ Jeffry A. Frieden, "Domestic Politics and Regional Cooperation: The United States, Japan, and Pacific Money and Finance," in Jeffrey Frankel and Miles Kahler, eds., *Regionalism and Rivalry: Japan and the United States in Pacific Asia*, Chicago: The University of Chicago Press, 1993.

⑥ 他的核心观点是：基于开放经济宏观经济学发展得出一个理论，论证国际体系的不稳定是过去四十年欧洲各国进行汇率和货币事务合作的强大激励。当主导国即美国为国际货币体系提供小国持续偏好的稳定时，小国就很可能倾向保持现状（status quo）；当主导国即美国重复破坏国际体系的稳定以至于威胁到区域稳定性时，小国就会有很强的激励寻求区域的货币稳定。C. Randall Henning, "Systematic Conflict and Regional Monetary Integration: The Case of Europe," *International Organization*, Vol. 52, No. 3, 1998, pp. 537 – 573.

愿导向的，难以真正溯清源头。只能初步判断认为，从经验上来看，第二种意愿导向的主动合作较之第一种问题导向的被动合作更容易达成。因为意愿导向的主动合作参与者都存在很大激励，并且愿意共同努力实现合作目标。在第一种合作中，合作参与者面对新问题，需要折中已有的国内目标和利益，因而合作主动性不强、更情愿“搭便车”。

货币合作一般是央行行长之间的技术性合作。但是，国际政治经济学研究政府和央行之间货币合作背后的政治动力，所以政治力量推动的货币合作应当被认为是政治性的。人民币国际化背景下发生的货币合作也应被视为政治性货币合作。

（三）中欧货币合作

中外已有研究主要分为以下四大类：

1. 对中欧货币合作中的经济条件和政治意图的分析

余永定和高海红认为，欧洲人民币市场发展与人民币国际化是相伴关系，市场需要是人民币国际化的本质原因，强调了其他国家愿意接受人民币作为国际货币的重要性。[①] 这为研究货币合作提供了两个方向：一是研究中国自身的人民币国际化的条件与政策设计；二是考察合作方的合作条件与动力。张宇燕等分析了人民币国际化的收益和成本，强调了其可以增强中国的政治地位和声望，增强中华民族的民族凝聚力和自豪感。[②] 赵柯通过分析中欧企业作为主体推动双边金融合作的路径，讨论了中欧资本市场的互联互通和欧盟复杂的治理结构下的合作困难。[③] 随着中欧货币合作逐渐丰富，我们需

---

① 高海红、余永定：《人民币国际化的含义与条件》，载《国际经济评论》，2010 年第 1 期，第 46—64 页。

② 张宇燕、张静春：《人民币国际化的成本和收益》，载《世界知识》，2008 年第 21 期，第 58—63 页；张宇燕：《人民币国际化：赞同还是反对?》，载《国际经济评论》，2010 年第 1 期，第 38—45 页。

③ 赵柯：《中欧金融合作：动因、路径与前景：从贸易伙伴迈向全球合伙人》，载《欧洲研究》，2016 年第 1 期，第 77—90 页。

要深入研究欧洲国家主动与人民币合作的新现象。

2. 对外部制度合作质量和合作谈判主体对货币国际化效果的研究

比如，赵柯通过分析德国马克在欧洲汇率体制和创建欧元中的作用，强调制度合作为德国马克国际化提供了制度保障和政治合法性。① 田野和张晓波以德国联邦政府与德国央行的博弈案例，探索德国中央政府如何利用主导对外经济政策谈判的优势，抓住时机促进国际货币合作。② 刘玮总结了货币国际化所需的制度调整，讨论一国内部金融部门和贸易部门的收益成本和偏好，指出德国马克如何在国内工业贸易部门的支持下提升全球贸易计价结算地位，进而促进了马克在全球贸易领域和欧洲地区的国际化。③

3. 对中国自身的国际货币战略设计与政策的研究

张明和丹尼尔·麦克道尔（Daniel McDowell）讨论了大量人民币货币互换协议的签订作用和有效性，强调人民币能够为签约方提供紧急情况下的流动性支持。④ 林乐芬和王少楠选取国际清算行离岸市场外汇交易量、国际货币基金组织储备货币占比和国际债券市场人民币发行量等，作为测量人民币国际化的指标，认为在“一带一路”中实现以人民币计价结算的跨境贸易和对外基础设施投资将促进人民币的国际循环流动，培养沿线国家使用人民币的货币惯性和

---

① 赵柯：《货币国际化的政治逻辑：美元危机与德国马克的崛起》，载《世界经济与政治》，2012 年第 5 期，第 120—141 页。

② 田野、张晓波：《国家自主性、中央银行独立性与国际货币合作：德国国际货币政策选择的政治逻辑》，载《世界经济与政治》，2012 年第 1 期，第 93—111 页。

③ 刘玮：《国内政治与货币国际化：美元、日元和德国马克国际化的微观基础》，载《世界经济与政治》，2014 年第 9 期，第 129—155 页。

④ 张明：《全球货币互换：现状、功能及国际货币体系改革的潜在方向》，载《国际经济评论》，2012 年第 6 期，第 65—88 页；Daniel McDowell, “The (Ineffective) Financial Statecraft of China's Bilateral Swap Agreements,” *Development and Change*, Vol. 50, Issue 1, Jan. 2019, pp. 122 - 143。

扩大贸易出口形成高质量的贸易顺差将有利于人民币国际化。① 孙丹认为需要培育人民币离岸市场的战略支点，制作了涵盖双边政治金融关系、国家独立性和金融实力等指标的测量方法，筛选合作的目标国。② 但其测量并未纳入目标国与美国的关系因素。李巍等考察了马克建立货币联盟和日元单边推动应对美国货币霸权的案例，强调了推动货币互换外交以增进双边政治互信、搭建货币伙伴网络与货币战略支点国、建立区域货币制度对于中国货币崛起的重要性。李巍和朱红宇以离岸中心人民币外汇交易量占全球人民币外汇交易总量的比重，作为人民币离岸中心发展水平的指标，测量分析了双边本币互换协议金额、清算机制、RQFII 额度等经济外交关系和政治外交关系因素的影响，强调了政府间关系对人民币离岸交易中心的重要性，并运用定量研究凸显了 RQFII 等对人民币离岸中心发展的显著影响。③ 张明等指出以美元计价石油逐步让美元成为交易计价、外汇与资产储备和定价基准的成功经验，提出以人民币计价的石油和天然气交易可以增大境外投资者将人民币作为交易支付手段的规模，并建议 RQFII 等新增额度向主要产油国和周边主要用油国倾斜、建立天然气的人民币计价结算体系和完善人民币回流机制。④ 以上研究强调了人民币国际化政策设计与合作项目的重要性。

4. 对合作方的政治经济因素和动机的分析

崔贤坚（Hyoung - kyu Chey）通过分析韩国政府利用政策鼓励

---

① 林乐芬、王少楠：《“一带一路”建设与人民币国际化》，载《世界经济与政治》，2015 年第 11 期，第 72—90 页。

② 孙丹：《货币依赖与人民币离岸市场的战略支点选择》，载《世界经济与政治》，2017 年第 3 期，第 124—155 页。

③ 李巍、朱红宇：《外交关系与人民币离岸市场的发展》，载《世界经济与政治》，2017 年第 9 期，第 107—138 页。

④ 张明、王永中：《构建天然气人民币体系的可行性与人民币国际化》，载《上海金融》，2018 年第 3 期，第 41—49 页；张明、高卓琼：《原油期货交易计价与人民币国际化》，载《上海金融》，2019 年第 6 期，第 44—49 页。

国内使用人民币，以最大化“中国机会”带来的经济收益和稳定韩国经济。同时，通过研究日本对人民币国际化的反应，他强调国家间政治关系对人民币国际化有重大影响。[①] 史蒂夫·廖（Steve Liao）和麦克道尔考察了37个将人民币纳入外汇储备的央行案例，认为一国对国际秩序的偏好将影响该国对人民币的支持。[②] 萨拉·霍尔（Sarah Hall）从经济地理角度讨论了国家权力对国际金融中心地域网络建设的作用，认为英国政府和监管机构支持伦敦成为人民币离岸中心，是为了维护伦敦全球金融中心的领导地位和促进英国的经济增长。同时霍尔和劳拉·特普费尔（Laura - Marie Töpfer）讨论了英国政府与私人金融机构的利益需求，强调国家与金融机构的利益一致推进了人民币离岸中心的发展进度。[③]

在针对货币合作方的分析中，新近研究从协商货币和合作项目的视角，做了进一步研究。雷蒙·帕尔多（Ramon Pardo）、简·克纳里希（Jan Knoerich）和李远芳运用第一手访谈资料，从协商货币和比较研究的视角，强调了英国和德国为促进本国金融中心和实体经济贸易发展，支持人民币离岸市场的建设。[④] 崔贤坚、金永斤（Geun - Young Kim）和李东贤（Dong Hyun Lee）的研究认为，合作

① Hyoung - kyu Chey, “Renminbi in Ordinary Economies: A Demand - side Study of Currency Globalization,” *China and World Economy*, Vol. 23, No. 3, 2015, pp. 1 - 21; Hyoung - kyu Chey, “The International Politics of Reactive Currency Statecraft: Japan's Reaction to the Rise of the Chinese Renminbi,” *New Political Economy*, Vol. 24, 2019, pp. 510 - 529.

② Steve Liao and Daniel McDowell, “No Reservations: International Order and Demand for the Renminbi as a Reserve Currency,” *International Studies Quarterly*, Vol. 60, 2016, pp. 272 - 293.

③ Sarah Hall, “Rethinking International Financial Centres through the Politics of Territory: Renminbi Internationalisation in London's Financial District,” *Royal Geographical Society*, Vol. 42, 2017, pp. 489 - 502; Laura - Marie Töpfer and Sarah Hall, “London's Rise as an Offshore RMB Financial Centre: State - Finance Relations and Selective Institutional Adaption,” *Regional Studies*, Vol. 52, 2018, pp. 1053 - 1064.

④ Ramon Pacheco Pardo, Jan Knoerich and Yuanfang Li, “The Role of London and Frankfurt in Supporting the Internationalisation of the Chinese Renminbi,” *New Political Economy*, May 2018, pp. 1 - 16.

方有以人民币计价的资产、发达的金融市场以及与中国良好的双边关系，更有可能与中国建立本币互换协议、RQFII 和离岸清算行三种合作项目，合作项目越多，合作水平越高。①

这些研究通过考察合作方支持人民币国际化的动因，提供了分析货币合作的有益理论和方法。本书将沿着这个方向，进一步实证分析欧元区主要国家，是在什么政治经济条件和参与主体的推动下与中国一步一步达成货币合作的。

三、研究方法

本书采用内容分析、访谈和案例对比等研究方法对研究假设进行实证分析。

内容分析方面，本书进行内容分析的材料一部分来自研究对象货币决策部门的官网，包括新闻发布、年度报告、工作论文、研究报告和演讲稿等，一部分来自国际政治经济学领域权威学者的重要著作等。本书针对重要的官方报告进行了详细整理和解读，梳理影响货币合作主体方动机的因素，并且将其持续的合作推动过程展示出来。

访谈方面，笔者对曾直接或间接参与中欧货币合作过程的决策者、官员和经济学家进行半结构化访谈。这些访谈对象分别来自欧洲央行、德国央行、法国央行、拉脱维亚央行、芬兰央行、欧盟委员会和欧洲投资银行等。虽然欧盟委员会和欧洲投资银行并不负责货币合作的决策，但是欧元区货币决策本身嵌入在欧盟经济结构和经济决策中，因此与这两个机构的实地访谈材料对本书的完成也是必要的。研究中所涉及的访谈对象均与笔者签署了《访谈同意声明》，并且在尊重访谈对象意愿的前提下，文中对所有访谈内容的引

① Hyoung - kyu Chey, Geun - Young Kim and Dong Hyun Lee, "Which Foreign States Support the Global Use of the Chinese Renminbi? The International Political Economy of Currency Internationalization," *The World Economy*, March 2019, pp. 1 - 24.

用均不会提及访谈对象的名称和具体任职头衔，附录也仅提供笔者访谈时使用的大纲范本和其他信息表，不会公开访谈全文。

本书针对欧洲相关决策机构的具体访谈安排如下，另由于访谈对象要求名字与职位均匿名，故本书不会给出访谈对象具体信息。

表 3 欧元区国家和其他重要机构的访谈安排

机构	地点和时间
欧洲央行	欧洲央行法兰克福总部，2018 年 6 月 4 日
欧盟委员会	欧盟委员会比利时布鲁塞尔总部，2018 年 8 月 22 日
欧洲投资银行	欧洲投资银行比利时布鲁塞尔代表处，2018 年 8 月 23 日
德国央行	德国央行法兰克福总部，2018 年 5 月 30 日
德国央行	电话访谈，2018 年 6 月 8 日
法国央行	法国央行巴黎总部，2018 年 6 月 28 日
拉脱维亚央行	邮件回复，2018 年 6 月
芬兰央行	邮件回复，2018 年 6 月

表格来源：自制。

案例选择方面，本书选择欧洲央行、德国、法国、卢森堡与中国的货币合作为案例。一个欧洲央行、三个欧元区国家的案例选择组合中，有作为欧盟经济“火车头”的德国、政治经济大国法国和金融发达的小国卢森堡。这三个国家的政治体制与经济模式也存在差异。不同政治体制导致调动中央政府高层与央行资源参与国际货币合作的能力不同，不同的经济模式和条件导致对金融业和金融合作的不同态度。德国财政盈余状况良好，联邦政府和地方政府推动实体经济发展，金融中心建设为经济发展服务；法国财政状况较差，中央政府主导大力发展实体和金融业，推动金融中心建设；卢森堡属于金融业强大的欧元区小国，致力于金融稳定与多元化布局。这有利于我们比较分析三个合作国对人民币政策吸引的收益需求和回应方式的异同，区分每个行为体与人民币合作的深层动力。国家政治体制差异影响了各国对人民币政策吸引的回应方式与进度，因此决定了货币合作的过程差异。

四、全书结构

本书主要针对 2012 年人民币国际化发起后 2014—2016 年间中国与欧元区之间建立的货币合作进行重点研究。本书的结构安排如下：

第一章介绍本文的理论框架和研究假设。本章重点讨论协商货币的核心概念和从协商货币到政策吸引、再到合作回应的理论框架。在协商货币理论中，协商货币的发行国和合作国会针对货币合作进行讨价还价的政治经济协商。协商货币的政策吸引可以推动货币合作，对政策吸引收益需求更强的国家倾向与中国高效建立货币合作，而合作方的政治体制也会影响回应的方式与效率。

第二章介绍中欧货币合作的大背景，包括全球金融背景、中欧双边关系背景和发起人民币国际化的国内背景：首先，全球经济背景角度，2008 年金融危机爆发后，全球金融监管较之从前依然维持现状。表面来看，这是 G20 多边金融协调无力的体现，但深层次原因在于，美国和美元依然在国际金融体系中占据主导地位及其他国家与币种无力挑战这种权威。其次，中欧双边关系背景来看，中欧实力和地位变化、欧盟政治碎片化以及欧美伙伴关系的回暖，都会对中欧关系的未来发展产生一些压力。最后一部分着重介绍中欧货币合作的起点：人民币国际化的由来和现状。中国在整体的经济结构转型中，有必要调整“收支失衡”和“双顺差”的经济模式，还需升级外汇储备资产管理模式。弹性汇率改革等金融改革是帮助克服这些挑战的必要条件。这是一个水到渠成的稳定而渐进的过程。中国与美国失衡的经贸关系和中国对美元的过度依赖，都需要重新调整。而直接降低美元的使用率，就必须提高本币的使用率。

第三章试图梳理欧洲货币联盟的由来和欧元区内部政治特点，同时引入外部环境对欧元区不稳定趋向的挑战，最后一部分则聚焦欧洲央行货币决策机制特点。

第四、五、六、七章将通过案例分析，探讨协商货币的政策吸引与回应如何促进了欧洲央行、欧元区国家与人民币的货币合作。第四章案例分析主体是欧洲央行。虽然欧洲央行的首要目标是“物价稳定”，但是欧元区实体经济和中小企业的发展同时是欧洲央行关注的领域。“稳定和发展”是欧洲央行的使命，这一使命在遇到人民币国际化的机遇时，欧洲央行承担了其应有的责任。欧洲央行注重避免人民币流动性短缺造成欧元区内部不稳定的金融风险，在2013年国际清算行会议上首先就本币互换安排达成了一致，随后在2013年10月欧洲央行与中国人民银行正式建立双边本币互换协议。研究表明，中欧本币互换合作有很大程度的政治力量在推动。

第五章案例分析主体是德国。德国实行联邦议会体制。议会制度下立法机关和行政机关合二为一，联邦总理掌握实权；联邦制度下联邦中央和地方州政府之间为权力共享关系，地方拥有一定程度的自治权和主导性。各州地方政府和联邦政府之间在重大事项上的共同协商非常必要。作为德国最大的贸易进口国，中国经济崛起和人民币国际地位的提升对德国贸易和金融的意义重大。黑森州地方政府意识到人民币贸易结算和清算机制可以促进法兰克福的金融发展和实体经济利益，与工商业联合会共同积极回应人民币的政策吸引。联邦政府从德国整体经济利益出发，后续过程中为合作进行了背书，最终实现了人民币清算机制和RQFII等合作项目建立。

第六章案例分析主体是法国。法国是一个由中央政府主导内外事务的半总统制国家。法国中央政府大力推动巴黎建立人民币贸易结算平台和清算机制，巴黎欧洲金融协会致力于提升巴黎金融中心竞争力，打造欧元区领先的离岸人民币交易中心，这将有助于改善法国的经济和社会问题。法国央行在内部推动了欧洲央行与中国人民银行的货币互换协议。2014年，法国在欧元区内第一个拿到RQFII，在2018年几乎与德国同时宣布将人民币纳入外汇储备。

第七章案例分析主体是卢森堡大公国。卢森堡是一个君主立宪制议会制国家。以金融业为支柱的卢森堡在金融危机之后，面对国际金融监管环境的变化和国内发展的结构性挑战，抓住人民币业务带来的金融多样化机遇。作为大公国，卢森堡大公在国际层面代表国家，而在实践中卢森堡政府负责决策和执行。政府与金融推广署通力合作，建立了颇具特色的人民币离岸投资交易中心。卢森堡为欧洲和全球投资者搭建了人民币离岸市场与在岸市场之桥。卢森堡充分利用自身欧洲大陆交易所优势地位和长期以来耕耘人民币业务的专业性，开创了一条促进人民币金融投资的道路。

最后一部分是结论。在人民币国际化的进程中，作为一种协商货币的人民币，其政策吸引与合作方的具体回应，涵盖了双边本币互换、人民币贸易结算、境外清算机制、RQFII 和人民币离岸中心建设等项目。通过案例比较与访谈等方法，结论追踪了欧元区的欧洲央行、德国、法国和卢森堡与中国的人民币合作过程，分析了实体经济主导的国家和金融市场主导的国家对人民币政策吸引的回应，也展现了不同政治体制的国家对于货币合作进展的推动速度。本书的创新点是提供了欧元区国家与人民币货币合作的实证案例研究。

关注合作方对协商货币政策吸引的实际回应是重要的，考察人民币国际化的对外战略既要分析中国的条件和路径，又要关注合作方的动力和行为。在展望中欧未来货币合作前景时，本书也提出相应的政策建议。最后，我们认为，未来人民币国际化进程将涵盖更多协商货币的政策吸引与合作方的回应过程。

第一章　协商货币的理论框架

第一节　概念界定

国际货币合作是国家间或国家与地区间，有关货币使用的系列协议、制度或安排。货币合作包含一系列措施，如宏观经济政策协调、多种形式的货币合作，或可能在理论上导致以单一货币形式出现的货币联盟、针对国际货币使用的集体协定和汇率承诺等。[①] 本书对货币合作的定义不同于一般对“政策协调”的界定，即根据对方偏好或所预期的行为进行相互调整。[②] 本书强调两点：第一，做出货币合作的决定是出于自身利益或政治目的，而非为了对方的偏好；第二，货币合作是“政治性”而非“技术性”安排。为进一步确定本书对货币合作讨论的边界，有以下几点说明。

第一，国际关系领域研究的货币合作都是政治合作。虽然很多货币协议是由各国央行出面签署，但是，协议的背后要么涉及各国政治决策者的参与，要么承载着各国的政治目的、经济利益。所以，绝大部分的货币合作都是政治合作。只有那些性质纯

① Wang Hongying, “The Political Economy of Exchange Rates in East Asia,” in Thomas Oatley and W. Kindred Winecoff, eds., *Handbook of the International Political Economy of Monetary Relations*, Massachusetts: Edward Elgar, 2014, p. 247.

② Keohane, Robert O., *After Hegemony. Cooperation and Discord in the World Political Economy*, Princeton, New Jersey: Princeton University Press, 1984, p. 13.

属于服务央行内部的系统升级或内部设施更新的技术性合作，不具有本国政治目的和其他明显经济利益的合作，不属于政治性货币合作。

第二，存在各种参与货币合作的行为体。参与到货币合作过程中的参与者和主导者有各国政府、政府部门（如财政部、国际货币基金组织、亚投行、亚开行、国际清算行等）、各国央行或超国家组织所建立的货币机构（如欧洲央行）。本书对与中国建立货币合作的国家与地区央行统称为货币合作方，具体到欧元区内的主要合作方就是欧元区成员国央行和欧洲中央银行。

第三，鉴于目前中欧货币关系中不存在冲突，货币合作是本书的关注重点。

第二节 协商货币与政策吸引

在之前国际货币的定义和分类的讨论中，本书引出了协商货币的核心概念。在国际政治经济学领域，斯特兰奇和赫莱纳等对这一概念不断发展完善。斯特兰奇认为协商货币是过去占主导优势，但是现在地位下滑的一种货币类型，也就是那些曾经占据经济、政治主导优势，但现在已经失去这种领先地位的货币，发行国需要通过外交手段与货币追随者进行必要谈判来保证其国际地位的货币。赫莱纳认为协商货币既可以指代一种地位下滑的国际货币，也可以是由一个崛起大国发行、依靠政治力量推动国际地位上升的货币，因为发行国希望本币能够较之市场推动的货币更快地上升为国际货币。当一种货币在国际货币体系中上升和下降时，政治因素对国际货币使用的影响力很可能高于经济因素。协商货币的崛起受发行国政治、合作方政治、发行国与合作方的关系以及合作方之间关系的影响。①

具体而言，首先，从发行国角度来看：一是两种政治影响途径。当发行国决定用政治力量支持本币国际化时，主要存在两种影响货币国际地位的渠道，一种是间接的，另一种是直接的。政治的间接影响力，指政治通过对国际货币的三个关键经济因素即信心、发达的金融市场和交易网络影响国际货币的地位；政治的直接影响力则是指政治通过发挥更加直接的作用，使其他国家出于对非经济因素的考虑，对一种货币的国际地位给予直接支持。②

二是发行国受国内不同利益集团对本币国际化的支持或反对影响。有些国际导向的经济部门希望通过本币国际化降低交易成本、获得本币国际化带来的币值增长红利，因而支持本币国际化，有些非国际导向的经济部门则不愿看到本币国际化，比如它们可能因此需要承担本币国际化带来的国内政策受外在制约的成本负担。

三是发行国与其他国家的政治关系也会影响本币的国际化程度。如果发行国与追随国之间的政治经济关系比较密切，追随国会倾向支持发行国的货币；如果这两个国家本身就是敌对关系，这种情况下获得追随者的支持就比较困难。③ 如果发行国可以为其他国家提供可靠的军事安全“保护伞”，那么很多受保护的国家会因此成为该国货币的忠实支持者。或者，发行国与其他国家之间紧密的政治、外

① Susan Strange, *Sterling and British Policy. A Political Study of an International Currency in Decline*, London, New York, Toronto: Oxford University Press, 1971, p. 5; Eric Helleiner, "Political Determinants of International Currencies: What Future for the US Dollar?" *Review of International Political Economy*, Vol. 15, Issue 3, 2008, pp. 354 – 378; Hyoung – kyu Chey, "Theories of International Currencies and the Future of the World Monetary Order," *International Studies Review*, Vol. 14, No. 1, March 2012, pp. 51 – 77.

② Eric Helleiner, "Political Determinants of International Currencies: What Future for the US Dollar?" *Review of International Political Economy*, Vol. 15, Issue 3, 2008, pp. 354 – 378.

③ Susan Strange, *Sterling and British Policy. A Political Study of an International Currency in Decline*, London, New York, Toronto: Oxford University Press, 1971, pp. 5 – 18.

交关系纽带，也会促使其他国家为了巩固与发行国的关系而选择支持发行国的货币。

四是发行国可通过制定一些让支持本币国际化的行为有利可图的政策，以吸引更多使用者的支持，也就是斯特兰奇所谓的“政治吸引”。那些受到“政策吸引”的国家，如果认为支持一种经济吸引力并不明显的国际货币有利可图，便会倾向于支持这种国际货币。

简而言之，货币发行国在制定决策时需要考虑很多因素，如铸币税、交易成本、宏观经济目标和外交关系等，综合考虑所有潜在影响本币国际地位的有利、不利因素。①

其次，从追随国角度来看：第一，追随国态度受其与发行国政治关系影响。两国关系越密切，越容易促使其支持发行国的货币。这种联系纽带既可以是经济的，也可以是政治的。比如，处于地位下滑时期的英镑，虽然受到较多国家的支持，但是这些国家支持英镑的本质原因并不是因为英镑作为国际货币的吸引力，而是因为这些国家想从与英国的关系中获益。②

第二，追随国国内不同部门影响。在考虑追随国与发行国之间关系的时候，需要将追随国国内不同部门与国家层面的政治因素分别考虑。比如，追随国的国内不同部门很可能与发行国之间存在深浅不一的利益关系，因而追随国内部首先会产生支持、不支持的声音。而追随国国家层面与发行国的关系，可能又是另外一种情况。因而国内与国家层面也可能对是否支持其他国家货币国际化产生相左的意见。

第三，支持发行国国际货币的成本—收益考虑。当发行国向潜在支持者发出政治吸引的信号，即追随国认识到支持发行国货币的

① Benjamin Cohen, *The Geography of Money*, Ithaca: Cornell University Press, 1998; Benjamin Cohen, *The Future of Money*, Princeton: Princeton University Press, 2004.

② Susan Strange, *Sterling and British Policy. A Political Study of an International Currency in Decline*, London, New York, Toronto: Oxford University Press, 1971, pp. 6 – 7.

潜在好处时，会更倾向支持发行国的货币。

最后，追随国之间的竞争关系。很多研究发现，国际金融中心之间的竞争使金融中心所在地区会非常积极支持地位处于上升状态的国际货币，因为新兴国际货币直接意味着全新的业务领域和蓝海市场，它们也会因此催促本国政府尽快与发行国建立更密切的经济关系。①

综上，本书认为，在国际货币体系中一种处于上升或下降时期的国际货币，其发行国需要通过政治经济手段与潜在合作方就货币合作进行协商，外国并非出于货币内在吸引力而支持他国发行的国际货币，即为协商货币。因此，本书定义的协商货币有三个特点：这种国际货币可以是地位上升或下降的货币；发行国需要通过政治协商手段争取他国的支持；这种国际货币不具备天然的吸引力，但是依然能获得他国的支持。

人民币属于正在被国际社会使用、地位不断上升、依靠政治和市场力量不断推动国际化程度的货币，而且鉴于人民币的国际地位还无法与美元、欧元等国际货币相提并论，所以很多人民币的合作方也并非因为人民币目前的经济吸引力而使用人民币，人民币符合本书界定的协商货币类型。

协商货币理论认为，发行国可通过制定让支持本币国际化的行为有利可图的政策，以吸引更多使用者的支持，即“政策吸引”。② 政策吸引是国际货币发行国在推进本币国际化时，制定政策鼓励他国支持本币的行为。发行国为了更有效推进货币崛起会向潜在合作国发出政策吸引，包括对外援助、市场准入或军事保

① L. Hornby and P. Jenkins, “Chancellor George Osborne cements London as Renminbi Hub,” *Financial Times*, 15 October, 2013, London; E. Muk, “Singapore to get RMB 50 billion of RQFII quota,” *Asian Investor*, 23 October, 2013, Hong Kong; J. Song, “Taiwan nears formosa bonds landmark,” *Finance Asia*, 4 December, 2013, Hong Kong.

② Susan Strange, *Sterling and British Policy. A Political Study of an International Currency in Decline*, London, New York, Toronto: Oxford University Press, 1971, p. 17.

护等。[①] 政策吸引推动发行国货币地位提升的经典案例，如在英镑地位下滑时，有国家为在与英国的外交关系中获益而支持英镑；德国在越南战争时，为获得美国军事“保护伞”而支持经济收益有限的美元。[②]

而不同的合作方和追随国会根据本国的实际情况，考虑支持发行国货币能获得的好处。政策吸引提供的好处有：第一，政治方面。当英国不再是拥有众多殖民附属国的“日不落帝国”时，很多国家对英镑的使用没有马上停止。因为纵使英镑已经不再是具有非凡吸引力的国际货币，这些曾经的卫星国依然需要与英国保持密切的政治联系，并从这种紧密的政治纽带中受益。第二，军事安全方面。即使冷战时期美国的货币政策让追随者利益受损，很多西方阵营的国家也一如既往地支持美元，原因在于军事安全利益较之受损的经济利益更重要。[③] 第三，经济方面，欧元虽然只是当时19个欧盟成员国的共同货币，很多非欧元区的欧盟成员国、非欧盟成员国的欧洲周边国家也使用、支持欧元，究其原因是周边地区与欧元区紧密的政治、经济联系，使支持欧元成为一种有利可图的举动。[④] 很多亚洲国家，如韩国政府积极使用政策手段支持人民币的合作也是为了最大化“中国机会”

① Susan Strange, *Sterling and British Policy. A Political Study of an International Currency in Decline*, London, New York, Toronto: Oxford University Press, 1971; Eric Helleiner, “Political Determinants of International Currencies: What Future for the US Dollar?” *Review of International Political Economy*, Vol. 15, Issue 3, 2008, pp. 354 – 378; Hyoung – kyu Chey, “Theories of International Currencies and the Future of the World Monetary Order,” *International Studies Review*, Vol. 14, No. 1, March 2012, pp. 51 – 77.

② Susan Strange, *Sterling and British Policy*, pp. 6 – 7. Hubert Zimmermann, “The burden sharing problem in German – American relations 1960 – 1967,” *German history*, Vol. 14, No. 3, 1996, pp. 325 – 346.

③ J. L. Broz, and Frieden, J. A. Frieden, “The Political Economy of International Monetary Relations,” *Annual review of political science*, Vol. 4, Issue 1, 2001, pp. 317 – 343.

④ Kathleen R. McNamara, “A rivalry in the Making? The Euro and International Monetary Power,” *Review of International Political Economy*, Vol. 15, Issue 3, 2008, pp. 439 – 459.

的经济收益。① 很多政治因素如外交关系管理、国家间竞争或与国际关系联系紧密的国内候选人等，都可能成为追随国决定支持发行国货币国际化的重要条件。②

与协商货币相关，科恩还发展了货币权术（Currency Statecraft）理论，货币权术是一国政府主动运用的国际货币政策。发行国将基于自身的国家认同和在国际秩序中的定位，对处于早期、成熟期或衰退期的国际货币做出战略设计和货币政策。③ 科恩指出了对发行国处于上升阶段货币的两种回应方式：一是间接方式，保持自身货币对需求方市场偏好的吸引力；二是直接方式，针对需求方的政府和央行的现有市场偏好运作货币权术。④ 崔贤坚进一步发展了货币权术理论，强调了一国对发行国货币权术的战略回应（Reactive Currency Statecraft），比如支持、反对或保持距离。他认为在一种货币国际化的早期阶段，市场因素对一国如何回应货币发行国的影响有限，战略回应更多的是一种国家间政治的外交工具。⑤ 货币权术帮助我们关注到了他国对发行国货币政策的回应。

第三节　政策吸引回应与货币合作

发行国发出政策吸引后，合作方会根据政策吸引能带来的好处和本国实际经济、金融需求大小，回应支持程度。以下是人民币政

---

① Hyoung – kyu Chey, "Renminbi in Ordinary Economies: A Demand – side Study of Currency Globalization," *China&World Economy*, Vol. 23, No. 3, 2015, p. 13.

② Eric Helleiner, "Political Determinants of International Currencies: What Future for the US Dollar?" *Review of International Political Economy*, Vol. 15, Issue 3, 2008, pp. 354 – 378.

③ Benjamin J. Cohen, *Currency Statecraft: Monetary Rivalry and Geopolitical Ambition*, University of Chicago Press, 2018.

④ Benjamin J. Cohen, "Renminbi Internationalization: A Conflict of Statecrafts," Research Paper, Chatham House: The Royal Institute of International Affairs, March 2017, pp. 8 – 9.

⑤ Chey, "The International Politics of Reactive Currency Statecraft: Japan's Reaction to the Rise of the Chinese Renminbi," pp. 513 – 515.

策吸引项目为合作方提供的实际收益关注点，也是双方的具体货币合作内容。

1. **本币互换**（Swap Line）

它是一种增强双边货币流动性与可用性的方法，减少极端情况下的金融流动性风险。中国签订本币互换协议可为人民币离岸市场提供流动性。① 虽然欧元与人民币互换已经由双方央行达成，但在互换协议签订谈判的过程中，成员国央行在欧洲央行内部进行了政治助推。欧洲央行签订本币互换协议后，欧元区国家与中国的货币合作大幕拉开。

2. **人民币贸易结算**（Cross - border Renminbi Settlement）

对于双边贸易体量巨大的合作方，这是个非常重要的政策吸引。贸易国际化水平高的企业，会推动国家权力部门参与货币合作，以降低与货币相关的结算成本。② 对于那些重视中国市场的贸易伙伴来说，用人民币结算可以提升谈判价格透明度、扩展和优化来自中国的供应商和客户网络、缩短结算周期、降低结算成本。中国为鼓励人民币在跨境贸易结算中的使用，还对一些愿意用人民币结算的外商提供折扣优惠。这使得与中国进行长久经贸合作的外国公共部门和私人部门更有利可图。“一带一路”跨境贸易中的人民币结算可以帮助企业规避汇率风险并促进贸易的便利性。③ 长远来看，人民币可以在更大范围内发挥跨境贸易结算的功能。

3. **清算机制**（Clearing System）

它是一个签订双边清算协议备忘录、建立离岸清算行、采用人民币跨境支付系统（Cross - Border Interbank Payment System，CIPS），具有清算功能等。它能使合作方直接与人民币建立清算关联，方便

---

① Daniel McDowell，“The （Ineffective） Financial Statecraft of China's Bilateral Swap Agreements，” *Development and Change*，Vol. 50，No. 1，2019，pp. 122 - 143.

② Helleiner，“Political Determinants of International Currencies：What Future for the US Dollar?” p. 365.

③ 中国人民银行：《2018 年人民币国际化报告》，第 31 页。

清算业务进行、降低人民币交易成本，有助于促进各境外金融中心的人民币离岸交易与金融发展。

4. 人民币境外合格机构投资者额度（RQFII）

允许境外机构投资者在特定额度内利用境外获得的人民币资金投资于中国境内的人民币计价的金融市场。它是一个回流机制。对于那些已经充分享有过去中国改革开放红利的外国政府和金融机构来说，中国资本市场、金融市场和其他商品服务市场的进一步开放，本身就意味着新的巨大红利。拥有像美国一样发达而流动的金融市场，也是人民币成长为顶级国际货币的重要步骤。① 更早拿到 RQFII 的合作方，将更有时间优势发展人民币金融产品，并将其整合到现有的金融结构中，在未来吸引投资者上占得先机、赢得信心。②

5. 离岸人民币中心与金融中心建设（Renminbi Offshore Center）

金融中心的整体建设会涵盖人民币外汇交易、RQFII 等投资产品、人民币存贷、结算和清算等内容。建设离岸人民币中心，增大人民币贸易结算和金融交易的使用量，促进人民币交易市场繁荣，可以提升一个国际金融中心的整体服务水平和竞争力，也将惠及一国或地区企业与中国的商业往来。目前全球排名前列的离岸人民币中心有中国香港、伦敦、新加坡、法兰克福、巴黎等。若潜在追随者之间存在竞争关系，会使追随者倾向于支持发行国的货币。国际金融中心之间的竞争，使金融中心所在地区积极支持处于上升状态的国际货币，地区政府会推动中央政府与发行国建立更密切的经济金融关系。③ 发达的金融中心之间存在激烈竞争时，注重从金融中心

① Benjamin J. Cohen, "Toward a Leaderless Currency System," paper presented at workshop "Wither the Key Currency", Cornell University, Ithaca, New York, October 12th – 14th, 2007.

② Töpfer and Hall, "London's Rise as an Offshore RMB Financial Centre: State – Finance Relations and Selective Institutional Adaption," p. 1053.

③ Hyoung – kyu Chey, "Renminbi in Ordinary Economies: A Demand – side Study of Currency Globalization," *China and World Economy*, Vol. 23, No. 3, 2015, p. 15.

的建设发展中获益的地方政府和中央政府，更加注重在人民币合作中抢占先机。

第四节 研究假设

本书研究假设为：协商货币的政策吸引可以推动货币合作，对政策吸引收益需求更强的国家倾向与中国高效建立货币合作。

在协商货币理论框架下，发行国会在协商货币国际化过程中发出政策吸引，以鼓励他国对本币的支持；合作方将根据自身条件即经济金融需求，回应这些政策吸引。中国在改革开放四十多年中经济体量和政治影响稳步提升，人民币已经成为一种协商货币。人民币的国际化进程，是一个地位不断上升的协商货币的政策吸引过程。中国为了推进人民币作为协商货币的崛起，对外发出政策吸引。潜在欧元区合作方等会根据自身政治经济金融利益需求，对人民币政策吸引进行回应。对政策吸引的利益需求越大，回应的倾向性越大，而合作方的政治体制也会影响回应的方式与效率。

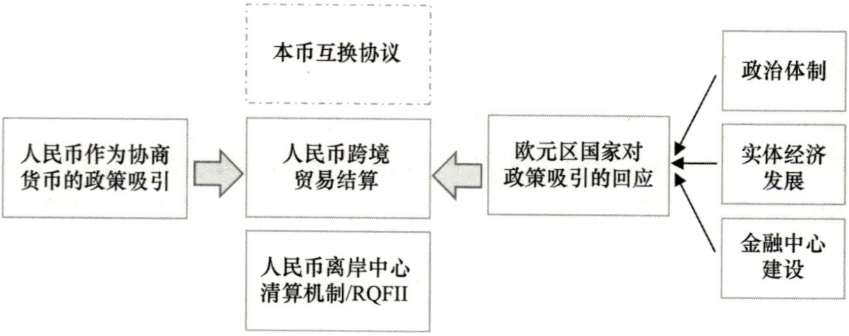

图 1—1 人民币政策吸引与回应的合作关系图

由于已经有研究确定双边政治关系对其他国家支持协商货币崛

起、建立货币合作的影响，所以有必要在实证分析之前控制双边关系变量。清华大学根据1950年以来中国与德国、法国的双边关系情况，按照“敌对”“非敌非友”“友善”三个大类别，再将每个大类别一分为二，共分为六个等级，按照关系从差到好的标准分为“对抗”（-9—-6）、“紧张”（-6—-3）、“不和”（-3—0）、“普通”（0—3）、“良好”（3—6）、“友好”（6—9）。卢森堡因为属于区域小国，所以不被纳入评分范围。

根据清华大学双边关系数据库，本书考察的欧元区国家在货币合作的谈判与达成的2013—2015时间段内，案例国家与中国的双边关系均稳定发展。2011年1月—2018年5月中国与德国双边关系最低5.9分、中国与法国双边关系最低5.7分，最低分值时也属于良好关系，大部分时间都是友好关系。① 所以，虽然已有文献研究成果显示双边关系对人民币的使用影响作用巨大，但是本书通过中德、中法双边政治关系评分，控制了双边政治关系这个变量，以便更准确地判断人民币政策吸引对货币合作的影响。

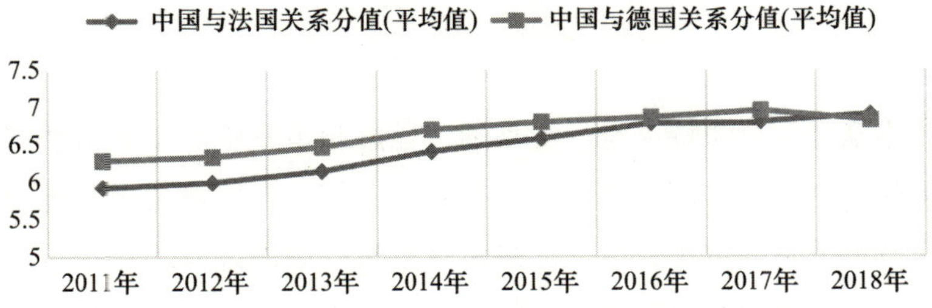

图1—2　2011—2018年中法、中德关系分值

资料来源：清华大学中国与大国关系数据库。

人民币国际化背景下，欧元区与中国建立货币合作的央行和主体有：欧洲央行、德国、法国、卢森堡。除了欧洲央行以外，三个

① 清华大学国际关系研究院：中国与大国关系数据库，http：//www.imir.tsinghua.edu.cn/publish/iis/7522/index.html。

欧元区国家有作为欧盟经济“火车头”的德国、政治大国法国和金融发达的小国卢森堡。这三个国家的政治体制与经济模式存在差异，选择这三个案例的好处是：第一，它们都处于欧元区，可以控制货币决策对货币合作的影响；第二，不同政治体制导致调动中央政府高层与央行资源参与人民币合作的进度不同，可以看到清晰对比；第三，不同的经济模式和财政状况导致对金融业发展和金融合作的不同态度与需求。德国财政盈余状况良好，联邦政府和地方政府推动实体经济发展，金融中心建设为经济发展服务；法国财政状况较差，推动金融中心建设，中央政府主导大力发展实体和金融业；卢森堡属于金融业强大的欧元区小国，致力于金融稳定与多元化布局。这有利于比较分析三个合作方对人民币政策吸引的收益需求和回应方式的异同。笔者将追踪这四个欧元区货币合作主体，是如何与中国一步步实现双边本币互换协议、RQFII、清算行、金融中心建设合作项目的。

小　　结

本章基于对斯特兰奇、赫莱纳、科恩和崔贤坚等学者对协商货币的研究，认为协商货币具备三个特点：第一，协商货币是地位处于上升或下降的货币；第二，协商货币发行国通过政治途径争取其他国家对本币国际化的支持；第三，其他国家会由于协商货币的非经济吸引力而支持这种货币。协商货币的发行国发出政策吸引，向其他国家提供的潜在收益包括经济、政治等好处。其他国家受到发行国的政策吸引，会根据自身不同的利益需求，回应这些政策吸引。本书认为，中国政府用政治方式吸引其他国家支持人民币且人民币地位不断上升的情况下，人民币符合协商货币特点。其他国家受到中国的政策吸引，会根据自身不同的利益需求，回应中国的政策吸引，与中国建立不同形式的货币合作，如本币互换、人民币贸易结算、人民币清算机制、人民币离岸中心建立和人民币合格境外机构投资者额度授予等方式。简言之，对政策吸引的利益需求越大，支持方回应的方式越积极、高效。同时，支持国的政治、经济、财政特点也会影响回应的方式和效率。

第二章　中欧货币合作的背景

第一节　全球金融大背景

人民币国际化背景下的一系列货币合作发生在 2008 年全球金融危机的后治理时期。2007 年次贷危机的爆发源于美国国内的三个因素：一是低利率造就的高房价和形成的房地产泡沫；二是国际收支失衡带来的资本内流过剩；三是监管缺失条件下的无节制金融创新。基准利率的上升与房价下降则成为危机爆发的导火索。[①]

由于全球金融一体化，这场危机波及美国之外所有与美国经济密切相连的国家。尽管危机爆发后，欧洲、中国和其他广大新兴国家均明确要求加强金融监管，以避免下一次系统性风险的出现。G20 集团在危机后设置了一系列有关全球金融治理和加强金融监管的议程，金融稳定理事会（FSB，Financial Stability Board）作为金融危机期间唯一新建立的国际金融机构也应运而生，主要职责是强化执行国际金融监管标准。然而，当今全球金融监管较之 2008 年金融危机之前的监管，并没有体现出“变革”（transformative）的特点，反而更像是一种维持现状（status quo）。[②]

为何危机后全球金融监管依然不改市场友好（market – friendly）

---

① 张明：《美国次贷危机的根源、演进及前景》，“全球金融危机：国际影响及其对策”会议笔谈，载《世界经济与政治》，2008 年第 12 期，第 6—8 页。

② Eric Helleiner, *The Status Quo Crisis*: *Global Financial Governance After the* 2008 *Meltdown*, Oxford: Oxford Univeristy Press, 2014.

本质？为什么 G20 作为主要多边金融治理机构没有在国际金融监管标准制定上取得预期成果？为什么众多要求加强金融监管的国家如德国、法国等无法推进全球金融监管的强化？为什么金融稳定理事会在后危机时期几乎只发挥了微乎其微的作用？理清这些问题，可以帮助我们更好的理解后金融危机时期全球金融现状。

从表面上来看，首先，G20 集团虽在后危机时期响应多国号召，做出一系列努力和调整，如拓宽国际金融调控领域，接纳和吸取更多发展中国家参与到新条款规则制定。但是，大部分新条款标准依然没有法律约束力，执行上依赖国家，而国家又会结合内部错综复杂的利益考量，新纳入的国家又会因为涌入新议题使相互协调和讨价还价变得更为复杂，最后对新标准的执行就不了了之。①

其次，金融稳定理事会也面临同样问题。尽管 FSB 在建立伊始承载国际社会对加强金融监管的寄托，但是，FSB 的局限性在于既没有明确法律地位，又无任何惩罚机制，即成员国是否执行新标准依然停留在自愿层面。同时，FSB 内部还面临巨大的跨国协作压力，如此，FSB 难以有大作为。

最后，回到国家层面，虽然很多国家一开始要求加强对金融市场的监管，但在后期却因为各种原因并没有推动国际强监管的成型。

比如，欧洲国家以德、法为代表，欧洲大陆经济模式不同于英美的自由市场经济，是一种既重视市场竞争、又重视社会福利的协调市场经济。虽然通过一系列政策调整，加强了国内对金融市场调控，但是却多由于英国反对导致欧盟集体行动能力不足，难以有效推动后危机时期国际金融监管的强化。

日本在 1997 年亚洲金融危机之后追求国际层面审慎监管，但是在 2007 年次贷危机爆发后并不积极追求国际审慎监管。究其原因：

---

① Eric Helleiner and Stefano Pagliari, "Crisis and the Reform of International Financial Regulation," in Eric Helleiner, Stefano Pagliar and Hubert Zimmermann, eds. *Global Finance in Crisis. The Politics of International Regulatory Change*, London and New York: Routledge, 2010, pp. 1 – 17.

(1) 大部分十年前寻求制定的新国际标准已完成；(2) 国内银行部门对监管意见不一致、利益不一致，难以形成合力；(3) 日本银行因 1997 年亚洲金融危机失去市场信任，因而日本开始放松资本管制，松监管促进国内银行业竞争力；(4) 日本在国际金融市场治理机构中地位边缘化，且由于更多国际银行业联合会的成立，政府对实现金融游说需求不再重要。所以，日本在后危机时期更是一个规则追随者而不是规则制定者。①

从更深入的层次来看，国际金融监管领域 G20 和 FSB 的无所作为、欧洲国家与新兴国家的无力号召，终其本质还是由美国及美元在全球金融市场上独一无二的主导地位决定的。换句话说，美国在全球金融中的结构性权力决定了其绝对的主导优势。

首先，美元依然在国际支付、结算、计价和官方外汇储备中发挥着主导货币的角色。私人部门对美元的追捧形成了美元主导地位的惯性存在，而各国央行或货币主管机构与美联储的本币互换协议使美元依然保持其危机前就无可撼动的储备货币地位。

其次，美国发达的金融市场拥有欧洲及其他地区金融市场都无法达到的深度和广度，美国金融机构如大型银行、评级机构、审计公司、投资群体、对冲基金，甚至非金融公司都反对限制市场型金融监管的出现。美国这些金融机构在市场上的强大实力、反强监管的游说能力和国内的快速改革，甚至能够给予其在国际谈判和议程设定中一种“先发制人”的优势。②

再次，美国监管部门完全按照国内经济、金融结构和政策偏好决定是否参与制定新的国际金融和市场调控标准。比如，在小布什

---

① Sori N. Katada, “Mission Accomplished, or a Sisyphean Task? Japan’s Regulatory Responses to the Global Financial Crisis?” in Eric Helleiner, Stefano Pagliar and Hubert Zimmermann, eds. *Global Finance in Crisis. The Politics of International Regulatory Change*, London and New York: Routledge, 2010, pp. 137 – 152.

② Eric Helleiner, *The Status Quo Crisis*: *Global Financial Governance After the* 2008 *Meltdown*, Oxford: Oxford Univeristy Press, 2014, p. 91.

政府任期曾为了收紧国际协调监管以最小化对美国的竞争劣势，美国曾成功推动国际金融监管的激进改革。2008 年后美国国内虽也有呼声加强对金融机构监管，但是一系列原因最终使美国消极对待国际监管强化。具体而言：一是美国国内监管问责出现碎片化（fragmented）和美国更支持企业、金融机构效率和竞争力，因而放松监管标准；[①] 二是尽管 2007 年次贷危机的爆发对美国金融机构信誉造成巨大打击，但是成功的公共救助和国内令人难以置信的宽容令这些华尔街的大投行立马反弹，使之依然能够操作国家服务自身利益；三是这些金融机构的实力往往高于监管机构的实力，也就是赫莱纳很早就已提及的国际金融监管体制中的规则设计者（rule - makers）和规则遵守者（rule - takers）之间存在地位不对等的现象。比如，很多监管机构的官员离职后又会加入曾经监管过的公司效劳。[②]

最后，金融危机后时期似乎出现了经济范式的新转变，出现了一种似乎能取代新自由主义的新经济理念：新宏观审慎监管（new macroprudential regulatory philosophy）。新宏观审慎监管强调当市场存在出现系统性风险的可能时，则需要限制市场。然而问题是，难以对“出现系统性风险的可能性”进行清晰界定，导致这个概念只是成为西方决策者的号召，并没有成为加强国际金融监管的核心价值观。

综上，2008 年金融危机爆发后，美国金融机构和美联储依然在国际金融市场上占据独一无二的领导地位，美元依然是国际货币体系中的主导货币。国际金融一体化背景下，美国在市场上的结构性

---

① David Andrew Singer, “Uncertain Leadership: The US Regulatory Response to the Global Financial Crisis,” in Eric Helleiner, Stefano Pagliar and Hubert Zimmermann, eds. *Global Finance in Crisis. The Politics of International Regulatory Change*, London and New York: Routledge, 2010, pp. 93 - 107.

② Eric Helleiner and Stefano Pagliari, “Crisis and the Reform of International Financial Regulation,” in Eric Helleiner, Stefano Pagliar and Hubert Zimmermann, eds. *Global Finance in Crisis. The Politics of International Regulatory Change*, London and New York: Routledge, 2010, pp. 1 - 17.

权力使其他国家和货币当局不可避免会受到美国金融政策和货币政策的影响。美国以本国利益为政策制定出发点的特点不会改变，其他国家一方面在对外经济、金融交往中不得不依赖美元和美国的金融市场，另一方面在试图努力降低对美元依赖和本国在国际金融体系中的脆弱性。中国发起人民币国际化也正是以此为基准点。

第二节 中欧双边关系背景

冷战时期的中欧关系隶属于美苏关系。当时中欧关系的发展更多是受国际形式和地缘政治的影响，而非双边的意愿和各自利益考量。而冷战后，安全威胁下降导致欧洲对美国的安全需求下降，尤其当布什政府上台后宣扬的一种凌驾于大西洋关系之上的气势，使欧洲更加注重加强自身在国际上的自主性和力量。因为这是欧洲大陆无论如何不会轻易妥协的地方。① 这也是冷战后中欧关系发展背景和特点完全不同于冷战时期的一个主要原因。

在中欧双边关系发展短暂而意义非凡的 40 多年里，中欧各自实力和国际地位也呈现明显变化。1975 年中国和欧洲共同体建交时，较之欧洲共同体的几个成员国，中国还是一个相对贫穷、落后的国家，但是当 2001 年中欧建立全面伙伴关系时，中国在国际舞台上的政治地位、经济实力都有大幅提升。现在，中国已经成为世界第二大经济体。尽管近年中国的经济增速有所下降，但是中国依然是世界经济增长的引擎。而欧洲联盟虽然也达到了前所未有的货币联盟高度，但是经历了全球金融危机和欧债危机的欧盟，影响力和地位大不如以前。这是在研究中欧双边关系发展时不能忽略的一个重要变量。

---

① Peter Gowan, "Cooperation and Conflict in Transatlantic Relations after the Cold War," *Interventions*, Vol. 5, No. 2, 2003, pp. 218 – 232.

中欧关系的一大基石必然是强劲的双边经贸纽带：欧盟已经连续15年成为中国最大的贸易伙伴，① 中国于2018年也成为欧盟最大的进口伙伴，② 中欧贸易体量在过去40年增长了250倍③。这是中欧关系对于彼此都如此重要的一个根本原因。近几年，双边从单纯的经贸依赖慢慢转向投资、金融、产业合作并重的多维依赖。此外，中国在世界经济中日益提高的重要性和中国在全球经济治理、全球经济政策中日益上升的责任与能力，也使中国对于欧洲越来越重要。④

在国际议题领域，中欧则成为彼此越来越重要的合作伙伴。比如，在气候治理和绿色金融领域，对于欧盟来说，应对气候变化并不被赋予任何政治战略意义，而是关乎人类未来命运的优先目标。随着近年美国退出国际多边气候治理机制、中国对气候治理议题的积极参与和中国对欧洲气候倡议的高度支持，在欧盟的认知里，中国是现在和未来能与欧盟一起应对气候变化的重要伙伴。欧盟也同样认为，中国国内绿色金融发展具有很大的市场潜力，与中国建立绿色金融合作，共同资助一些有意义、有潜力的项目，这对于欧盟其他气候金融项目也会有积极影响。⑤

中欧关系对于彼此是如此的重要，但是，中欧关系的发展历程中总是存在一些不和谐的声音。总结而言，主要由以下两个因素造成。

---

① 参考中国商务部数据。

② 中国商务部：《中国是欧盟最大的进口贸易伙伴》，2018年5月，http：//www.mofcom.gov.cn/article/i/jyjl/m/201805/20180502747329.shtml。

③ 《40年增250倍！中欧贸易飞速发展 李克强出访欧洲培育合作新亮点》，中国政府网，2019年4月，http：//www.gov.cn/xinwen/2019－04/10/content_ 5381322.htm。

④ 笔者与欧盟委员会官员访谈，布鲁塞尔，2018年8月22日。

⑤ 笔者在与欧盟投资银行的政策顾问和欧盟委员会官员访谈时，他们都认为，应对气候变化是一项欧盟的优先事项，并不具有任何政治战略，因为应对气候变化关系到整个人类的福祉。欧盟委员会访谈，布鲁塞尔，2018年8月22日；欧洲投资银行访谈，欧洲投资银行驻布鲁塞尔代表处，2018年8月23日；笔者与欧洲投资银行政策顾问访谈，布鲁塞尔，2018年8月23日。

首先，欧盟是一个由众多小国构成的政治实体，这个政治实体是按照基于规则的体系来运转，欧盟在与中国交往时习惯性地希望输出自己的规制。而中国更倾向于按照自己一贯坚持的平等互利原则与对方打交道。因此，两者交往时存在明显的理念差异。

其次，随着中国地位和实力的上升和欧盟实力与影响力的相对下降，再加上一些欧美媒体对中国的负面报道，导致欧盟在面对中国的快速发展时，产生了一种矛盾的心理。① 对于中国来说，中欧关系对中欧双方都是重要的且需要一如既往向彼此互利的方向发展。2003 年中国的第一份《中国对欧盟政策文件》指出，欧洲与中国不存在任何根本利害冲突、互不构成威胁，发展和加强对欧关系是中国长期对外政策的一部分。② 在 2013 年中国的第二份《中国对欧盟政策文件》中，中国依然十分务实地认定贸易和投资是促进各自经济发展和创新的主要动力。③ 然而，欧盟对中国的认知和中欧关系的期待却较之以前发生了明显变化：（1）欧盟认为，中国实力的上升说明中国不再是“发展中国家”，中国因此应该在国际社会中承担更多的责任。④ 如果中国不能做到这些，对于欧盟来说，中国就不算是一个值得信赖的合作伙伴。⑤ （2）欧盟与美国一样，希望中国能够继续快速推进国内的全面市场化改革。并且，也十分注意这场改革可能对欧盟产生的负面溢出效应。（3）中国通过“16 +1”合作平台加大对中东欧的投资，这些投资客观上也促进了东道国的本地经济增长。但是欧盟担心这些次级框架协议会有分裂欧盟的风险，因

---

① 周弘：《中国与欧洲关系 60 年》，载《欧洲研究》，2009 年第 5 期，第 47、49 页。

② 《中国对欧盟政策文件》，中国政府网，2003 年第 33 号，http：//www. gov. cn/gongbao/content/2003/content_ 62478. htm。

③ 《第十六次中欧领导人会晤发表〈中欧合作 2020 战略规划〉》，中国政府网，2013 年 11 月 23 日，http：//www. gov. cn/govweb/jrzg/2013 -11/23/content_ 2533293. htm。

④ European Commision and HR/VP contribution to the European Council, *EU - China - A strategic outlook*, 12 March 2019, p. 1.

⑤ 笔者与欧盟委员会官员的访谈，布鲁塞尔，2018 年 8 月 22 日。根据对方要求，名字和职位均匿名处理。

此号召所有成员国加强对华政策立场的统一。①

可以说，欧盟对中国的过高期待，说明至少从中短期的角度来说，中欧政治关系发展难以完全毫无摩擦地发展下去。因此，一些国内学者总结中欧关系时认为，中欧战略伙伴关系并没有达到真正的“战略”程度，欧盟对短期中欧关系发展硕果的过于追求和中国对长期关系发展的利益期待差异，以及二者之间发展的不对称性，均会长期体现在双边关系互动中。②

影响中欧关系发展的其他因素还包括：首先，欧洲与美国的传统大西洋盟友关系。虽然苏联解体和共同安全威胁的消失以及后来的伊拉克战争均使欧美关系不再如从前那般紧密，③ 但是大西洋传统盟友关系的实质并没有改变。当然，近年特朗普政府的上台和美国主动退出全球多边贸易、气候治理和安全机制的行为以及美欧贸易战的发起，使欧美在核心价值观和共同利益领域发生了难以弥合的分歧。但是，欧盟在发展对华关系时，依然需要时刻考虑美国的感受。

其次，欧盟主要成员国对中欧关系发展有着举重若轻的作用。比如法国，有中国学者总结法国对华政策的一个重要特征即是推动欧盟对华政策的法国化。“法国化”指法国将自身对外政策目标、利益和偏好、战略等渗透到欧盟对外政策框架中，从而使欧盟对外政策达到实质上向法国利益靠拢的目的。法国也的确帮助中欧关系更高效、稳健地达到新的高度，但是随着法国实现欧盟对华政策法国化的前提条件，即法国在欧盟的实力和对外政策中领导地位的变化，

---

① European Commision and HR/VP contribution to the European Council, EU – China – A strategic outlook, 12 March 2019, p. 2.

② 施美白、熊炜：《中欧战略伙伴关系的认知差异》，载《公共外交季刊》，2014 年夏季号第 5 期，第 46—55 页。

③ David Andrews ed., *The Atlantic Alliance Under Stress: US – European Relations After Iraq*, Cambridge University Press, 2005; Peter Gowan, “Cooperation and Conflict in Transatlantic Relations after the Cold War,” *Interventions*, Vol. 5, No. 2, 2003, pp. 218 – 232.

法国客观上较之以前难以再发挥过去的作用。[①] 比如，德国作为欧盟实质的经济“火车头”，尽管一直有意规避欧盟领导者的身份，但是德国依然在欧盟占据独一无二的地位，并且在中欧关系发展中也具有相应的影响力。从当年的中欧光伏争端中即可看出，德国在欧盟对华政策制定中具有明显的影响力。当然，在发展对欧盟关系时，并不能只倚重单个有影响力的成员国，还需要考虑到欧盟多层级、多维度决策体系。[②]

回顾中欧关系发展，1998 年双方先后在政治上建立起“面向 21 世纪的长期稳定的建设性伙伴关系”；2001 年进入“全面伙伴关系”，经贸合作也由此快速增长；2003 年建立“全面战略伙伴关系”，双边关系进入“蜜月期”；2006—2008 年开始进入磨合期；2013 年又进入新的活跃期，双方先后发表《中欧合作 2020 战略规划》。2016 年《欧盟对华新战略要素》文件为发展中欧伙伴关系设定了四个目标，但是在政策操作层面却没有实质变化。

当前中欧关系受到双边实力变化、周边形势和政策取向等一系列国内外大环境的影响。尤其是在经历欧债危机和英国“脱欧”后，经济货币联盟和欧盟凝聚力均遭受前所未有的挑战，而反恐、经济分化等成为欧盟的主要内部麻烦。这些导致欧盟政治出现了碎片化倾向，“政治碎片化”主要体现在政治组阁更加艰难、欧盟集体行动力减弱和对外贸易政策的保守主义倾向加重。[③] 此外，为了加强欧盟在国际政治中的重要性和避免欧盟在国际社会中的边缘化，欧盟强调“主权欧洲”，其核心是为了增强欧洲的实力和地位。这也导致其

---

① 张骥：《去特殊化的中法战略伙伴关系》，载《世界经济与政治》，2013 年第 12 期，第 101、103 页。

② 郑春荣：《德国在中欧关系中的角色》，载《欧洲研究》，2015 年第 3 期，第 13 页。

③ 郑春荣：《欧洲政治碎片化与中欧关系走向》，载《当代世界》，2020 年第 6 期，第 32—38 页。

对外政策会更具竞争性和冲突性。①

拜登执掌白宫后不久，就重新加入国际多边机制，显示出那个与欧洲价值观相同的美国又回来了。而且，较之特朗普之前的风格，拜登明确以一种更加平等的方式对待欧洲盟友。总之，尽管欧盟内部有关拜登时期是否该加强欧盟自主性的争论不会停止，但是，这些都会为美欧关系带来实质性改善。

结合以上分析，在中欧实力对比出现明显结构性变化的背景下，中国依然被视为欧盟重要的经贸伙伴，但同样，中国也会被视作欧盟的对手。拜登上台后，美欧关系的进一步改善也会对中欧关系发展形成一定压力。

回到本书的研究主题货币政治领域，欧债危机爆发时，中国在一开始就表现出积极拯救欧元的态势。中国之所以认为欧元很重要，并且在危机前期积极拯救欧债的原因在于：中国在金融危机后就已经决心降低对美元的依赖，而欧元是唯一合适的替代选择。而且，当时中国已经投资了大量的欧元外汇储备，不能任由欧债继续恶化导致欧元不断贬值、本国资产安全受到威胁。同时，中国也希望通过拯救欧元的行动促进中国与欧洲大陆的关系和世界多极化秩序的巩固。②

综上，中欧关系是以贸易联系拉动并不断发展的重要双边关系。中国和欧盟同时作为国际关系中的重要行为体，对于国际体系的稳定、多边机制的维系以及世界经济的增长均有重要影响。中欧关系的发展历程显示，双方关系发展同时也受到各种内部、外部变量的影响。但是，双边经贸关系的高度相互依赖性决定了中国与欧盟对于彼此的战略意义。延伸到货币政治领域，在中欧密切的双边政治关系背景下研究中国和欧元区的货币关系，也因此具有非常重要的

---

① 金玲：《“主权欧洲”、新冠疫情与中欧关系》，载《外交评论》，2020 年第 4 期，第 71—94 页。

② Miguel Otero - Iglesias, “The Euro for China: Too Important to Fail and too Difficult to Rescue,” *The Pacific Review*, Vol. 27, No. 5, 2014, p. 722.

现实政策指导意义。

第三节 人民币国际化由来的国内背景

如果全球金融大背景和中欧双边关系是双边货币合作的大背景，那么，人民币国际化直接是中欧货币合作的起点。所以，作为中外货币合作的研究背景，我们有必要了解人民币国际化的由来，而要了解人民币国际化的由来，就要从中国经济发展面临的挑战和发展模式转变说起。①

一、出口创汇型经济增长模式："双顺差"和大量外汇储备

中国的经济腾飞始于十一届三中全会后确定的投资加出口导向式经济增长模式。引领中国经济起飞的投资加出口导向式经济增长模式包含两个主要内容：一是以优惠政策引入外资，解决国内当时资金不足而融资困难的问题；二是鼓励出口带来的经济增长而明确限制进口。随着国内和国际经济形势的变化，投资加出口导向式经济增长战略日渐被证实为一种不协调和不可持续的经济增长模式。出口导向的经济增长模式通过实施人民币贬值与出口退税政策为中国积累了巨额的经常项目顺差，外资优惠政策又使中国引入了大量的外国直接投资（FDI）。然而，这些进入中国的外资却没有按照一种高回报、高效率的方式用出去，也就是使用率和回报率均不高。外汇储备来自经常项目顺差和资本项目顺差。经常项目顺差（挣来的钱）和资本项目顺差（借来的钱）共同导致"双顺差"的常年出现和大量外汇储备集聚的现象。最后，中国的大部分外汇储备都用于购买美国国债，也就是按照低于引入 FDI 的利

① 此部分主要集中对发起人民币国际化前后时间段中国经济问题的分析。

息借给了美国。①

从国际角度来说，中国的出口创汇战略导致三个问题的出现：一是多恩布什（Dornbusch）问题，即穷国通过支付高利息向国外借钱；二是威廉姆森（Williamson）问题，即穷国通过低利息将钱借给富国；三是克鲁格曼（Krugman）问题，即穷国借给富国的钱还能不能收回的问题。中国在对外贸易中对美元使用形成过度依赖，这使中国经济暴露在美国货币政策的影响下，因而存在脆弱性。美国量化宽松政策威胁着中国的外汇资产安全。然而，不管是要降低对美元使用的依赖性还是减少中国经济的脆弱性，中国在这个问题上陷入“进退两难”的境地。如果中国现在完全抛售美国国债资产（实际操作上不可能，因为这会引起巨大的金融动荡），那么曾经的资产损失也就永远收不回来；如果中国还继续持有美国资产，今后就要继续面对资产损失的风险。这就是克鲁格曼提出的中国的“美元陷阱”（Dollar Trap）。就外汇储备管理而言，外汇储备对于一个国家来说存在一个最优值，但是不存在“多即是好”的说法。追求国家财富的增长，成为外汇储备管理日益重要的目标。面对外汇储备不断增长的局面，央行应促进外汇储备多渠道使用。②

从中国国内角度来说，投资拉动经济增长面临投资回报率的递减，不能带动可持续的经济增长。中国的出口速度快于GDP增长速度，出口导向式经济增长使中国经济增长和就业严重依赖出口，而

---

① 张璎光、张斌：《外汇储备持续积累的经济后果》，载《经济研究》，2007年第4期，第18—29页；余永定：《国际货币体系改革和中国外汇储备资产保值》，载《国际经济评论》，2009年第5期，第12—18页；余永定：《见证失衡：双顺差、人民币汇率和美元陷阱》，三联书店出版社2010年版；余永定：《见证失衡——双顺差、人民币汇率和美元陷阱》，载《国际经济评论》，2010年第3期，第7—44页；余永定：《中国金融稳定思考》，载《上海证券报》，2013年9月5日，第A01版。

② 李扬、余维彬、曾刚：《经济全球化背景下的中国外汇储备管理体制改革》，载《国际金融研究》，2007年第4期，第10页；张明：《中国外汇储备管理思路的应有变化》，载《国际经济评论》，2009年第5期，第48页；余永定：《国际货币体系改革和中国外汇储备资产保值》，载《国际经济评论》，2009年第3期，第18页。

这种出口速度已不能同样高效地促进 GDP 增长。中国出口的产品绝大多数都是品种单一、劳动密集型的加工制成品，不仅造成了国内严重的环境污染、能源和资源损耗，而且随着时间的流逝还恶化了中国的贸易条件。从金融风险的角度来说，靠举债带来的地方投资和造成的后果是地方债务、企业债务风险显著飙升，并构成了商业银行大量的不良贷款。这些都提高了发生系统性金融风险的概率。最终可能导致需要通过政府部门的加杠杆来解决私人部门的去杠杆问题。①

综合以上分析，投资加出口创汇型经济增长模式不再能为中国提供可持续、均衡且协调的经济增长动力。并且，“双顺差”的存在本身就是扭曲的，因为经常项目顺差应该转化为资本项目逆差。所以，从国内角度，中国的“双顺差”经济模式是需要被调整的。当然，从国际角度，国际收支失衡也是需要被修复的。因为“双顺差”一方面体现了中国的收支失衡问题，另一方面也是美国（80 年代后期起一直是经常项目逆差国）和全球的收支失衡。

二、“双重资源错置”和收支失衡调整

造成中国持续十余年的收支失衡和“双顺差”的成因包括出口导向发展战略、引进外资政策、低估人民币汇率与盯住美元汇率机制、资本管制、国内产业结构失衡、人口年龄结构、全球产业分工等。国际收支失衡意味着国内资源的扭曲配置，它造成了外汇储备的过度累计、中国投资者大量持有美国国债、巨大的冲销成本以及

① 周俊仰、汪勇、韩晓宇：《去杠杆、转杠杆与货币政策传导——基于新凯恩斯动态一般均衡的研究》，载《金融理论与政策》，2018 年第 5 期，第 24—34 页；张明、贺军：《中国经济去杠杆化的潜在风险》，载《金融研究》，2013 年第 5 期，第 4—9 页；徐奇渊：《我国政府债务中短期风险与长期风险考量》，载《地方财政研究》，2014 年第 11 期，第 48—53 页；余永定：《中国金融稳定思考》，载《上海证券报》，2013 年 9 月 5 日，第 A01 版。

外国投资对本国投资的挤出等不利后果。① 而中国的收支失衡调整核心是要解决“双重资源错置”问题：“第一重资源错置”指国内一部门之间的资源扭曲配置，比如有良好业绩的银行和高效的企业未能获得足够的贷款，而效率不高但有“政治资源”的银行和企业却往往得到更多的贷款额度；②“第二重资源错置”指国内—国外之间的资源错误分配，中国将通过消耗国内大量资源、能源、人力、金钱生产出来的商品努力往外销，而且还卖得便宜（人民币贬值），卖到的钱不只低息借给美国，最后还存在可能收不回来的风险。理清“双重资源错置”，是解决中国收支失衡调整的关键之一。

中国的收支失衡是与全球收支失衡相应而生的。③ 从恒等式储蓄 - 投资 = 出口 - 进口，即 S - I = X - M，可以看出内部失衡与外部失衡互为因果。④ 有产出的国际收支失衡是不需要调整的，无回报的失衡是需要调整的。经常项目账户赤字将导致一国对外债务上升，国际收支失衡不可持续。⑤ 国际收支失衡的调整，一方面需要经常项目顺差国（如中国）减少出口、增加进口，实行通胀性货币政策和扩张性财政政策以及本币升值等措施；另一方面需要经常项目逆差国（如美国）增加出口、降低进口，实行收紧银根的货币政策和紧缩性财政政策以及美元贬值等措施。⑥ 而美国作为经常账户赤字国在

---

① 张明：《中国国际收支双顺差：演进前景及政策涵义》，载《上海金融》，2012 年第 6 期，第 3—9 页。

② 马骏、管涛：《利率市场化与货币政策框架转型》，载《中国金融》，2018 年第 2 期，第 34 页。

③ 田丰、徐建炜、杨盼盼、茅锐：《全球失衡的内在根源——一个文献综述》，载《世界经济》，2012 年第 10 期，第 157 页。

④ 张明：《全球经济再平衡：美国和中国的角色》，载《世界经济与政治》，2010 年第 9 期，第 132 页。

⑤ 张明：《全球国际收支失衡的调整及对中国经济的影响》，载《世界经济与政治》，2007 年第 7 期，第 75—80 页；余永定：《全球国际收支失衡：中国视角》，载《国际经济评论》，2006 年第 5 期，第 54—58 页。

⑥ Benjamin J. Cohen, “The Macro - foundations of Monetary Power,” in David M. Andrews, ed, *International Monetary Power*, Ithaca and London: Cornell University Press, 2006, pp. 31 - 50.

调整失衡时必然会面临福利的损失，因此经常是拒绝调整的。

总而言之，中国的收支失衡调整在长期来讲是有必要的。但是，不管是重新合理、高效地分配国内资源，还是国际层面与他国合作解决国际收支失衡，都是漫长而艰辛的挑战，需要极大的政治智慧和决心。

三、弹性汇率机制改革

鉴于对出口创汇型经济增长模式、“双顺差”和巨额外汇储备管理模式不可持续的分析，弹性汇率机制改革是讨论转变中国经济增长模式时一个绕不过去的问题。弹性汇率机制改革的难题不在于中国人民银行不想实现向自由浮动的汇率制度改革，而是中国央行怎样才能将弹性汇率改革彻底完成。[①] 其他央行如德国央行或欧洲央行只有一个清晰的首要目标（控制通货膨胀），而中国央行有很多目标，有时这些目标之间可能会相互冲突。

就中国的汇率机制改革问题，我们需要弄清楚两个最基本的问题。

第一，弹性汇率机制改革的必要性。[②] 当前的固定汇率机制需要消耗大量的外汇储备。当汇率不稳定时，央行需要动用真金白银干预外汇市场，保持汇率的稳定。但是，外汇储备应该用在最重要、最紧急的时刻，动用大量外汇储备保持汇率的一时稳定成本太高。而且根据之前的分析，外汇储备的增加会直接加剧中国面临的资产安全威胁。也就是说，如果实行自由浮动的汇率机制，外汇储备存在的必要性就少了一些，外汇资产的安全风险也可相应降低。

虽然当下中国加强对短期资本流动的管理，所以汇率波动还不

---

① 张明：《汇率贬值压力犹在 汇改进程一波三折——8·11 汇改三周年回顾与展望》，《21 世纪经济报道》，2018 年 8 月 29 日。

② 参见以下观点：徐奇渊：《人民币汇率走向充分弹性：条件逐步成熟》，中国社科院世界经济与政治研究所，2018 年 3 月 27 日；肖立晟、张明：《克服浮动恐惧、增强汇率弹性》，载《金融评论》，2016 年第 5 期，第 32—47 页；余永定、肖立晟：《完成“8·11 汇改”：人民币汇率形成机制改革方向分析》，载《国际经济评论》，2017 年第 1 期，第 23—41 页。

算很频繁。但是，当中国因为金融开放需要实现资本自由流动和资本大幅流入、流出时，采用固定或半固定汇率制度的成本就会升高，实施浮动汇率制度较之固定汇率制度能最大限度地提高灵活性，让经济体免于外部冲击，帮助减少产出波动，提高经济增速。① 简言之，弹性汇率机制改革可以降低中国金融开放和资本自由流动条件下的汇率管理成本。

如果既不想汇率波动又不想损耗外汇储备，这样只能动用资本管制的方式，但是资本管制对促进投资和自由贸易有很大负面影响。在内地在岸市场和香港人民币离岸市场之间长期存在汇差、利差的背景下，中国当前的汇率维稳在很大程度上是方便了套利套汇等操作。基于此，汇率的浮动将大大减轻资本项目的管制负担。中国的汇率越是灵活，越是能够对市场迅速做出反应，资本管制的必要性和强度就越低。②

中国同样面临经典的“不可能三角”问题，即货币政策独立性、固定汇率、资本自由流动之间的抉择。短期资本自由流动是实现人民币国际化的技术关键之一。如果货币政策独立和资本自由流动是最终选项，那么固定汇率机制调整为自由浮动汇率机制则是一系列金融市场改革、资本自由化和人民币国际化的前提。这就从宏观经济学层面直接给出了汇率改革的重要意义。

第二，中国的汇率改革问题。首先，对人民币大幅度贬值的担忧。因为货币的严重贬值会引发国内资本外逃和内部系统性金融危机的出现，这在金融历史上并不少见。比如，2018 年土耳其里拉严重贬值造成土耳其经济崩溃。尽管本币贬值和由此引发经济崩溃的现象十分可怕，但是中国不会同时出现人民币严重贬值和经济崩溃的危机，原因在于：（1）中国一直和长期都将是贸易顺差国，经济

---

① 金刻羽：《告别浮动汇率恐惧症》，载《财新周刊》，2017 年第 1 期，第 25 页。

② 余永定：《汇率浮动恐惧症与国际收支结构的恶化》，中国社科院世界经济与政治研究所，2017 年 3 月 10 日。

基本面不支持人民币长期贬值；（2）中国拥有大量外汇储备，政府可以动用外汇储备稳住本币汇率；（3）中国依然在加强对短期资本流动的管理，即使本币出现严重贬值，也不会出现亚洲金融危机期间东南亚国家和土耳其面临的严重资本外逃现象。简言之，因人民币大幅贬值而引发内部系统性金融、经济风险的可能性在中国经济背景下是很低的。但是，因对“人民币大幅度贬值的不必要”依然存在恐惧，造成了弹性汇率机制改革的困难。

其次，中国正在逐步从出口导向式的粗放经济增长模式向强调竞争和效率的均衡增长模式转变，中央银行也已开始为人民币升值和自由浮动的汇率改革做了前期准备工作，比如调查中国企业是否已经为浮动汇率机制做好风险应对工作。但是担心人民币升值会提高出口商品价格，这成为人民币银行在汇改道路上“三心两意”的另一个可能原因。

最后，政府层面最关心的依然是国内稳定。若汇率改革过激过猛，有引发系统性金融风险的可能性。所以，中国弹性汇率改革的大方向不会改变，但是必将是一个缓慢而水到渠成的过程。

综上，从人民币国际化的国内背景讲，中国有必要调整“收支失衡”和“双顺差”的经济模式，同时还需升级外汇储备资产管理模式，弹性汇率改革是帮助克服这些挑战的必要条件。中国与美国失衡的经贸关系和中国对美元的依赖，都需要被重新调整。直接降低对美元的使用，就必须提高本币的使用。

再加上第一部分对全球金融背景的分析，金融危机后时期的全球金融监管，并没有如危机爆发之初各国政治家所期望的那般进行大幅度、有效的整改。① 后危机时代国际金融体系并没有给予国家和市场更多的信心，这是中国需要提升人民币国际使用的国际背景，也是其他国家愿意使用人民币、降低金融风险的大环境所在。

---

① Eric Helleiner, *The Status Quo Crisis*: *Global Financial Governance After the* 2008 *Meltdown*, United States: Oxford University Press, 2014.

四、人民币国际化现状、路径和项目

（一）人民币国际化现状

中国推动人民币国际化的目的，有很多学者提供不同视角的解答。[①] 短期来讲，中国发起人民币国际化公认的目标是为了降低汇率风险和减少中国的外汇储备。[②] 人民币国际化的长期目标则是成为国际上重要的计价、结算和央行储备货币。2009 年 7 月 1 日，中国人民银行等联合发布《跨境贸易人民币结算试点管理办法》。[③] 这一方面反映了中国在金融危机下保护中国外汇储备资产安全、降低对美元依赖、减少汇率风险和中国经济脆弱性的决心；另一方面在国际货币体系改革和亚洲区域货币合作无显著进展的背景下，凸显了中国政府在政治层面推进人民币国际化的决心。[④]

根据中国人民银行的定义，人民币国际化有以下七个项目：经常项目也就是人民币跨境贸易结算；直接投资包括人民币对外直接投资和人民币外商直接投资；资本与金融项下，境外机构在境内外发行人民币债券和人民币境内合格理财产品；人民币跨境贷款；双边本币互换；海外人民币离岸中心；人民币清算合作备

---

① 李稻葵：《人民币应加快推进国际化》，载《人民日报海外版》，2006 年 6 月 30 日，第 005 版；黄海洲：《人民币国际化：新的改革开放推进器》，载《国际经济评论》，2009 年第 7 期，第 5—7 页；高海红：《人民币成为国际货币的前景》，载《世界经济与政治》，2010 年第 9 期，第 151 页；高海红、余永定：《人民币国际化的含义与条件》，载《世界经济与政治》，2010 年第 1 期，第 47 页；何东、马骏：《消除对人民币国际化的误解》，载《中国经济观察》，2011 年第 7 期；何东、马骏：《人民币跨境使用与香港离岸人民币中心发展》，载《中国金融》，2011 年第 16 期。

② 余永定：《再论人民币国际化》，载《国际经济评论》，2011 年第 5 期，第 8 页。

③ 中国人民银行、财政部、商务部、海关总署、国家税务局、中国银行业监督管理委员会公告 2009 年第 10 号。

④ Eric Helleiner and Jonathan Kirshner, *The Great Wall of Money*: *Power and Politics in China's International Monetary Relations*, Ithaca and London: Cornell University Press, 2014, p. 11.

忘录。①

人民币发展现状可以从以下几个指标中观察。根据最新的统计数据，人民币国际化指数变迁如图 2—1 所示。从结构上看，人民币贸易结算份额在全球占比为 1.79%，全球已有 60 多个国家将人民币纳入官方储备。人民币在 IMF 可识别外汇储备中占比为 1.07%。

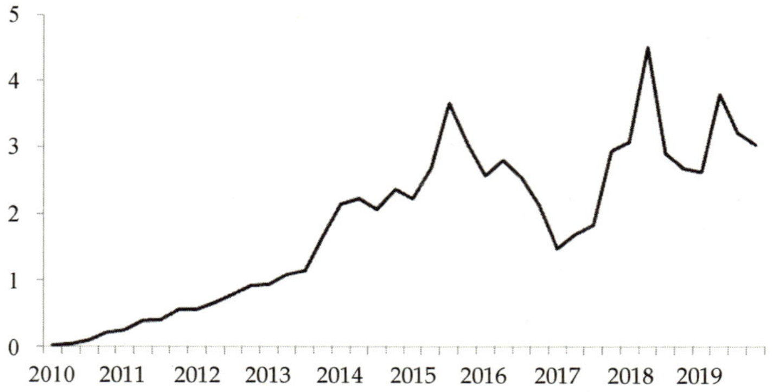

图 2—1 人民币国际化指数变迁

数据来源：中国人民大学国际货币研究所：《人民币国际化报告 2020 发布稿》（英文版），2020 年，第 13 页。

同时，中国银行发展出中国银行离岸人民币指数（ORI，BOC Off-shore RMB Index），反映人民币在国际金融市场上的发展水平、展现人民币国际化发展状况的指数。ORI 指数以人民币行使价值储藏货币、融资货币、投资货币、储备货币、交易货币五项国际货币职能为出发点，共设置五类指标，并对这五类指标进行综合加权计算。2018 年一季度 ORI 指数为 1.29%，较上年末上升 0.04%，超出预测值 0.03 个百分点。

根据环球同业银行金融电讯协会（SWIFT）2019 年数据，人民

① 中国人民银行：《人民币国际化报告（2012—2018 年）》；徐奇渊、杨盼盼：《人民币国际化，苦练内功不可少》，载《人民日报》，2014 年 7 月 10 日，第 023 版。

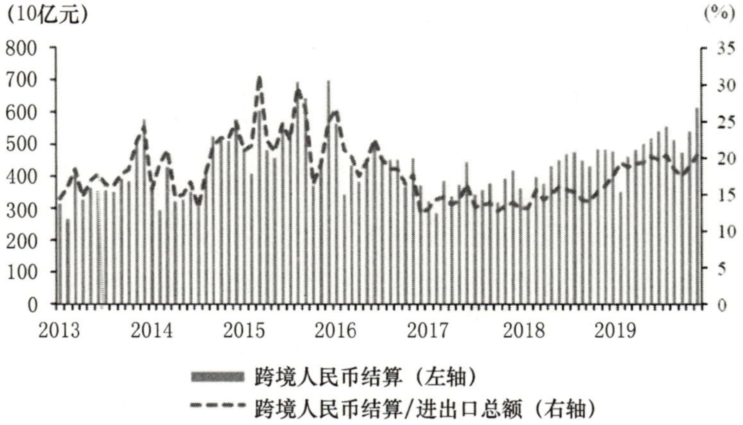

图 2—2　跨境贸易人民币结算规模

数据来源：中国人民大学国际货币研究所：《人民币国际化报告 2020 发布稿》（英文版），2020 年，第 22 页。

币保持世界第五大国际支付货币地位，比例是 1.99%。① 到 2020 年 12 月，人民币以 1.88% 的份额保持其在全球支付中第五活跃的货币地位。总体而言，人民币支付的价值比 2020 年 11 月增长了

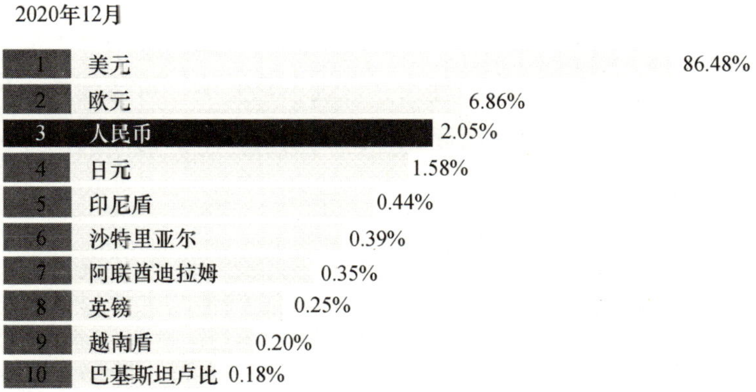

图 2—3　2020 年 12 月人民币作为国际货币在贸易融资市场上的比例

数据来源：SWIFT Renminbi Tracker，January 2021，p. 8。

① SWIFT，*RMB Tracker*，July 2019.

5.72%，而总体而言，所有支付货币均增长了12.30%。就国际支付（不包括欧元区内的支付）而言，人民币以1.16%的份额排名第八。根据2020年12月统计数据，人民币作为国际货币在贸易融资市场上所占份额为2.05%，排名第三位，位于美元和欧元之后。①

（二）人民币国际化路径

那么，人民币需要通过什么路径成为国际货币呢？这就涉及到实现人民币国际化的模式/路径问题。当下人民币国际化走的是“贸易结算+离岸市场”的组合模式，但是，学界对“贸易结算”和“离岸市场”是否能有效推动人民币的国际使用，普遍存有一定的疑虑。

首先，针对“跨境贸易结算”，它看起来更像是“跛足”的贸易结算。② 因为进口是用人民币结算，而出口依然是用外币（几乎都是美元）来结算。究其原因，一则是因为出口人民币结算并没有推广到国内所有企业，因此还需要一定的时间，甚至一段相当长的时间，来全面普及人民币的出口结算；二则是因为中国企业处于产业链的中低端，没有定价权。所以，即使在跨境贸易结算上能看到人民币表面上大范围的国际使用，这也不是坚实、可持续的人民币国际化。最稳固的人民币国际化模式应该是，中国商品的国际流动

---

① SWIFT, *Renminbi Tracker*, January 2021, p. 1, p. 8.

② 人民币跨境贸易结算集中于进口而非出口，出现严重“跛足”状况的三个主要原因：第一，在持续的人民币升值预期下，境外贸易企业更愿意接受人民币收款，而不太愿意用人民币支付货款；与此同时，中国贸易企业定价权相对较弱，而最后的贸易结算币种选择跟贸易双方定价权的强弱有关；第二，境外人民币存量是有限的，境外贸易企业获得人民币并用于支付进口的难度较大或成本较高；第三，按照2010年6月发布的《关于扩大跨境贸易人民币结算试点有关问题的通知》的第四、五条，目前出口贸易的人民币结算，仅限于16个省的试点企业，范围相对有限，而进口贸易、服务贸易以及其他经常项目的人民币结算，则是20个省的所有企业（包括非试点企业）都能进行办理的。参见：何帆、张斌、张明、徐奇渊：《香港离岸人民币金融市场的现状、前景、问题与风险》，载《国际经济评论》，2011年第3期，第84—108页。

带动中国货币的国际流通。也就是说，先提高中国制造业在全球的技术链地位、企业的竞争力，让国际市场参与者对中国商品形成依赖，就能间接让人民币在国际市场上受到追捧，才能真正构筑未来人民币国际使用的坚实物质基础。

其次，就“离岸市场”而言，发挥香港人民币离岸市场的目的，本身是为了解决人民币资产尚不能自由兑换的问题，实现人民币的境外循环。但是，香港人民币离岸市场（CNH）与人民币在岸市场（CNY）之间存在的汇差、利差，滋生了大量的套汇、套利等投机活动。尤其是固定汇率机制的存在，甚至为套利、套汇活动创造了绝佳的投机环境。① 尽管中国还存在对短期资本流动的管理，但是投机活动的肆意妄为使汇率市场波动较大，中国人民银行不得不动用大量外汇储备干预外汇市场，也因此耗费了大量的外汇储备，损害了国家福利。

张明针对“贸易结算＋离岸市场”国际化模式的反思有四点：货币国际化最终是市场选择的结果，政府推动的作用终究有限；跨境贸易结算与离岸金融中心未必是推动人民币国际化的最佳方式；人民币国际化未必是真实交易需求占主体，很可能是跨境套利活动占主体；人民币国际化与加快资本账户开放在当前不应成为中国政府的工作重点。②

所以，在细致探讨了“贸易结算＋离岸市场”的不足之处后，学者们提出人民币国际化的新模式，即“跨国公司＋资本输出”模式。

---

① Ito Takatoshi, “The Internationalization of the RMB: Opportunities and Pitfalls,” for the Council on Foreign Relations/China Development Research Foundation Workshop on the Internationalization of the Renminbi, Oct. 31 – Nov. 1, 2011, Beijing; McCauley Robert, “Renminbi Internationalization and China's Financial Development Model,” for the Council on Foreign Relations/China Development Research Foundation workshop on the Internationalization of the Renminbi, Oct. 31 – Nov. 1, 2011, Beijing.

② 余永定、张明：《资本管制和资本项目自由化的国际新动向》，载《国际经济评论》2012 年第 5 期，第 68—74 页；张明、何帆：《人民币国际化进程中在岸离岸套利现象研究》，载《环球金融》，2012 年第 10 期；张明：《人民币国际化：成就、问题与前景》，载《财经》，2021 年 8 月 12 日等。

有学者认为,“贸易结算 + 离岸市场”似乎违背了政策的初衷:一则是随着人民币跨境贸易结算的发展，中国对美元风险的暴露不仅没有减少，反而不断增加；二则滞缓的香港离岸市场发展正在引发一个潜在、但愈发强烈的呼吁——迅速开放中国的资本项目，而这并没有成功倒逼中国国内的金融改革。回顾日本日元“贸易结算 + 离岸市场/资本项目开放”的失败国际化模式，也有学者认为，缺乏有影响力的跨国企业和国内金融改革尚未完成的情况下就开放资本项目的国际化次序是不对的，所以中国的人民币国际化应该从当前的“贸易结算 + 离岸市场/资本项目开放”模式转向渐进、稳定的“资本输出 + 跨国企业”模式。[①]

也有学者主张借助亚洲货币合作机制，利用中国与东南亚国家之间贸易逆差、东南亚国家可以更便利地获得人民币的事实，使人民币规避全球层面与美元分庭抗礼的局面，使人民币先成为区域性货币。[②] 而且，国内学者还主张，发展人民币的国际结算功能不如先发展人民币为原油、天然气的计价功能，更能有效推动人民币的国际化。借鉴曾经美元的国际化逻辑，首先，以美元计价全球原油交易，将会使得美元在石油输出国外汇储备中的占比显著上升；其次，石油输出国又会将巨额美元外汇以各种投资方式投回到美国金融市场；再次，由于石油进口国必须用美元进口石油，这就会增加进口国对美元的储备资产需求；最后，随着美元逐渐成为全球大多数国家最主要的储备货币，美元自然而然地成为全球金融资产以及利率汇率的定价基准，即锚货币。[③]

---

① 殷剑锋:《人民币国际化:“贸易结算 + 离岸市场”，还是“资本输出 + 跨国企业”? ——以日元国际化的经验为例》，载《国际经济评论》，2011 年第 4 期，第 54—68 页。

② 张明:《人民币国际化与亚洲货币合作：殊途同归?》，载《国际经济评论》，2015 年第 2 期，第 55—67 页。

③ 张明、高卓琼:《原油期货交易计价与人民币国际化》，载《上海金融》，2019 年第 6 期，第 44—49 页；张明、王永中:《构建天然气人民币体系的可行性与人民币国际化》，载《上海金融》，2018 年第 3 期，第 41—48 页。

“跨国公司＋资本输出”和人民币国际计价功能模式，与“贸易结算＋离岸市场”的模式相比，可以避免套汇、套利交易，虽慢，但是可持续性更强。最后，不管是“贸易结算＋离岸市场”模式还是“资本输出＋跨国企业”的国际化模式，要真正有效推动人民币国际化进程，还需要深入理解人民币国际化的技术关键。人民币国际化的技术关键是国内金融市场开放和资本项目自由化。

不直接放开资本管制、实现资本自由流动和人民币国际化的原因在于：

一是在国内尚未完成弹性汇率机制改革的背景下，大量的资本流动会造成汇率的频繁波动，给人民银行带来巨大的外汇干预负担和外汇储备消耗成本。

二是资本流动背后往往不可避免地存在大量的投机行为，投机性质的资本流入、流出会冲击国内资本市场。而当国内金融市场依然不健全、体制不完善、金融产品不够多样化时，将难以应对投机资本的横冲直撞，这就会引起不必要甚至危险的国内金融市场波动，甚至会造成较大的金融风险。

三是在国内汇率市场化改革、利率市场化改革尚未完成的背景下开启资本自由流动，会严重影响国内货币政策独立性。具体而言，在一套完善的人民币回流机制尚未建立的背景下，当人民币在境外大量流通却不能回流国内时，既会给央行造成货币决策困难、又会影响国内货币政策的供给水平。因为无法预测境外对人民币的需求量，货币政策的操作目标就不能只是盯住货币供应量，而是要转向以盯住利率政策为主，而利率政策的有效传导就要求利率的市场化。

这三条理由既道出了直接放开资本管制和开放金融市场的不可行，又间接给出了推进人民币国际化/金融开放/资本账户开放的三个先决条件：必须先完成弹性汇率机制改革；必须改革国内金融市场，使之更完善、健全，更有深度、广度和更成熟（提供丰富的金融产品）；完成国内利率市场化改革。尤其需要强调的是，这三个先决条件都必须在资本管制的条件下进行。资本管制存在的理由，依然是为了保卫国内尚不成熟的金融市场免受短期资本流动的冲击和加强国内货币政策自主性。①

综上，就人民币国际化的正确推进顺序，马骏、何东和李稻葵等坚持按照境内、境外（离岸市场）“双轨制”的方式进行，② 少数外国学者认为可按照先让人民币成为区域性关键货币、再渐进成为国际货币的方式，③ 但是更多的国内外学者主张资本管制条件下按照国内汇率市场化改革、利率市场化改革、金融市场改革、资本自由化和金融开放的次序来完成人民币国际化。④

虽然历史上的国际货币最终都是受市场力量推动的，但是鉴于市场对国际主导货币的惯性偏好和更替成本，处于初级国际化阶段的人民币要获得市场的大量追捧是不太可能的。再加上国内资本市场改革、金融市场改革和汇率改革的挑战，如果只单纯依靠市场力量而不辅之以政策推进，人民币要成为真正的国际货币未免过于漫长。基于这种考量，人民币国际化背景下的货币合作成为中国通过

---

① 有关资本管制、资本外流与人民币国际化关系的研究请参见：张斌、徐奇渊：《汇率与资本项目管制下的人民币国际化》，载《国际经济评论》，2012 年第 4 期，第 63—73 页；李曦晨、张明、朱子阳：《资本流动视角的人民币国际化：套利还是基本面驱动?》，载《世界经济研究》，2018 年第 2 期，第 26—37 页；张明、何帆：《人民币国际化进程中在岸离岸套利现象研究》，载《环球金融》，2012 年第 10 期，第 47—54 页；余永定：《应暂停出台“人民币国际化”新政策》，载《第一财经日报》，2011 年 12 月 5 日。

② 何东、马骏：《消除对人民币国际化的误解》，载《中国经济观察》，2011 年第 7 期；何东、马骏：《人民币跨境使用与香港离岸人民币中心发展》，载《中国金融》，2011 年第 16 期；李稻葵、刘霖林：《双轨制推进人民币国际化》，载《中国金融》，2008 年第 10 期；李稻葵、刘霖林：《人民币国际化：计量研究及政策分析》，载《金融研究》，2008 年第 11 期。

③ Masanori Hasegawa, “The Geography and Geopolitics of Renminbi: A Regional Key Currency in Asia,” *International Affairs*, Vol. 94, No. 3, 2018, pp. 535 - 552.

④ 高海红、余永定：《人民币国际化的含义与条件》，载《世界经济与政治》，2010 年第 1 期；高海红：《人民币成为国际货币的前景》，载《世界经济与政治》，2010 年第 9 期；［美］杰佛里·富兰克：《人民币国际化的前景》，“人民币国际化”研讨会论文，2011 年 10 月 31 日—11 月 1 日；［日］伊藤隆敏：《人民币国际化的路线图》，“人民币国际化”研讨会会议论文，2011 年 10 月 31 日—11 月 1 日。

政治途径、获得外国对人民币国际化支持的重要方式。

（三）中欧货币合作项目

伴随中国人民币国际化的开启，至2020年1月，中国共与39个国家央行和地区金管局签署了货币互换协议，并与其中部分国家完成续签，同时授予21个国家人民币合格境外机构投资者额度（RQFII）。

表2—1　中国与39个国家央行/地区金管局本币互换协议一览表

国家/地区	人民币（亿元）	外币（亿）
中国香港	5000	6313
韩国	3600	640000
英国	3500	350
欧州央行	3500	450
新加坡	3000	640
印度尼西亚	2000	4400000
澳大利亚	2000	400
加拿大	2000	300
日本	2000	34000
巴西	1900	600
马来西亚	1800	900
瑞士	1500	210
俄罗斯	1500	8150
阿根廷	700	1550
泰国	700	3700
阿联酋	350	250
卡塔尔	350	208
南非	300	540
中国澳门	300	350
新西兰	250	50
智利	220	22000
埃及	180	470

续表

国家/地区	人民币（亿元）	外币（亿）
蒙古	150	54000
乌克兰	150	540
土耳其	120	50
巴基斯坦	100	1650
匈牙利	100	4160
斯里兰卡	100	2250
摩洛哥	100	150
白俄罗斯	70	160000
哈萨克斯坦	70	2000
冰岛	35	660
塔吉克斯坦	30	30
阿尔巴尼亚	20	358
塞尔维亚	15	270
苏里南	10	11
亚美尼亚	10	770
乌兹别克斯坦	7	1670

表 2—2　RQFII 人民币合格境外机构投资者额度授予一览表

国家/地区	RQFII（人民币：亿元）
中国香港	5000
美国	2500
日本	2000
韩国	1200
新加坡	1000
英国	800
法国	800
德国	800
荷兰	500
爱尔兰	500

续表

国家/地区	RQFII（人民币：亿元）
卢森堡	500
泰国	500
马来西亚	500
加拿大	500
澳大利亚	500
瑞士	500
阿联酋	500
智利	500
匈牙利	500
荷兰	500
卡塔尔	300

在中国与欧元区国家的货币合作中，欧洲央行于 2013 年 9 月份与中国建立为期三年的本币互换协议，2016 年、2019 年双方决定延期互换协议，2014 年中国开始允许发展人民币对欧元的直接交易；德国央行于 2014 年与中国人民银行签署《法兰克福人民币清算机制谅解备忘录》，同年德国投资者又获得总计 800 亿元的人民币境内投资额度；法国央行在 2014 年与中国央行建立了与中德货币合作同样类型、同样额度的合作安排；卢森堡央行在 2014 年与中国央行签署了人民币海外清算安排合作备忘录，2015 年卢森堡的投资机构也获得了 500 亿元人民币境内投资额度。通过比较欧元区不同货币决策机构与中国建立货币合作的日期我们发现，欧元区不同实体与中国建立货币合作的日期存在重叠，也就是有些欧元区成员国甚至是赶在同一天与中国签署类型不同的货币合作协议，这反映了欧元区不同实体在与中国建立货币合作时的竞争性，也体现了诸多政治运作和努力在里面。

小 结

2008 年全球金融危机爆发后，全球金融监管依然维持现状。从深层次来说，主要原因并不是 G20 的改革决心和执行力，而是美国和美元依然位于国际金融体系中主导地位。美国位于全球金融中心领导地位的事实和私人与公共部门对美元的依赖，使金融监管难以实现真正变革。在全球金融大背景下，中国和欧盟都是国际政治中的重要行为体，中欧关系不论从政治层面还是经贸维度对各方来说都尤其重要。中欧高度的经济相互依赖自然成为中欧金融交往和货币合作的基础。长期实施出口创汇型经济战略使中国面临一系列经济发展的挑战，如“双顺差”、大量外汇储备的积累、国内双重资源错置以及内外失衡等问题。在此背景下，中国发起人民币国际化项目的目的，一方面是希望通过提升人民币的国际使用，降低本国经济对美元的依赖和本国经济与外汇资产安全的脆弱性，另一方面是希望借此提升人民币的国际地位，提升中国的货币自主性。人民币国际化的本质是指人民币在国际上发挥计价、结算和储备货币功能。但是，鉴于中国尚未完成弹性汇率改革、金融市场改革和利率改革，为避免资本账户开放后资本流动对中国经济的冲击，中国在中短期都不可以放开资本管制，所以人民币国际化在长期将是缓慢而渐进的过程。人民币国际化背景下，其他国家政府、货币决策机构与中国建立的各种货币合作安排，如本币互换协议、人民币清算备忘录、授予境外机构投资者额度等，都是人民币国际化的一部分。中国与欧元区建立的货币合作主要体现在中国与欧洲央行签署的本币互换协议，与德国、法国、卢森堡分别建立的 RQFII、人民币清算机制。接下来，将介绍本书研究的主要对象——欧元区，它的由来、内部特点、外部挑战以及货币决策机制特点。

第三章　欧元区货币政治与欧洲央行决策机制

第一节　欧元区的由来与内部挑战

欧洲政治的中心是围绕欧洲一体化展开的。欧洲一体化目前为止最显著的成果就是建立欧洲货币联盟。成员国愿意放弃本国货币主权、让渡给欧盟层面的中央机构即欧洲央行是建立欧洲货币联盟的前提条件。欧洲货币联盟的主要标志是欧元的引入和主管货币政策的欧洲中央银行（European Central Bank，ECB）的建立。成员国之间不断的经济政策协调则是欧洲货币联盟的政治遗产。

目前由 19 个欧盟成员国组成的欧元区共同使用欧元。[①] 虽然本国的央行也被保留下来，但是货币政策主要由欧洲央行的管理委员会（The Governing Council）制定，[②] 本国央行只负责监测和评估本

---

① 截至 2021 年 2 月，欧元区国家有德国、法国、奥地利、葡萄牙、西班牙、意大利、荷兰、比利时、卢森堡、爱尔兰、希腊、爱沙尼亚、立陶宛、马耳他、拉脱维亚、芬兰、斯洛伐克、斯洛文尼亚和西班牙。

② 欧洲央行的管理委员会主要由 6 位执行董事会（Executive Board）的成员每人一票和 19 位成员国央行行长按轮流投票制以简单多数的方式进行决策。2015 年之前管理委员会执行每人一票制。2015 年之后，因为立陶宛加入欧元区，欧元区成员国数量超过 18 个。按照《欧洲联盟条约》规定：当欧元区成员国数量超过 15、但小于 22 的时候，执行董事会（Executive Board）的每个成员均拥有一票投票权，成员国央行行长分享余下的 15 票投票权。具体的说，根据各成员国经济、金融规模和体量的排列次序，排名前五的国家如德国、法国、意大利、西班牙和荷兰拥有 4 票投票权，也就是说在每个月投票的时候，这 5 个国家必须轮流放弃投票权。排名靠后的 14 个成员国，拥有 11 票投票权，也就是每月的投票中必须有 3 个国家轮流放弃投票权。参见：Protocol on The Statute of The European System of Central Banks and of The European Central Bank：https：//www. ecb. europa. eu/ecb/legal/pdf/en_ statute_ 2. pdf，p. 3，上网时间：2018 年 2 月 18 日。

国经济和金融状况以及执行欧洲央行的政策。欧洲央行和成员国央行同属于欧洲中央银行系统（European System of Central Banks）。欧洲央行的中心地位是欧元区的主要标志。欧洲央行的中心地位不仅体现在其为19个成员国独立制定货币政策上，还体现在其有权根据《欧洲联盟条约》① 的规定界定其首要目标“物价稳定”的具体量化指标，即在中期将通胀水平控制在接近但低于2%的水平。为了捍卫欧洲央行的独立性和欧元的稳定性，德国一方还坚持欧元集团②的非正式性和隐性的货币政策协调机制（Implicit Coordination）。目的是为了避免欧元集团的正式性和直接的事前协调机制（Explicit ex ante Coordination）会造成欧盟层面多任务冲突及责任分工不明确的风险，从而有碍欧洲央行维持物价稳定的目标和货币政策独立性。欧洲央行的决策独立性和其“物价稳定”的首要目标是欧元区货币政治的核心。③

欧元区内部最大的问题在于，只有一个欧洲央行和一种货币政策，需要满足19个成员国的需求。如果这19个成员国的经济模式、结构和发展状况趋同，那么单一的货币政策更容易与成员国的政策需求相契合。问题是，这19个成员国的经济模式、结构和发展状况存在明显差异，那么，单一的货币政策自然无法同时满足多种国内政策需求。欧洲央行的一切政策行为都是基于维护其首要目标“物价稳定”和控制通胀水平而展开的。而单个成员国也就是当前执政的政府和执政党要处理的首要任务则不同于欧洲央行的首要任务，是涉及民生和执政党能否再次当选的两项关键任务：经济增长和就业。同时，必须指出的是，正因为欧洲央行代替本国央行制定货币

① 因《欧洲联盟条约》又被称为《马斯特里赫特条约》，后文均简称为《马约》。

② Euro－Group，简称欧元集团，是由欧元区财政部长组成的非正式机构，定期协调欧元区财政政策。

③ *Treaty of Maatstricht*，《马斯特里赫特条约》或《欧洲联盟条约》，https：//europa. eu/european－union/sites/europaeu/files/docs/body/treaty_ on_ european_ union_ en. pdf，p. 29，p. 31。

政策，也就是说成员国失去了自己的货币政策工具——货币贬值和利率政策。成员国面对国内经济问题时如缺乏经济竞争力，它失去了货币贬值[①]的工具，只能通过减少劳动成本、降低价格或提高生产力的方式提高竞争力。[②]

虽然欧洲央行特定的货币政策，比如降低利率可以达到鼓励投资和促进经济增长、就业的目的，成员国政府有时会寄望于欧洲央行能够配合国内需要制定符合其需求的货币政策。但是，欧洲央行的独立性和“物价稳定”的首要目标是由《马约》从法律角度确立的。如果欧洲央行因为“徇私”制定了符合单个成员国利益而违背其宗旨即“物价稳定”的货币政策，欧洲央行货币政策的可信性就会大受影响。而这种货币政策的可信性是欧洲央行无论如何都要保持的一项声誉。[③] 货币政策的不可信性会直接影响市场对央行信息的接收。如果市场对央行政策失去信任或误解了央行政策走向，市场本身会陷入不稳定。而“不稳定”则是欧洲央行和欧元区无论如何要避免的。也就是说，欧洲央行不会为了单个国家的需要而制定不符合其物价稳定目标的货币政策。

所以，当欧洲央行的货币政策恰巧不是单个成员国所偏好的特定政策，成员国会埋怨欧洲央行的货币政策没有帮助促进经济增长、就业或其他国内目标。而欧洲央行则会回应：成员国自己应该从诸如财政预算、劳动力市场、工资、劳动力、福利国家模式、税收等项目上进行改革，使本国的财政政策和经济发展更具有可持续性，而不是依赖货币政策从短期且不可持续的角度来解决一时的

---

① 货币贬值可以使本国产品在国际市场上的价格相对更低，因而可以促进更多出口，从而提高本国经济竞争力。

② Amy Verdun, “The European Union and the Global Political Economy,” in Christopher Hill, Michael Smith and Sophie Vanhoonackers, eds. *International Relations and European Union (3rd. Edition)*, Oxford: Oxford University Press, 2017, p. 251.

③ Kenneth Dyson, *The Politics of the Euro - Zone*, Oxford: Oxford University Press, 2000, p. 121

国内问题。[①] 欧洲央行和成员国之间这种“互相踢皮球式”的埋怨来源于先设的“物价稳定”首要目标和国内政策目标如增长和就业不契合的事实，以及欧洲央行和成员国对国内问题解决途径的认知差异，即欧洲央行强调长期、可持续的发展方式，而成员国因为选票关注短期发展。换句话说，欧洲央行坚持货币政策是用来服务长期物价稳定的，而成员国认为货币政策可以用来满足短期就业需要。要解决单一货币政策和多种国内需求不契合的问题：首先，欧元区各国经济状况要趋同；其次，要通过经济政策协调的方式达到趋同；最后，具体的经济政策协调方式包括两种——财政整顿和结构改革。

第二节　外部挑战加剧欧元区的不稳定趋向

一、欧元区的不稳定趋向

根据前面的分析，欧元区最大的问题在于国家之间的政策协调。不管是从财政整顿还是结构改革的角度来看，国家利益差异和政治冲突充斥其中，难以在短期达成一致。

以下三个关键变量决定着欧元区的稳定和欧洲货币一体化的方向是“积极一体化”（Positive Integration）还是“消极一体化”（Negative Integration）。

（一）成员国对一体化态度不一

首先，根据国家对趋同成本的不同经济脆弱性指标，欧洲国家可被分为四类：“旁观者”“推进者”“拖后腿者”和“协调者”（见表3—1）。

① 宏观经济学中货币数量论认为货币只是影响物价水平。也就是货币供给和物价水平同比例增长，并不会影响经济中的实际产出。

表 3—1 欧洲国家的趋同成本和经济脆弱性

	经济脆弱性		
趋同成本	低	低	高
	高	“旁观者”	“推进者”
		“拖后腿者”	“协调者”

比如在欧盟一体化深入上，法国是“推进者”，特别是在税收和就业政策上的一体化，而英国是深入一体化的“拖后腿者”，反对一体化的发展。“协调者”虽然有激励促进一体化但是需要面对一体化带来的巨大成本。它们处于最艰难的抉择处境，寻求一种比较宽松的财政规则和财政联邦措施。“旁观者”本可以在一体化进程中拥有更大的野心，但是因为从中没有获利多少，所以对一体化并不积极。在货币政策上，“推进者”是一些小国，如比利时、芬兰、爱尔兰等，因为国内缺少大的金融中心，它们需要一个更大的金融中心，而法国和意大利倾向做“拖后腿者”，因为它们从中会失去更多。在企业税收一体化上，法国和德国是“推进者”，因为它们在目前的税收竞争中处于劣势。其他国家如比利时、爱尔兰和荷兰面临更高的竞争成本，所以表现为“拖后腿者”或“旁观者”。在就业政策上，法国和意大利政府是“推进者”，支持欧盟促进公共投资以提高就业。德国从“拖后腿者”变成“协调者”，因为失业率已经变成德国经济脆弱性的一大根源，但是又害怕欧盟新就业政策项目会带来潜在的金融成本。①

其次，在欧盟核心与外围国家之间也存在差异。核心国家如德国需要低利率刺激经济，外围国家需要高利率抑制通胀；外围国家支持欧盟财政转移，克服对国内劳动力市场和经济稳定造成的竞争冲击，而核心国家则非常不情愿为财政转移融资。总之，快速增长的小国和

① Kenneth Dyson, *The Politics of the Euro - Zone*, Oxford: Oxford University Press, 2000, p. 111.

慢速发展的大国之间的差异会加大欧元区国家之间的分歧，也就是“国家对欧洲未来发展方向的本质差异是分歧”的又一个来源。[①]

以上只是展示了成员国众多差异的一隅。从更长远的角度来说，欧元区受困于主权和一体化之间的紧张关系。[②] 成员国之间有效的政策协调和趋同是调和主权和一体化之间紧张关系的“必备良方”，也是保证欧元区稳定和深入一体化的基础。

（二）建立财政联邦主义

欧元区内部经济发展差异巨大和产生不对称性经济冲击的主要原因在于欧元区缺少两个有效的调节机制：一是大范围的地区财政支付转移，二是大范围的地区间劳动力流动性。[③] 地区财政支付转移，即体现了财政联邦主义（Fiscal Federalism）的理念。

欧盟委员会在债务危机后已经着手研究财政联盟的建立方案，

---

① Kenneth Dyson, *The Politics of the Euro - Zone*, Oxford: Oxford University Press, 2000, p. 105; David Howarth, “The French State in the Euro - Zone: ‘Modernization’ and Legitimizing Dirigisme,” in Kenneth Dyson ed. *European States and the Euro. Europeanization, Variation, and Convergence*, Oxford University Press, 2002, pp. 145 - 172; Kenneth Dyson, “Germany and the Euro: Redefining EMU, Handling Paradox, and Managing Uncertainty and Contingency,” in Kenneth Dyson ed. *European States and the Euro. Europeanization, Variation, and Convergence*, Oxford University Press, 2002, pp. 173 - 211; Andrew Gamble and Gavin Dilemma, “Britain and EMU,” in Kenneth Dyson ed. *European States and the Euro. Europeanization, Variation, and Convergence*, Oxford University Press, 2002, pp. 97 - 119; Martin Marcussen, “EMU: A Danish Delight and Dilemma,” in Kenneth Dyson ed. *European States and the Euro. Europeanization, Variation, and Convergence*, Oxford University Press, 2002, pp. 120 - 144; Claudio Radaelli, “The Italian State and the Euro: Institutions, discourse, and Policy Regimes,” in Kenneth Dyson ed. *European States and the Euro. Europeanization, Variation, and Convergence*, Oxford University Press, 2002, pp. 212 - 237; Amy Verdun, “The Netherlands and EMU: A Small Open Economy in Search of Prosperity,” in Kenneth Dyson ed. *European States and the Euro. Europeanization, Variation, and Convergence*, Oxford University Press, 2002, pp. 238 - 256.

② Kenneth Dyson, *The Politics of the Euro - Zone*, Oxford: Oxford University Press, 2000, p. 281.

③ Kenneth Dyson, *The Politics of the Euro - Zone*, Oxford: Oxford University Press, 2000, p. 194.

主要挑战在于：首先，财政联邦主义意味着按照美国模式建立跨区域财政自动转移和财政权威转移机制。这种财政联邦主义是高度政治敏感性的，尤其是当所有成员国政府面临整合国家预算压力的时候。成员国政府不会接受基于民主合法性之上的代表权和税收之间联系的中断。同时，一些政府拒绝授权欧洲议会或者与欧洲议会在税收问题上分享主权。税收问题不同于货币问题而更具有敏感性，因为它直接关系到公民的利益。所以成员国将货币主权让渡给欧洲央行的技术专家，但是不会轻易同意与欧盟层面分享财政政策主权。① 其次，因为语言和教育体系的差异，欧洲的劳动力流动性也无法达到美国的程度。简而言之，欧盟远不是一个国家。它缺少一个集中的经济政府，而且只有很少的中央预算和相对较小的税收权力。②

虽然建立财政联邦的敏感性不亚于财政整顿和结构改革，但是高效的区域财政支付转移和劳动力高流动性能够解决成员国面临的不对称冲击，也能克服因经济冲击造成的欧元区不稳定和国家政治合法性问题。而建立这种泛联邦财政机制（Quasi Federalism）的前提条件是发展一个强调平均分配社会资源的财政机制，使欧元区运行更具有合法性。总之，这样一个财政机制的发展需要成员国的集体认同。③

（三）全球竞争的到来

在20世纪六七十年代，欧洲政治家赋予经济中的国家干预重要

① Kenneth Dyson, *The Politics of the Euro - Zone*, Oxford: Oxford University Press, 2000, p. 195, p. 257.

② Amy Verdun, "The European Union and the Global Political Economy," in Christopher Hill; Michael Smith and Sophie Vanhoonackers, eds. *International Relations and European Union* (3rd. *Edition*), Oxford: Oxford University Press, 2017, p. 252.

③ Amy Verdun, "The European Union and the Global Political Economy," in Christopher Hill; Michael Smith and Sophie Vanhoonackers, eds. *International Relations and European Union* (3rd. *Edition*), Oxford: Oxford University Press, p. 259; Kenneth Dyson, *The Politics of the Euro - Zone*, Oxford: Oxford University Press, 2000, p. 183.

角色，而对市场只赋予了很小的角色。80 年代早期，欧洲将更大的角色赋予市场而更小的角色赋予国家，后者渐渐成为调控者，更少地担当利益攸关者和投资人的角色。① 欧洲各国在 20 世纪 80 年代初进行货币合作即建立欧洲货币机制（European Monetary System），② 实现固定汇率，以更好地进行内部交易和投资，并顺应国际形势实现资本自由流动。③ 欧盟一体化和 80 年代单一市场的建立又刺激了欧洲内部的竞争，一些更具竞争力的企业成为“赢家”，而另一些市场参与者则因为不能适应竞争成为“败者”。④ 按照当时的趋势，欧洲似乎要发展成为以美英为模板的新自由主义经济模式。

然而，单一法案开放了欧洲大陆的市场，但同时市场和经济活动也受到国家的干预和制约。伴随国家干预的欧洲经济模式，与以美国为模板的新自由主义模式形成对比。⑤ 当然，欧元区特别是欧洲央行当下越来越注重“现代化”“全球化”“重构”和“竞争力”。⑥ 这也是当今的时代背景和未来趋势，欧盟、欧元区若想长期具有竞争力，应该也必须进行痛苦的结构改革。具有远见的欧洲政治家必然拥有这种共识。只是为了让这些改革举措更具有可行性，欧洲领导人要注意政策执行背后社会成本和资源能否均衡分配的社会问题。

---

① Amy Verdun, “The European Union and the Global Political Economy,” in Christopher Hill, Michael Smith and Sophie Vanhoonackers, eds. *International Relations and European Union* (3rd. *Edition*), Oxford: Oxford University Press, 2017, p. 242.

② Kathleen R. McNamara, *The Currency of Ideas: Monetary Politics in the European Union*, Ithaca and London: Cornell University Press, 1998.

③ John B. Goodman and Louis W. Pauly, “The Obsolescence of Capital Controls: Management in an Age of Global Markets,” *World Politics*, Vol. 46, No. 1 (Oct., 1993), pp. 50 - 82.

④ Amy Verdun, “The European Union and the Global Political Economy,” in Christopher Hill, Michael Smith and Sophie Vanhoonackers, eds. *International Relations and European Union* (3*rd. Edition*), Oxford: Oxford University Press, 2017, p. 243.

⑤ Amy Verdun, “The European Union and the Global Political Economy,” in Christopher Hill, Michael Smith and Sophie Vanhoonackers, eds. *International Relations and European Union* (3*rd. Edition*), Oxford: Oxford University Press, 2017, p. 241.

⑥ Kenneth Dyson, *The Politics of the Euro - Zone*, Oxford: Oxford University Press, 2000, p. 121.

欧洲重视社会公正的传统提高了对欧洲政治和欧盟政策的合法性要求。比如，就劳动力市场改革来说，只有通过集中式新社团主义的工资谈判方式，新自由主义模式中工资政策没有顾及到的宏观经济因素（比如工人最低收入/生活水平的保障）才会被顾及到。① 也就是欧元区最后可能尝试采用新社团主义的集中谈判方式达到新自由主义的改革目标，即去除劳动力市场管制和减少非直接工资成本。② 这只是外在挑战的一个方面。

从本质上来说，欧元区政策协调的关键取决于能否平衡好政治合法性和市场可信性之间的冲突。③ 已经融入全球政治经济中的欧盟和欧洲国家，必须面对一个事实即更激烈的全球竞争。竞争的加强必然会导致欧洲货币一体化中重大的经济冲击和混乱。④ 如何应对全球竞争对欧元区经济治理带来的新问题，是欧洲必然要面对的一项严峻挑战。尤其是自全球金融危机、经济危机及欧洲债务危机爆发之后，国际金融市场和国际货币体系动荡给欧元区带来系统性崩溃的风险，维持欧元区稳定与让欧元区能正常运行下去成为欧洲政治家在新形势下的首要任务。⑤ 这也是接下来要讨论的重点。

二、欧元区的外部挑战

20 世纪七八十年代的两个发展明显降低了资本控制的实用性：

---

① Kenneth Dyson, *The Politics of the Euro - Zone*, Oxford: Oxford University Press, 2000, p. 43, p. 42.

② Colin Crouch, "The Euro and Labour Market and Wage Policies," in Kenneth Dyson ed. *European States and the Euro. Europeanization, Variation, and Convergence*, Oxford University Press, 2002, p. 303.

③ Kenneth Dyson, *The Politics of the Euro - Zone*, Oxford: Oxford University Press, 2000, p. 25.

④ Amy Verdun, "The European Union and the Global Political Economy," in Christopher Hill, Michael Smith and Sophie Vanhoonackers, eds. *International Relations and European Union* (3rd. *Edition*), Oxford: Oxford University Press, 2017, p. 245.

⑤ Kenneth Dyson, *The Politics of the Euro - Zone*, Oxford: Oxford University Press, 2000.

一个是国际金融市场的转型和快速增长，另一个是伴随资金池体量的增大，技术的发展减少了资本跨界流动的时间。国际生产和国际金融中介结构的本质变化使资本自由流动对于私人企业特别是银行和金融机构来说非常紧迫。因为这些企业和金融机构的目标已经变成在全球范围内更高效地追求利益和与同行竞争。对于政府来说，资本控制的价值在降低而成本在增加。简而言之，国际金融市场的发展和生产全球化改变了资本控制的经济原理。[①] 因而，包括德国、法国和意大利在内的欧洲主要国家分别在20世纪八九十年代放弃资本管制，实现资本自由流动。

资本自由流动的实现使欧洲与全球资本市场紧密相连。同时，由于单一市场的建立和欧元的引入，欧洲的金融开放度和企业国际化程度逐步提高，欧洲生产市场更加融入全球市场。结果是，欧洲与全球经济的高度一体化，使欧洲及欧元区也不可避免受到全球波动因素的影响。全球资本市场和产品市场都体现了以美英为主的新自由主义经济模式。盎格鲁—萨克逊模式下的投资者偏好、企业治理模式和竞争程度对欧洲社会民主—国家—欧盟之间的关系发起严峻挑战。

首先，资本的自由流动可以使国内企业获得更多的融资渠道，也使国家比单纯依赖本国储蓄拉动投资而能获得更高的经济增长。而资本的流动逻辑是根据投资者即市场的偏好来流动的，即投资者偏好将资本投给那些更有竞争力和有更高收益回报的企业。简言之，资本去需要的地方，留在能被善待的地方。[②] 投资者因为手握资本进而影响了欧洲企业的竞争模式、战略制定和生产方式。比如，通过跨界兼并和收购会直接导入新的公司治理模式。当本土企业发现其新的战略定位与当地及本国的政治和社会模式格格不入时，企业会考虑退出本地市场。更具体地说，欧洲的企业需要与国家一起承担

① John B. Goodman and Louis W. Pauly, "The Obsolescence of Capital Controls: Management in an Age of Global Markets," *World Politics*, Vol. 46, No. 1, pp. 51 – 57.

② Louis W. Pauly, "Capital Mobility, State Autonomy and Political Legitimacy," *Journal of International Affairs*, Vol. 58, No. 2 (Sommer, 1995), p. 380.

福利开支负担，非劳动成本开支会占用企业很多资源。这当然不符合企业的利益，一则人工成本过高会间接提高产品的价格，降低其产品在市场上的竞争力；二则因人工成本过高导致竞争力下降，会使企业较之其他竞争者不易得到资本的青睐。

其次，欧洲是传统的福利国家模式。为了满足外来资本的偏好和提升应对全球竞争的能力，企业重构公司治理模式，做出尤其是针对雇佣合同、雇员福利和社会保障的调整，虽然是情有可原的，但是无论如何不符合劳动者的心意。国家则会处于两难的境地：是为了避免企业退出而允许其做出大幅度威胁劳动者权益的调整，还是为了维持社会民主而限制企业实施那些不利于劳动者利益的重构？国家一方面需要企业来贡献财政税收和支撑就业率，另一方面也需要保证政治合法性和社会稳定。这种两难形势已经表明资本的自由流动必然会影响国家政策自主性。[①] 从财政角度来说，国家本可以考虑通过提高税收来提高财政收入。但是面对全球竞争，国家提高税收不仅可能达不到增加税收的目的，还会“逼走”那些早就考虑退出当地市场的企业，这样带来的负面效应更加明显。总之，资本自由流动、欧洲与全球政治经济的紧密结合，使企业—社会民主—国家之间的关系更加复杂。国家政策自主性、政治合法性和内部稳定都面临相应挑战。

最后，欧元区作为成员国组成的政治实体，理所应当也会受到资本流动和全球竞争的挑战。欧盟及其主要政治机构如欧洲央行均顺应国际竞争形势，倡导欧元区高效改革。说明欧盟制度实体已经决心带领欧盟和欧元区朝向更有竞争力、更可持续发展的方向迈进。欧元区与全球市场的融合体现了欧元区的市场本质。[②] 问题是，民众没有做

① Louis W. Pauly, “Capital Mobility, State Autonomy and Political Legitimacy,” *Journal of International Affairs*, Vol. 58, No. 2 (Sommer, 1995), pp. 369 – 388.

② Geoffrey R. D. Underhill, “Global Integration, EMU, and Monetary Governance in the European Union: The Political Economy of the ‘Stability Culture’,” in Kenneth Dyson ed. *European States and the Euro. Europeanization, Variation, and Convergence*, Oxford: Oxford University Press, 2002, p. 36.

好准备，国家没有确定好平衡对策。比如，欧元在全球金融市场上的角色会带来成本和收益的不平均分配，针对不平均分配的调整负担又会造成整个欧元区的动荡。那些更本土化和不太适应全球竞争的国家和企业较之那些已经能很好适应全球竞争的国家和企业，必然要承担更多的调整成本。结果是，欧元区内部在货币政策制定上就会产生争论，就稳定的定义也会产生不同的认知。这种基于结构和利益差异导致的对稳定的认知分歧必然会动摇整个欧元区的稳定。金融市场上的参与者可能因此闻讯出逃，那么后果便可能是欧元区摇摇欲坠。

在全球资本流动和全球竞争的背景下，到底是社会民主还是经济竞争力、是政治合法性还是市场可信性、是主权还是一体化，欧洲政治家需要通过高超的平衡艺术才能有效应对这三道难题。以上只是全球资本和竞争对欧洲及欧元区一个方面的挑战。另一个挑战体现在全球金融市场对货币政策的影响上。

首先，官方货币和汇率政策管理是不同于金融市场管理的。欧元在全球金融市场上的交易、支付和结算系统中扮演重要角色。所以，欧洲的货币和汇率政策是嵌入在国际金融结构中的。国际金融结构的变化如监管的变化，会不可避免地影响欧元区官方货币和汇率政策的制定。

其次，根据上述逻辑，如果因美国、日本、欧洲等世界上主要经济体的生产力水平、经济增长率和商业周期不同步发展，① 一个地区的恶性经济、金融危机会造成其他地区类似的感染性危机。也就是，如果全球金融市场出现系统性崩溃，那么欧元区的稳定也会受到这种系统性崩溃的威胁。传染性金融危机是导致欧元区出现系统

① Geoffrey R. D. Underhill, "Global Integration, EMU, and Monetary Governance in the European Union: The Political Economy of the ' Stability Culture '," in Kenneth Dyson ed. *European States and the Euro. Europeanization, Variation, and Convergence*, Oxford: Oxford University Press, 2002, p. 42.

性崩溃的最大威胁。[①] 2007 年美国次贷危机、2008 年全球经济危机和 2010 年欧债危机已经是前车之鉴。

为什么危机会接二连三爆发？主要原因在于：尽管存在一个朝向资本自由化的清晰趋势，但是没有一种广泛具有约束力的国际条约。有些资本自由化的推进者也看到了新的有效规则的必要性，但是大部分人明显还是希望全球市场本身在一个完整的经济周期中能够保持弹性。这种希望是基于这样一个理念上，即政府通过追求稳健的宏观经济政策在加强金融市场信心上扮演主要作用。[②] 但是，美国经常账户长期赤字状态已经昭示了危机的到来。为什么欧洲在很长时间都没有能及时制止危机在欧元区的蔓延呢？原因是成本分担和成员国之间提供紧急救助的财政协调机制没有达成。[③] 三个原因解释了财政协调救助系统的缺失：只要没有威胁到财政系统的弹性，成员国就不愿意确定事前危机分担机制；金融一体化的推进者始终相信创新性市场的弹性可以分化风险、分配风险，也就是相信市场有自动平衡危机的能力；欧洲人相信，由技术支持保证的国家财政资源谅解备忘录会及时应对危机的出现。[④] 结果，这场始料未及的系列危机事件完全超过欧洲政治家的应对能力范围，针对债务危机的处理完全暴露了“欧洲机制”处理国际金融事务的不足。[⑤]

总之，这场危机将脆弱的欧元区、无能为力的欧洲政治家和欧盟官方机构推向全球经济漩涡的中心。经历了争论不休、繁琐

---

① Kenneth Dyson, *The Politics of the Euro - Zone*, Oxford: Oxford University Press, 2000, p. 198.

② Louis Pauly, "Financial Crisis Management in Europe and Beyond," *Contribution to Political Economy*, Vol. 27, (2008), pp. 75 - 76.

③ Louis Pauly, "Financial Crisis Management in Europe and Beyond," *Contribution to Political Economy*, Vol. 27, (2008), p. 79.

④ Louis Pauly, "Financial Crisis Management in Europe and Beyond," *Contribution to Political Economy*, Vol. 27, (2008), p. 82.

⑤ Amy Verdun, "The European Union and the Global Political Economy," in Christopher Hill, Michael Smith and Sophie Vanhoonackers, eds. *International Relations and European Union* (3rd. *Edition*), Oxford: Oxford University Press, 2017, p. 255.

复杂的谈判过程，欧盟成员国选择达成一致，提出以结构改革为条件的紧急救助方案，拯救岌岌可危的欧元区。欧元是不可逆的，这是欧洲政治家的共识。更重要的是，欧盟及欧元区意识到欧元处在一个由美元主导的国际货币体系中。在这个体系中，美元作为一种世界货币（国际货币），在国际金融市场上的交易、支付、定价、结算系统中处于主导货币的地位。这种结构性权力使美元背后的发行者即美国政府和美联储可以凭借最低的成本满足本国的经济需求和政策需要。结果则是美国国内政策对其他国家货币政策甚至是政治、经济、社会等多方面的负面外部性。欧洲一体化取决于欧元区的稳定，欧元区的稳定一方面需要内部改革以提高趋同程度，另一方面要时刻严防外部危机对内部造成可能的系统性崩溃。由此可以得出，降低欧元区在国际货币体系下对美元主导的结构性权力的脆弱性，成为欧洲政治家的共识，也为未来的中欧货币合作奠定基础。

第三节　欧元区的货币决策机制

欧洲央行的管理委员会是欧元区的最高货币决策机构，执行董事会（Executive Board）属于最高行政部门。加入欧元区的 19 个成员国央行行长和欧洲央行执行董事会的 6 个董事为管理委员会的成员，但是投票权随时间变化略有不同。2015 年以前，管理委员会执行每人一票的简单多数制。2015 年之后，因为立陶宛加入欧元区，欧元区成员国数量超过 18 个。投票规则变为 6 位执行董事会（Executive Board）的成员每人一票和 19 位成员国央行行长按轮流投票制以简单多数的方式进行决策。并且，为了保护成员国央行行长的独立投票免受国内政客和选民的影响甚至攻击，欧洲央行并不公开管理委员会的投票记录。

当欧洲央行做出决策后，成员国就需要在国家层面执行这些决策。成员国央行被赋予多项涉及货币政策、发行现钞、金融稳定、支付系统和经济分析的任务。并且，按照国民生产总值和人口比例，成员国央行在欧洲央行也拥有相应份额的外汇储备，此外，每个成员国自身也有自己的外汇储备系统。当欧洲央行的某些决策与本国利益相冲突时，在某些情况下成员国央行可以不执行欧洲央行的政策。

所以，对于双边本币互换协议来讲，这种直接为欧元区提供流动性的协议由欧洲央行代替欧元区所有成员国建立。而 RQFII 针对成员国内部的金融机构，人民币清算行的建立和人民币离岸中心发展属于国内金融市场发展范畴，成为所在成员国的职权范围，一般由中央政府的财政部来负责。欧洲央行虽然是欧元区的货币决策机构，但是欧元区毕竟还是由 19 个国家组成的。

需要指出，按照《马约》规定，属于欧元体系的 19 个成员国央行和欧洲央行一样均须保持独立决策，在决策时不得受任何组织的影响（尤指本国政府）。尽管如此，但是成员国央行由于本国的政治传统和政治体制影响，每个央行的独立性和在本国的地位相对来说还是存有差异的。比如德国央行更加独立，而法国央行行长依然受法国总统的直接任命和历史上作为法国财政部工具性部门的传统，因而其更易受法国政党政治影响，政治性也更加明显，独立性较弱。① 卢森堡央行则是完全为了符合加入欧元区的要求，于 1998 年与欧洲央行同时成立，卢森堡央行在国内政治和整个欧元系统都不具有任何特殊地位。②

① David Howarth, "Bank of France: The Challenge of Escaping the Politicization," in Kenneth Dyson and Martin Marcussen, eds., *Central Banks in the Age of Euro Area: Europeanization, Power and Convergence*, Oxford: Oxford University Press, 2009, p. 111.

② 卢森堡央行官网：http://www.bcl.lu/en/About/bcl_eurosysteme/index.html。

小　结

欧洲货币联盟的建立决定了欧元的诞生。欧盟19个成员国则组成欧元区。欧元区内部最大的挑战在于，一个央行要为经济发展差异巨大的19个成员国制定货币政策。因此，欧元区内部经济政策协调成为欧元区内部治理的主要问题。除了内部挑战，面对全球竞争的到来、国际金融一体化和盎格鲁—撒克逊自由主义经济模式的冲击，欧元区若想保持长期的稳定和发展，就要在制定政策时注意保证竞争效率、社会民主和政治合法性之间的平衡。欧洲央行内部货币决策机制，一方面体现了不同成员国央行之间的平等，另一方面也区分了欧洲央行和成员国央行之间的职权范围。这有利于理解不同类型货币合作项目背后的欧洲主体差异。

第四章　中欧货币合作：内部力量驱动的合作

第一节　维护欧元区稳定发展的欧洲央行

欧洲央行的根本宗旨是维护欧元区的绝对完整和稳定发展。虽然“维护欧元区的完整与稳定”并没有出现在欧盟相关的法律中，但这是欧洲央行在实践中制定、执行货币政策所参照的最高准则。

在欧债危机爆发前，并不能确定欧洲央行拥有“维护欧元区完整和稳定”的最高信念。只是在债务危机爆发后，欧洲央行在遵守《马斯特里赫特条约》中“不允许欧洲央行为成员国债务融资”的法律规定和“拯救希腊与保证欧元的不可逆转”之间，更有魄力的新行长马里奥·德拉吉（Mario Draghi）坚定地选择了后者。2010年爆发的欧元区主权债务危机，既是《马斯特里赫特条约》制度设计缺陷的自我实现，又是一场谁会挺身而出拯救欧元区的大考验。2012年，时值欧元区深陷主权债务危机的水深火热之中，在伦敦的国际投资大会上，仅上任一年的新行长马里奥·德拉吉做出“欧洲央行在职权范围内会尽一切努力化解危机”的大胆承诺，不仅稳住了市场的信心，还因为没有透露具体的措施而免于成员国争议。随后，欧洲央行通过一系列非常规性措施（Non - Standard Measures）巧妙地绕过法律的限制，与欧洲稳定机制（European Stability Mechanism，ESM）一起为深陷主权债务的国家间接承担“最后贷款人的角色”（Lender of Last Resort）。[①]

作为欧元区唯一真正的联邦性机构，欧洲央行虽未言明，但它意识到维护货币联盟完整无缺和良好运作的最高使命。这一使命感使欧洲央行在危急时期决心采取所有必要行动保护欧元。[②] 从欧债危机事件中可以看出，欧洲央行将“维持欧元区生存与发展”，也就是要“欧元区继续运转下去”（to make the Euro－zone work）视作其首要目标。[③]

要维护“欧元区稳定与发展”，在实际操作层面上就是指为欧元区实体经济创造更好的贸易条件和融资环境。《关于欧洲中央银行系统和欧洲央行规约的议定书》规定：“欧洲央行的首要目标是保持物价稳定。在与物价稳定目标不冲突的情况下，按照《马斯特里赫特条约》的第二条款，欧洲央行还应该支持共同体的一般经济政策，以期为共同体的成就做出贡献。欧洲中央银行系统应遵循自由竞争的开放市场经济、促进资源高效分配等”。[④]

---

① 胡琨：《欧元区最后贷款人机制的制度创新》，载《欧洲研究》，2012 年第 6 期，第 87—101 页。

② ［德］马库斯·布伦纳梅尔、［英］哈罗德·詹姆斯、［法］让－皮埃尔·兰多著，廖岷等译：《欧元的思想之争》，中信出版社 2017 年版，第 339 页。另外，需要指出的是，债务危机期间，欧洲央行不只为欧元区提供救助，对于其他非欧元区的欧盟成员国如波罗的海三国也提供援助，因而在 2013 年 2 月 18 日的听证会上，有议员盛赞马里奥·德拉吉不只是为欧元区，也是为欧盟肩负责任。详见：European Parliament, *Transcript of the Monetary Dialogue with ECB President*, February 18, 2013：http：//www.europarl.europa.eu/cmsdata/106987/Hearing_ _ feb_ de.pdf, p. 18，上网时间：2018 年 3 月 8 日。

③ Kenneth Dyson, *The Politics of the Euro－Zone*, Oxford：Oxford University Press, 2000.

④ ECB, *Protocol on the Statute of the European System of Central Banks and of the European Central Bank*. Protocol annexed to the Treaty establishing the European Community（OJ C 191. 29. 7. 1992, p. 68）, as amended by the Treaty of Amsterdam（OJ C 340, 10. 11. 1997, p. 1）, the Treaty of Nice（OJ C 80, 10. 3. 2001, p. 1）, Council Decision 2003/223/EC（OJ L 83, 1. 4. 2003, p. 66）and the Act concerning the conditions of Accession of the Czech Republic, the Republic of Estonia, the Republic of Cyprus, the Republic of Latvia, the Republic of Lithuania, the Republic of Hungary, the Republic of Malta, the Republic of Poland, the Republic of Slovenia and the Slovak Republic and the adjustments to the Treaties on which the European Union is founded（OJ L 236, 23. 9. 2003, p. 33）－unofficial consolidated version.

欧洲央行单一的货币政策不可能同时满足经济发展存在差异的19个成员国的政策需求。那么，欧洲央行又该如何履行“支持共同体一般的经济政策”呢？事实证明，欧洲央行在保持“物价稳定”的同时，将大部分工作重心放在促进欧元区宏观经济发展的措施上，尤其是改善中小企业的融资环境和贸易条件。这是因为中小企业在欧元区的发展状况，直接决定着成员国的经济活力和欧元区的稳定与发展。这也是为什么欧洲央行在优先保持低通胀的同时，还尤其注意解决欧元区实体经济发展的问题。

这一点通过欧洲议会经济货币委员会为欧洲央行定期举行的听证会可得到验证，通过分析欧洲央行行长参加欧洲议会2013年、2016年、2017年的听证报告，我们可以看到欧洲央行行长在听证会上经常被质询有关欧元区中小企业（Small and Medium - Sized Enterprises，SME）的经营和融资问题。接受质询的欧洲央行行长对中小企业面临的融资问题有着透彻的理解，并在央行内部决策中讨论实际措施、解决中小企业的实际困难。① 比如，2017年9月25日的听证会上，德拉吉介绍欧洲央行推出的企业部门购买项目（Corporate Sector Purchase Programme，CSPP），通过直接降低非金融企业的市场融资成本，疏通货币政策的传导机制。欧洲央行通过对企业债券的购买使欧元区的企业在发行债券时面临一个更友善的融资环境。但CSPP带来的融资条件的改善不限于购买债券的公司，也不限于公司债券市场，而是对其他公司和市场领域的作用也很明显。②

总之，欧洲央行以物价稳定为首要目标。欧元区实体经济和中小企业的发展也是欧洲央行关注的工作领域。在遇到人民币国际化的机遇时，欧洲央行也承担了稳定和发展的责任。

---

① 具体可参见2013年2月18日、7月8日和2017年9月25日欧洲央行行长听证会报告英文版。

② European Parliament, *Transcript of the Monetary Dialogue with ECB President*, September 25th, 2017, http://www.europarl.europa.eu/cmsdata/128520/Monetary_dialogue_25092017EN.pdf, p. 3，上网时间：2018年3月8日。

第二节　中欧货币互换中的市场力量与政治运作

一、中欧经贸联系

中国是欧盟最大的进口贸易伙伴、第二大出口贸易伙伴。2019年1—12月，中国与欧元区之间的进出口总额达到510亿美元，累计比去年同期增长11.1%，中国向欧元区出口增长10.3%，中国从欧元区进口同比增长12.2%。其中，德国、荷兰、法国与中国的贸易总额分别位列欧元区第一、二、三位。①

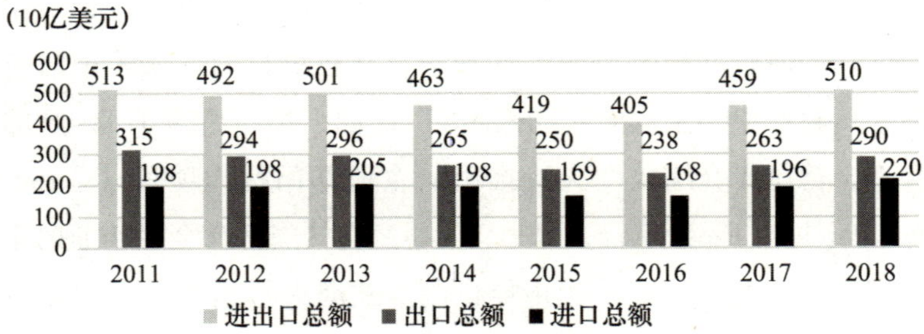

图4—1　2011—2019年中国与欧元区进出口总额比较

资料来源：中国商务部欧洲司数据。

2019年，中国对外直接投资1369.1亿美元，较之对其他大洲如非洲、北美、拉丁美洲的投资有所下降，中国对欧洲投资流量增长较快。2019年中国流向欧洲的投资高达105.2亿美元，占当年流量的7.7%。其中，对欧直接投资主要流向国中有四个来自欧元区：荷

① 中华人民共和国商务部欧洲司，2019年1—12月中国与欧洲进出口数据统计，http：//ozs.mofcom.gov.cn/article/zojmgx/date/202003/20200302941074.shtml，上网时间：2021年2月19日。

兰38.9亿美元、德国14.6亿美元、卢森堡6.9亿美元、意大利6.5亿美元。2019年中国企业对外投资并购金额最高的十大目的地中有4个国家来自欧洲，分别是第一名的芬兰、第二名的德国，接着是法国和英国。

2019年末中国对外直接投资存量的10%集中在发达经济体，欧盟所获投资存量占发达经济体投资存量的37.6%，达939.1亿美元（如表4—1所示），主要分布在荷兰、英国、德国、卢森堡、俄罗斯、瑞典、法国、瑞士、意大利、挪威、西班牙、爱尔兰等。其中，有7个国家属于欧元区成员国。从投资行业分布来看，主要投资制造业占32.8%、金融业17.5%、采矿业15.8%（如表4—2所示）。2019年末，中国共在欧盟设立直接投资企业超过3200家，覆盖欧盟所有28个成员国。中欧间较大的贸易和投资基数成为欧元区需要人民币流动性的市场前提。

表4—1 2019年中国对外直接投资存量最高的20个国家（地区）

序号	国家（地区）	存量	比重（%）
1	中国香港	12753.6	58.0
2	开曼群岛	2761.5	12.6
3	英国维尔京群岛	1418.8	6.5
4	美国	778.0	3.5
5	新加坡	526.4	2.4、
6	澳大利亚	380.7	1.7
7	荷兰	238.5	1.1
8	英国	171.4	0.8
9	印度尼西亚	151.3	0.7
10	德国	142.3	0.7
11	加拿大	140.9	0.6
12	卢森堡	139.0	0.6
13	俄罗斯联邦	128.0	0.6

续表

序号	国家（地区）	存量	比重（%）
14	中国澳门	98.5	0.4
15	瑞典	85.8	0.4
16	百慕大群岛	83.4	0.4
17	老挝	82.5	0.4
18	马来西亚	79.2	0.4
19	阿拉伯联合酋长国	76.4	0.3
20	哈萨克斯坦	72.5	0.3
	合计	20308.7	92.4

资料来源：《2019 年度中国对外直接投资统计公报》，第 24 页。

表 4—2　2019 年中国对欧盟直接投资的主要行业

行业	流量	比重（%）	存量	比重（%）
制造业	569636	53.2	3082680	32.8
金融业	44113	4.1	1647991	17.5
采矿业	39469	3.7	1480689	15.8
租赁和商务服务业	98555	9.2	1128717	12.0
批发和零售业	62773	5.9	529966	5.6
信息传输/软件和信息技术服务业	84987	7.9	323560	3.4
科学研究和技术服务业	73533	6.9	305357	3.3
电力/热力/燃气及水的生产和供应业	3311	0.3	217330	2.3
交通运输/仓储和邮政业	4752	0.4	176379	1.9
房地产业	25644	2.4	126699	1.3
文化/体育和娱乐业	2006	0.2	118336	1.3
住宿和餐饮业	35083	3.3	95009	1.0
农/林/牧/渔业	8413	0.8	78731	0.8
居民服务/修理和其他服务业	6389	0.6	39119	0.4
建筑业	7466	0.7	17414	0.2
其他行业	3787	0.4	23272	0.4
合计	1069917	100.0	9391249	100.0

资料来源：《2019 年度中国对外直接投资统计公报》，第 37 页。

二、中欧本币互换的市场推动与政治力量

欧洲央行一直将与其他央行或货币当局的本币互换协议（Swap Line）视作央行应对外汇融资市场紧急情况的货币政策工具，通过本币互换减轻类似紧张局势对内部金融稳定和实体经济的负面溢出效应，央行可以更好地保证发行机构和央行传导机制的平稳运行。然而，本币互换协议的各参数设计如定价（pricing）、外币流动资金拨备规模、外币流动性供应的期限等，具体还是由当时的市场情况和危急程度而定。比如，以定价为例，一方面动用本币互换资金时需要注意避免道德风险，价格因此需要设置地足够高于资金成本；另一方面，价格也不应太高，不应让市场参与者使用这项工具时有羞辱感，这样可能减少甚至完全阻止银行通过此种安排借款。此外，欧洲央行对长期互换协议的参数设计以及与临时互换协议的差别比较仍在不断摸索过程中。欧洲央行的经济学家们认为，长期框架既要保留临时协议的关键特性，以在外币市场缺乏流动性的情况下便于央行紧急操作，又应在某些方面如市场参与者使用条件和使用前提上留有一些不确定性，这样可以促进市场参与者更加审慎地管理外币流动性，避免道德风险。①

鉴于中欧之间频繁的经济往来，欧洲央行非常注重为欧元区设置人民币流动性安全网，避免人民币流动性短缺造成欧元区内部不稳定的金融风险。在2013年9月的国际清算行（BIS）例会上，德拉吉行长与周小川行长就本币互换安排达成一致。② 2013年10月10日欧洲央行与中国人民银行正式建立双边本币互换协议（Swap Line）。从欧洲央行的视角来看，与中国的货币互换协议主要是为了顺应中欧之间不断提高的贸易和投资往来趋势，为欧元区提供人民币流动性保障和保证欧元区的金融稳定。在欧洲央行宣布中欧本币

---

① ECB, *Experience with Foreign Currency Liquidity - providing Central Banks Swaps*, Monthly Bulletin August 2014.

② 具体请参考中国人民银行官网的新闻发布。

互换协议的新闻发布中，“贸易”一词出现了三次，“投资”出现了两次。有关人民币国际化和人民币合作对欧元区的意义，欧洲央行执行董事会成员伊夫·梅施（Yves Mersch）曾提到：“欧元区企业在与中国企业做交易时，愿意以人民币结算，既是因为人民币长期来讲有升值预期，也在于可降低交易成本，可以接触到更多潜在中国供应商。”① 由此可见，中国与欧元区之间密切的经济、贸易、投资关系是欧洲央行决定与中国建立本币互换协议的根本原因。市场力量是决定合作的前提。②

欧洲央行和中国人民银行随后分别在 2015 年 4 月、11 月进行动用人民币和欧元资金的测试。在 2016 年、2019 年，两家央行决定对 2013 年建立的本币互换协议进行两次展期。并且，欧洲央行每次相关的新闻发布均强调，本币互换协议的建立基于中国与欧元区之间不断增长的双边贸易和投资以及中国在世界经济中的重要性。后文会提到，中欧本币互换协议也体现了成员国央行的“政治”运作。

再来看看欧元区利益集团的影响程度。对于欧盟的决策者来说，他们需要知道欧洲工业界的声音。所以，欧洲的私人部门可以很容易将有关中国的利益诉求传递给欧盟决策者。而且，欧洲私人部门对欧盟各机构的游说间接影响了欧洲央行的决策。③ 一方面，这些欧洲私人部门、欧盟各机构如欧盟委员会、欧洲投资银行与中国之间的经贸往来构成欧洲央行货币决策的背景；另一方面，这些私人部门和公共部门共同的利益诉求虽不会直接促使欧洲央行制定出相应

---

① Yves Mersch, “China: Progressing towards financial Market Liberalization and Currency Internationalization,” 26 February 2014, https://www.ecb.europa.eu/press/key/date/2014/html/sp140226.en.html, speech by Member of the Executive Board of the ECB, Renminbi Forum Luxembourg，上网时间：2018 年 11 月 4 日。

② ECB, “ECB and the People’s Bank of China establish a bilateral currency swap agreement,” https://www.ecb.europa.eu/press/pr/date/2013/html/pr131010.en.html, Press Release，上网时间：2018 年 11 月 4 日。

③ Business Europe 也对欧洲央行发出过公开信，但是鉴于欧洲央行的法律独立性，这些信件的游说作用微乎其微。

政策，但会成为欧洲央行行长在欧洲议会听证会上无法回避的议题。

欧洲覆盖面最广、最具代表性的两个商业游说集团，一个是覆盖欧洲 39 个国家所有企业的欧洲商业联合会（Confederation of European Business，Business Europe），另一个是由 50 个欧洲跨国公司首席执行官组成的欧洲工业家圆桌组织（European Round Table of Industrialists，ERT）。[1] Business Europe 和 ERT 经常与欧盟委员会、理事会、欧洲议会议员和成员国（如德国、法国）领导人公开互动，互动的主题也常涉及与中国之间的贸易和开放中国市场等议题，Business Europe 甚至多次以公开信的方式向欧盟官方表达它们对中国开放市场、尊重知识产权保护、鼓励市场竞争和实行自由浮动汇率机制等诉求。[2] 不过，根据游说机构与欧盟委员会、欧洲央行的互动主题统计，游说机构并没有就人民币合作和本币互换协议向任何欧盟决策机构游说过。本币互换协议是由欧洲央行自发做出的独立决定。

表 4—3 Business Europe 和 ECB 互动情况统计

年份/主题		2009/2016 中小企业的银行融资难题	2008/ 2011/2015 欧元在中欧贸易间的汇率应该贬值	2006/2006/ 2015/2017 欧洲央行在欧洲的宏观操作：通胀风险、利率、成员国的改革不足与不良贷款	2017 欧元支付委员会中 ECB 的组成

---

① 笔者还曾研究欧洲有影响力的金融游说集团，如 European Financial Service Round Table、European Banking Federation，其对欧盟各机构和欧洲央行就中国、中欧货币合作议题的影响。但是这两家金融游说集团一则与欧洲央行的互动主题涉及银行监管和宏观审慎等领域，没有关注过中欧本币互换协议主题，二则与欧盟委员会、部长理事会、成员国的互动主题也不关乎中国或人民币合作。所以，正文没有提及。欧洲游说集团与欧盟机构的互动情况统计表附于本书附录 1。

② 具体可参考 Business Europe 官网：https：//www. businesseurope. eu/；ERT 官网：https：//www. ert. eu/。

续表

互动形式		评论/公开信	会面/出版物/出版物	新闻发布/新闻发布/新闻发布/新闻发布	新闻发布
次数		2	3	4	1

资料来源：Business Europe 和 ECB 官网数据。

表 4—4 ERT 和 ECB 互动情况统计

年份/主题	形式	次数
2007 建立共同报告	出版物	1
2008 ERT 面临的挑战	Pu 出版物	1
2015 宏观经济点评	全体大会	1

资料来源：ECB 官网数据。

一般而言，本币互换属于央行之间的技术性操作。然而，在欧洲央行内部参与决策过程的官员看来，中欧本币互换合作是政治性的。笔者在欧洲央行法兰克福总部与欧洲央行的高级官员就“中欧货币合作”细节进行访谈时，对方表示中欧本币互换合作是“政治性”的。①

这种“政治性”体现在欧元区成员国之间的竞争上，成员国加速与中国建立货币合作是为了获得更多的内部竞争优势。比如，巴黎和法兰克福是欧洲大陆上两个相互竞争、势均力敌的金融中心。法国和德国政府、央行分别支持巴黎、法兰克福国际金融中心建设；法国和德国分别是欧元区与中国进行双边贸易和投资最多的两个欧

① 2018 年 6 月 4 日，欧洲央行法兰克福总部访谈。

元区国家，两国央行都试图借助人民币国际化和相应地人民币离岸金融中心助推本国成为新的欧洲金融中心港。法国央行的高级官员曾表示，在欧洲央行决定与中国人民银行建立本币互换协议之前，法国央行与其他央行就曾在欧洲央行管理委员会中“催促”（Pushed）欧洲央行与中国建立合作。[①] 德国黑森州经济部金融事务负责人斯特凡·布雷特（Stephan Bredt）曾对媒体表示，德国联邦政府和黑森州政府也曾积极推动欧洲央行与中国央行之间的本币互换谈判。[②] 来自北欧的芬兰央行与东欧的拉脱维亚央行对中欧本币互换合作也持积极态度。[③]

2017 年 6 月 13 日，欧洲央行宣布投资 5 亿欧元的人民币外汇储备。做出这一决定的原因有两个：一是 2015 年人民币被纳入国际货币基金组织特别提款权篮子（SDR），人民币成为第五大国际货币；二是因为中国是欧元区最大的贸易伙伴之一，此举反映了中国对欧元区的重要性。而且，参与决策过程的欧洲央行高级官员曾表示，5 亿欧元的人民币储备只是小规模，初次投资只是为了试水，以便了解人民币投资的实际流程和评估回报。[④] 尽管如此，欧洲央行投资人民币外汇储备的举动直接影响了德国央行、法国央行对人民币外汇储备的投资。

第三节 欧元的再国际化

欧元自诞生后就是世界上仅次于美元的国际货币。欧元的国际

---

① 2018 年 6 月 28 日，法国央行巴黎总部访谈。在法国央行巴黎总部与法国央行的高级官员就“中欧货币合作”细节进行了访谈。对方表示，不只法国央行曾在欧洲央行内部对中欧本币互换合作施加压力，还有其他国家也施加了压力，但是并没有透露具体是哪些国家。

② 文史哲、孙闻：《中欧货币互换加速人民币国际化进程》，载《中国信息报》，2013 年 10 月 16 日，第 006 版。

③ 2018 年笔者与芬兰央行、拉脱维亚央行高级官员的邮件访谈。这两个国家均对中欧本币互换协议和中欧深化货币关系持积极态度。

④ 2018 年 6 月 4 日，法兰克福，与欧洲央行高级官员的访谈。

货币地位一部分受欧元区成员国与世界经济紧密联系的正面影响，另一部分则是由于欧洲央行货币政策的可信性为欧元增添了信誉。金融危机之后，欧元的国际储备率一直没有恢复到金融危机之前的水平，全球支付水平自 2012 年欧债危机后也一直呈下降趋势。但实际上，即使没有金融危机，欧元也很难成为超过美元、排名世界第一的国际货币。很多学者指出欧元之所以无法超越美元成为世界排名第一的国际货币，一个关键原因在于欧洲经济货币联盟并没有达到高度一体化和欧元背后没有一个真正国家的事实。①

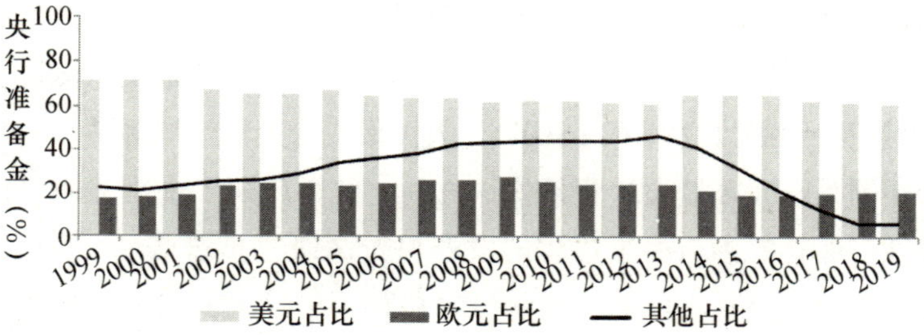

图 4—2　全球外汇储备中欧元与美元所占比例变化

资料来源：ECON Committee，*The International Role of the Euro*：*State of Play and Economic Significance*，Monetary Dialogue Papers，June 2020，p. 9。

2018 年 12 月，欧盟委员会在欧盟峰会召开之前高调发布一系列有关加强欧元国际货币地位的报告。《深化欧洲经济货币联盟》报告指出，深化欧洲经济货币联盟的下一步包括加强欧元的国际化，尤其是加强欧元在能源交易领域的国际货币功能。推进欧元的进一步国际化，一般好处是降低交易成本，更低的利率，提高欧洲私人部门、公共部门的自主性，也能提高国际货币体系的弹性和为一般的市场交易者提供多样化国际计价、结算和投资的国际货币种类。然

① Hans－Jürgen Bieling und Martin Große Hüttmann，*Europäische Staatlichkeit*，Wiesbaden：Springer VS，2016；Cohen J. Benjamin，*The Future of Global Currency*：*The Euro Versus the Dollar*，London，New York：Routledge，2011.

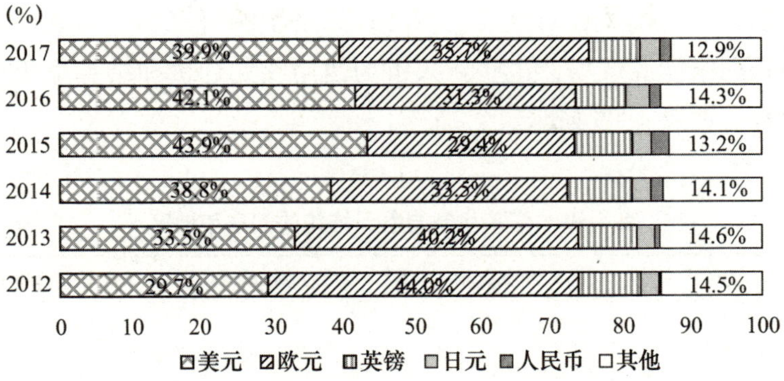

图 4—3 2012—2017 年全球支付货币构成

资料来源：ECB，*The International Role of Euro*，June 2018，p. 8。

而，欧盟更看重的其实还是欧元在能源交易领域为欧盟带来的特定好处。[①] 欧盟是世界上最大的能源进口国，过去五年欧盟的能源账单达到 3000 亿欧元，但是 80%—90% 的能源交易都不是用欧元结算。当今世界也不存在以欧元计价的原油价格基准。如果能够提高欧元在能源市场的国际使用，既可以提高经济效率、更好地达成欧盟能源政策目标，又可以避免能源供应突然中断的风险，并通过允许欧洲企业用欧元为国际贸易支付或接受付款，给予欧洲企业和公共部门更大的自主性。[②]

根据最新对欧元国际地位的研究，整体而言，欧盟对于通过积极政策进一步提升欧元国际地位持保守态度，主要是成本收益不一，但是它们十分关注保持欧元当前国际地位，同时也尤其重视规避对欧元地位产生负面影响的不利因素，如不稳健的经济和金融政策。至于加强欧元国际地位的途径，提到两条建议：一是继续维持内部稳健的经济和金融政策，因为金融危机导致的欧元区内部不稳定会

① European Commission，*Deepening Europe's Economic and Monetary Union Update ahead of the Euro Summit of* 14 *December* 2018，December 2018.

② European Commission，*Commission Recommendation on the international role of the euro in the field of energy*，5 December 2018，https：//ec. europa. eu/commission/sites/beta – political/files/recommendation_ – _the_international_role_of_the_euro_in_the_field_of_energy. pdf.

大大削弱市场投资者对欧元的信心；二是干预特定单一市场，如欧洲新兴国家能源市场，这些新兴市场使用欧元计价和结算呈积极增长趋势，如表4—5所示。

表4—5 汇率机制与欧元挂钩的国家和地区

区域	汇率机制	国家	货币政策框架
不在欧元区的欧盟成员国	欧盟内部汇率机制	丹麦	汇率锚
	欧元货币委员会	保加利亚	汇率锚
	严格管理的浮动机制	克罗地亚	汇率锚
	（托管）浮动机制	捷克、匈牙利、罗马利亚	通胀目标框架
	专业备忘录：自由浮动制度	波兰、瑞典、英国	通胀目标框架
欧盟候选成员国	单边欧元化（无单独的法定货币）	科索沃、黑山	其他
	欧元货币委员会	波斯尼亚和黑塞哥维那	汇率锚
	以欧元为参考货币的稳定安排	北马其顿共和国	汇率锚
	涉及欧元的爬行钉或类似爬行的安排	塞尔维亚	通胀目标框架
	（托管）浮动方案	土耳其、阿尔巴尼亚	通胀目标框架
其他国家	欧元化	欧洲微型国家，法国一些海外集体	其他
	欧元挂钩	非洲金融共同体法郎区、非洲金融共同体法郎区、科摩罗、佛得角、圣多美和普林西比	汇率锚

续表

区域	汇率机制	国家	货币政策框架
其他国家	带有涉及欧元爬行钉住篮子的稳定安排或涉及欧元的类似爬行的安排	新加坡	汇率锚
		博茨瓦纳、安坦伊斯兰共和国	汇率锚
		中国	货币总量目标
		突尼斯	其他
	基于特别提款权或其他涉及欧元的货币篮子的挂钩和有管理浮动	阿尔及利亚、白俄罗斯	货币总量目标
		斐济、科威特、利比亚、摩洛哥、叙利亚	汇率锚
		萨摩亚、瓦努阿图	其他

资料来源：2019 年 ECB 官网。

此外，对于人民币作为国际货币的潜力，尽管认为人民币现在还没有威胁到欧元地位，但是中国经济潜力使人民币非常有潜力成为未来主要的国际货币，而欧元区金融市场的体量和水平成为欧元在外汇市场上的关键要素。并且，对美元国际优势具有清晰认知，美元的国际地位在于其历史和地理惯性，虽然美元的优势不会对欧元造成麻烦，但是欧元较之美元的最大缺陷是，欧元区内部金融市场高度分化。

针对近期设计共同欧洲主权债的新提议，设计优化和遵守规则成为探讨的热点，简而言之，如何规避欧元区内部的道德风险成为主要关注点。[①]

特朗普政府上台后实行的一系列逆全球化战略包括对主要贸易国加征关税、域外实施长臂干预和对 SWIFT 施压，不仅对基于规则

① ECON Committee，*The International Role of the Euro*：*State of Play and Economic Significance*，Monetary Dialogue Papers，June 2020.

的贸易和治理体系造成一系列冲击，还对欧盟的金融基础设施产生直接负面影响。一方面，美国政府的作为促使贸易商开始考虑在国际支付中绕开美元，改用其他货币，直接提升了市场参与者对欧元的青睐；另一方面，如之前提到的，欧盟正在做两手准备，既继续努力推行欧盟能源合约中的欧元计价比例，又在加速绿色能源转型的过程中降低对原油的依赖。①

2021 年受美国对伊朗制裁影响，欧盟计划加速降低对美元依赖，加强欧元国际使用。② 除了提振欧元国际使用的目标，欧盟委员会还计划在 5 年内推出数字欧元。数字欧元的战略反映了欧盟不想落于中国央行等数字货币计划之后，但是，数字货币可能会对欧盟银行的现金业务产生潜在风险，这也是目前设计数字货币的主要问题所在。③ 另外，美国的对伊制裁对欧盟的货币决策自主性造成很大挑战，因此也有欧盟资深官员提出需要制订清晰计划，协助金融从业机构将业务从伦敦转移到欧盟，一方面可以促进欧洲金融业的发展，另一方面也为了提升欧元国际地位。④ 拜登上台后，欧美政治关系会更为紧密，但是欧盟也不会在拜登执政时期停止对欧元自主性的提升。

综上，尽管欧盟委员在近年来也一直在审慎推进欧元国际化，但是，欧元区本身就存在巨大的经济差异和利益差异，何况欧元

① “欲减少对美元依赖，欧盟拟加速欧元国际化进程”，《第一财经》，https：//www. yicai. com/news/100918617. html，2021 年 1 月 18 日，上网时间：2021 年 2 月 18 日。

② Bloomberg，“EU Sets Out Plans to Limit U. S. Dollar Reliance，Boost Euro，” https：//www. bloomberg. com/news/articles/2021 – 01 – 16/eu – draft – sets – out – plans – to – limit – u – s – dollar – reliance – ft，January，16，2021，上网时间：2021 年 2 月 18 日。

③ Sputnik，European Commission Touts Strategy for Digital Euro Rollout，Mulling Safeguards Against Crypto Risks，https：//sputniknews. com/europe/202101221081847109 – european – commission – touts – strategy – for – digital – euro – rollout – mulling – safeguards – against – crypto – risks/，22. 01. 2021，上网时间：2012 年 2 月 18 日。

④ “伦敦金融中心地位不保？为提升欧元地位，欧盟计划转移金融中心 ”，《国际金融报》，https：//www. sohu. com/a/445576395_ 632979，2021 年 1 月 19 日，上网时间：2021 年 2 月 18 日。

“再”国际化是需要承担国际化成本的，比如欧洲央行货币政策会受到外在制约。而欧洲央行虽是欧元区名义上的央行，但是无权限主导、推进欧元的国际化。决策权力依然保持在利益不一致的成员国手里。尽管如此，欧元未来在能源领域的国际抱负，势必会对同样渴望成为原油、天然气计价工具的人民币构成不可避免的挑战。欧元的“再”国际化将会成为影响中欧货币合作的一个不可规避的因素。

小 结

虽然法律层面欧洲央行的首要目标是维持欧元区的物价稳定，但是，实际操作上欧洲央行以“维持欧元区的发展与稳定”为真正的行动宗旨。因此，支持欧元区经济增长和就业的中小企业，理所当然成为欧洲央行的重点服务对象，欧洲央行也一直致力于为实体经济创造更好的营商环境。在中国与欧元区双边贸易、投资体量巨大且增势不减的背景下，欧洲央行主动与中国人民银行建立本币互换协议，目的是为了保证欧元区充足的人民币流动性，设置人民币流动性安全网，避免金融不稳定的出现。同时，在欧洲央行有关中欧本币互换协议的决策过程中，有意快速引入人民币业务和注重本国金融中心建设的欧元区成员国（如德国和法国）也积极推动了欧洲央行的内部决策。因此，从欧洲央行的角度来说，中国与欧洲央行之间的本币互换合作是一种市场力量和成员国政治力量共同推动的过程。2018 年底，欧盟委员会高调推出了“欧元再国际化”报告，虽然成员国就欧元国际化存在利益不一致的现象，但是，这项旨在提高欧元在能源计价、结算领域地位的倡议，不可避免地会影响未来人民币在能源领域的国际使用和中欧进一步货币合作。

第五章　中德货币合作：实体经济与金融中心双驱动

第一节　联邦体制下不同推动主体的努力

德国实行联邦议会体制。议会制度下立法机关和行政机关合二为一，联邦总理掌握实权；联邦制度下联邦政府和州政府之间为权力共享关系，地方拥有一定程度的自治权和主导性。各州地方政府和联邦政府之间在重大事项上的共同协商非常必要。法兰克福所在的黑森州地方政府，将法兰克福的金融中心建设设为第一议程；但是对于联邦政府而言，金融的首要作用是为实体经济和大中小企业的贸易融资服务，第一议程是促进整个德国的实体经济发展、物价稳定和就业。人民币离岸中心发展可以为德国实体经济带来降低结算成本的福利，这是联邦政府发力、支持中德货币合作的原因；人民币业务的繁荣又可提高黑森州法兰克福金融中心的国际竞争力，因此黑森州将人民币合作列为首要议题，并成为中德货币合作达成的主要推动主体。除了联邦政府、黑森州地方政府和一些下设的金融推广机构，德国央行也是促进中德货币合作的一个推动主体。

一、黑森州地方政府与法兰克福金融中心发展

黑森州政府最早在 2003 年的《政府规划》（Regierungs programm）中对法兰克福国际金融中心建设进行官方定位。在黑森州看来，美因河畔法兰克福是德国唯一的国际金融中心，同时也是欧洲大陆最大的金融中心。这座金融中心的成功与繁荣也意味着整个黑

森州经济的增长、稳定和富裕。所以，黑森州需要利用一切可以利用的工具，保证法兰克福金融中心在未来国际竞争中的地位和优势。① 一座成功的金融中心首先会因为集群经济（Agglomeration Economy）带动本地的联动发展，如房地产开发、高级技术人员的流动、消费的增加以及核心知识聚集等，最主要的还是能够直接为当地政府带来丰厚的税收收入，从而创造更大的财政空间和本地投资预算。这是黑森州政府以及严重依赖营业税收入的法兰克福市积极推动金融中心发展的本质原因。2008 年 8 月 25 日，黑森州和法兰克福市政府在缺少联邦政府支持的情况下，通过建立专门为金融中心提供营销服务的机构即法兰克福金融推广署（Frankfurt Main Finance，FMF），正式提出法兰克福国际金融中心倡议。② 此外，黑森州对法兰克福金融中心的定位也非常高，并不认为德国其他金融中心如慕尼黑、汉堡、柏林、杜塞尔多夫等会对法兰克福构成威胁，而是一直将法兰克福和欧洲其他领先的金融中心如伦敦和巴黎进行比较，并且十分注意在国际竞争中培养法兰克福的优势。③

黑森州之所以注意到人民币国际化的机遇，是因为一份 2013 年的商业银行的调查报告。这份报告显示德国中小企业对于在法兰克福建立一座人民币离岸中心有很大需求。④ 基于双边庞大的贸易基数，清算行的建立，仅仅在贸易领域每年就能节省约 5 亿欧元的结

① CDU – Landtagsfraktion und den CDU – Landsvorstand Hessen, *Regierungsprogramm 2003 – 2008: Veranwortung für heute – Visionen für morgen*, *Regierungsprogramm* 2003 – 2008, *unser Versprechen für Hessen*, 28. März 2003, S. 59.

② *Frankfurter Rundschau*, "Frankfurt Main Finance," 25 August 2008, http://www.fr.de/importe/fr – online/home/frankfurt – main – finance – initiative – soll – finanzplatz – staerken – a – 1168967，上网时间：2019 年 2 月 17 日。

③ 法兰克福的金融机构数量、金融雇员数量在长期都是多于德国其他金融中心的，因此成为名副其实德国最具实力的金融中心，参考：Helaba，*Finanzplatz – Fokus*，*Bankbeschäftigung Frankfurt – Panik unbegründet*，12.03.2013，S.4。

④ Hessisches Ministerium für Wirtschaft, Verkehr und Landesentwicklung, "Internationalisierung des Renminbi (RMB) – Chancen für Frankfurt, Wirtschaftsminister Rentsch will stärkere Rolle Frankfurts im Chinahandel," Wiesbaden, 3. Juli 2013.

算费用。[①] 而人民币离岸中心的建立不仅可以造福德国实体经济，还能带来法兰克福人民币业务的繁荣、提升法兰克福金融中心的国际吸引力。简言之，人民币国际化背景下的中德货币合作，是黑森州提高法兰克福国际金融中心地位的重大机遇。

二、联邦政府与实体经济主导地位

对于联邦政府来说，实体经济必然重于金融部门，金融部门的意义在于为实体经济提供流动性支持。[②] 我们从对德国决策者的访谈统计中，也可以看到德国高层对人民币合作收益的关注点落在“贸易”上。

表 5—1　德国决策者的人民币合作收益关注点

人民币合作收益关注点主题	决策层在访谈中提及次数
支持双边贸易	47
降低国际交易成本	43
促进法兰克福金融中心建设	31
促进金融流动性	24
加强与中国双边关系	14

资料来源：Ramon Pacheco Pardo, Jan Konerich and Yuanfang Li, “The Role of London and Frankfurt in Supporting the Internationalisation of the Chinese Renminbi,” *New Political Economy*, 2018, p. 10。

尽管从 20 世纪 90 年代到 2008 年 9 月，联邦政府本身对德国金融市场发展一直持积极态度。具有混业经营传统的德国自 90 年代在

① Hessisches Ministerium für Wirtschaft, Verkehr und Landesentwicklung, “Wirtschaftsminister Dieter Posch: Bündlung der Finanzaufsicht in Frankfurt überfällig,” Wiesbaden, 14. Mai 2009.

② 德国联邦政府对金融发展态度的详细分析，可参见周旺旺：《德国、法国与中国货币合作过程与动因的比较分析》，载《法国研究》，2019 年第 4 期，第 55—57 页。

落实欧盟、欧共体有关金融一体化的法律文件时，就在不断推动本国金融市场和银行业的自由化。[①] 德国希望借这些新法规，增强本国金融市场和金融机构竞争力，促进本国金融业的繁荣。[②] 但是德国金融部门对经济的贡献却几乎不值一提。

从 1998 年到 2008 年，德国金融部门对名义 GDP 的贡献显著下降，不到 4%。其他 10 个 OECD 经济体中，除法国也略有下降，英美和南欧国家的金融业对国民生产总值均有所上升。[③] 此外，自 2007—2014 年，德国国内生产总值年平均增长率达 2.1%，而金融行业只有 0.2%。[④] 自 1999 年开始，德国金融机构数量下降了 40%。[⑤] 特别是金融分支机构自 20 世纪 90 年代的 6.8 万家下降到 2017 年的 3.4 万家左右。[⑥] 而且，根据 2019 年 5 月全球市值最高的 15 家欧洲银行排名，德国居然无一家银行上榜，上榜的欧洲银行均来自英国、法国、西班牙、瑞士和比利时。[⑦]

在金融危机爆发之前，联邦政府部门对金融市场的发展也持积极态度。此时，联邦财政部和德国央行还是一个金融游说组织“德

---

① 2003 年 9 月份以后，金融危机开始波及德国的金融机构。德国地产融资抵押银行等金融机构纷纷陷入困境甚至濒临破产，这时联邦才意识到事态严重性，一方面采取救助措施拯救大型金融机构和挽救市场信心，另一方面开始对金融衍生品和金融市场发展采取严厉调控的态度。参见：丁纯、瞿黔超：《金融危机对德国经济与社会的影响以及德国的对策》，载《德国研究》，2009 年第 2 期，第 17—24 页。

② 胡琨：《国际金融危机背景下德国银行体系刍议——功能结构主义的视角》，载《欧洲研究》，2016 年第 4 期，第 105 页。

③ Hubert Zimmermann, “No Country for the Market: The Regulation of Finance in Germany after the Crisis,” *German Politics*, Vol. 21, No. 4, 2012, p. 488.

④ Statistisches Bundesamt, “Volkswirtschaftliche Gesamtrechnungen. Bruttoinlandsprodukt ab 1970. Vierteljahres – und Jahresergebnisse,” 4. Vierteljahr 2015, Wiesbaden, 2016.

⑤ Helaba, *Finanzplatz – Fokus*, *Bankbeschäftigung Frankfurt – Panik unbegründet*, 12. März 2013, S. 2.

⑥ Helaba, *Finanzplatz Frankfurt Bewegt sich Weiter Jubiläumsausgabe*, Juni 2016, S. 14.

⑦ Statista, “Leading banks in Europe as of May 2019, by market capitalization (in billion USD),” https://www.statista.com/statistics/382818/leading-banks-in-europe-by-market-capitalization/，上网时间：2019 年 3 月 17 日。

国金融倡议”① （Initiative Finance Deutschland，IFD）的成员。这家由德意志银行前总裁约瑟夫·阿克曼（Josef Ackermann）于2003年建立的游说组织的目标是，通过创新型概念和产品弥补德国金融市场不足和刺激增长，同时促进监管条件和金融工具向更亲商的方向发展；提倡国家对金融市场的干预应该降到最小，并且提出“监管不应限制创新，而是促进创新”的观点。2003—2004年德国央行前后两任行长也对IFD所主张的德国金融市场发展公开表示支持：恩斯特·韦尔特克（Ernst Welteke）在2003年参加IFD开幕式致辞上表示，德国央行是德国金融界的一部分。所以，德国央行对德国金融中心的发展也肩负部分责任。② 而继任者阿克塞尔·韦伯（Axel Weber）在2004年的IFD会议上表示，不管地区差异，德国央行支持一切可以提高德国金融系统效率和稳定性的倡议，也包括对IFD的支持。③

然而，金融危机的爆发和一封来自银行家的公开信使联邦政府关上了对金融市场发展的“青睐窗口”。2007年美国次贷危机爆发后，2008年9月金融危机开始波及德国金融市场。联邦政府为挽救

---

① IFD是由金融部门组织的非法人形式的游说团体。它的会员包括德国银行、证券交易集团和其他金融机构如高盛、JP摩根、花旗以及2008年金融危机中破产的雷曼兄弟。2003—2011年一直在德国国内和欧洲层面活动，与德国政界保持紧密联系。然而，刚好由IFD提倡的新的创新型金融工具成了2007年世界金融危机的导火索。由于其倡议和主张在金融危机后受到民众批评，IFD于2011年4月1日解体，2011年6月又以DFD（Dialogsforum Finance Deutschland）形式存在。德国央行和联邦财政部为了避嫌不再以会员身份而是以对话伙伴的形式参与。2012年德国央行为了不受到游说集团的影响，中止了与DFD的对话。联邦财政部继续不顾批评参与到DFD的对话中，但是并没有对DFD的游说过程和结果施加政治影响，也没有让国家和金融业之间出现紧密的网络联系。2012年之后DFD不再发表任何年度报告，也不再出现在公众视野中。

② Deutsche Bundesbank，“Presseerklärung zur IFD，” 02 December 2003，https：//www. bundesbank. de/resource/blob/688548/8ba72e520e1dc42564a3e2883beff10a/mL/2003 - 12 - 02 - welteke - presseerklaerung - zur - ifd - download. pdf，上网时间：2019年3月17日。

③ Deutsche Bundesbank，“Chancen des Finanzplatzes Deutschland，” 23 September 2004，https：//www. bundesbank. de/resource/blob/688594/3535b6ba5da75e9262d2820dc0f3fe99/mL/2004 - 09 - 23 - weber - chancen - finanzplatzes - deutschland - download. pdf，上网时间：2019年3月17日。

市场信心，于2008年10月15日通过《金融市场稳定法》，为危机中的德国银行纾困。但是，约瑟夫·阿克曼作为德国金融界代表却向德国政府发来一封后果极其严重的致谢信：他在公开致谢信中没有将联邦政府的救助资金当作德国纳税者对未来金融稳定的投资，而是当作对德国总理默克尔的私人馈赠。[①] 默克尔在看到这封信的时候非常愤怒，并拒绝向媒体公开这封信。[②] 此后，因为阿克曼公开信而饱受批评的默克尔一直尽力与金融部门保持距离，并直至2018年9月一直在联邦、欧洲及国际范围内提出对金融市场实施严厉监管。她领导的联邦政府在德国国内不仅对金融交易征收交易税、营业税，还严格管控高频交易。[③] 德国央行、联邦财政部也随后陆续解除在IFD的会员身份。可以说，金融危机的爆发和一封来自德国银行界最有威望的银行家的公开信，共同结束了联邦政府自20世纪90年代以来对金融市场和金融业的好感。随之而来的是未来10年德国较之其他OECD国家日益萎缩的金融市场体量。

总结来说，联邦政府对待德国金融市场发展和中德人民币合作采取一分为二的态度。首先，对待德国金融市场，德国联邦政府较之其他欧陆国家如英国、法国、卢森堡，采取较为严厉的监管态度。而且，对待国内金融中心的发展，即使是国内最大的银行之都——法兰克福金融中心的发展，也始终认为是地方议题，联邦政府鉴于联邦层面的公平考虑，不予公开支持。这也是为什么尽管黑森州曾请求联邦政府出面支持德法兰克福国际金融中心倡议，

---

① 2008年2月这位前德意志银行总裁被德国总理邀请到总理府庆祝60岁生日，当时德国民众就对总理用纳税者的钱为银行家庆生不满，批评政客和银行家关系走得太近。

② *Heise online*, "Das plötzliche Verschwinden der Initiative Finanzstandort Deutschland," 07 Juli 2011, https://www.heise.de/tp/features/Das-ploetzliche-Verschwinden-der-Initiative-Finanzstandort-Deutschland-3503349.html，上网时间：2019年3月17日。

③ 德国联邦政府在金融危机后虽有意对金融市场加强调控，尤其需要避免公共部门再参与倒闭银行的救助，但是政治体制阻碍了德国金融监管体系的完善。参见：Hubert Zimmermann, "No Country for the Market: The Regulation of Finance in Germany after the Crisis," *German Politics*, Vol. 21, No. 4, 2012, pp. 484-501。

但是联邦政府始终没有出面的原因。① 其次，对待中欧、中德人民币合作态度上德国联邦政府曾与黑森州政府共同推动欧洲央行与中国人民币的本币互换合作，② 联邦政府虽然没有主导中德人民币合作如人民币清算备忘录和 RQFII 的达成，但是为合作进行了背书。

三、德国央行与稳定物价的责任

德国央行的特点可以概括为两项：绝对独立和“物价稳定”目标。作为曾经在欧洲乃至世界享有声誉的央行，在加入欧元系统后德国央行的地位经历了一些转变。首先，在加入欧元系统以后，德国央行的地位和权力在德国国内、欧洲及国际央行系统中急剧下降。国内层面，德国央行因失去货币政策工具，相较于联邦财政部，既丧失了在联邦政府中的地位，又失去了国内政治影响力；欧洲层面，按照德国央行模板建立的欧洲央行，较之德国央行更有资源、更有权力履行“物价稳定”的责任。但是，德国央行独立决策的传统和捍卫“物价稳定”的使命没有改变，只是在后欧元时期，德国央行变成整个欧元区的“稳定文化捍卫者”。德国央行为捍卫“欧元区稳定文化”，有时表现得甚至比欧洲央行还要激进。德国央行终极目标依然是为了确保欧元系统能够塑造市场参与者长期的预期、行为、价格和工资标准等，

---

① 法兰克福市长在法兰克福金融推广署成立当天接受采访时表示，“我们本来在这个议题上希望获得联邦政府的支持，而联邦其他自称金融中心之间的竞争使联邦政府出于联邦层面考虑没有支持我们。所以，现在我们靠自己的力量推进法兰克福金融中心建设。我们不需要联邦”。引自 *Frankfurter Rundschau*，“Frankfurt 2030 Blick,” https：//www. fr. de/rhein – main/frankfurt – 2030 – blick – 11580371. html，August 30th，2008，上网时间：2019 年 3 月 14 日。但是，2018 年 9 月开始，德国总理、财政部长纷纷高调表示重视德国金融部门和金融中心的发展。这一政策大转向被德媒解释为德国金融市场的萎缩和可能对工业融资构成的威胁。参考：*Handesblatt*，“Die Bundesregierung entdeckt den Finanzstandort Deutschland,” https：//www. handelsblatt. com/finanzen/banken – versicherungen/bankenbranche – die – bundesregierung – entdeckt – den – finanzstandort – deutschland/22981282. html？ticket = ST – 650966 – Sh4V4cpgb6T4Oec9mfSu – ap1，02 September 2018，上网时间：2019 年 3 月 14 日。

② 文史哲、孙闻：《中欧货币互换加速人民币国际化进程》，载《中国信息报》，2013 年 10 月 16 日，第 006 版。

保持欧元系统的集体专业能力，以传递物价稳定的宗旨。[①]

而且，德国央行董事会包括行长、副行长及其他四名成员的任命[②]说明德国央行在注重欧洲、国际承诺和央行模式声誉的同时，还表现出了一种“地方风格”特点（provincialism）。这种“地方风格”特点导致德国央行内部最高权力机构的紧张和分歧以及德国央行欧洲、国际职责与地方化目标相冲突的局面。[③] 所以，原本有利于提高德国央行影响力的法兰克福金融中心建设的议题，因为德国央行董事会的地方主义特点而受到力度不足的支持。

因此，鉴于德国央行的绝对独立、对首要目标“物价稳定”的绝对忠诚和内部“地方风格”特点，德国央行并不是政治层面主导中德货币合作发生的德国推动主体。但是，德国央行在倡导建立、设计法兰克福人民币清算体系和与中国人民银行的技术对话中都发挥了不可替代的作用。[④] 而且，德国央行后来也在人民币被纳入国际货币基金组织的“特别提款权篮子”和欧洲央行首次投资人民币外

---

① Kenneth Dyson, “German Bundesbank: Europeanization and the Paradoxes of Power,” in Kenneth Dyson and Martin Marcussen, eds., *Central Banks in the Age of Euro Area: Europeanization, Power and Convergence*, Oxford: Oxford University Press, 2009, p. 136.

② 德国央行董事会是其主要决策和执行机构。董事会成员包括央行行长、副行长和其他四名董事会成员。行长、副行长和一名成员是由联邦政府（Bundesregierung）任命，联邦参议院（Bundesrat）负责提名另外三名成员，但是联邦参议院也可以向联邦政府推荐副行长的人选。董事会决策奉行简单多数制。参见：Deutsche Bundesbank, https://www.bundesbank.de/resource/blob/598136/dcaaa3edf096b057757746ac446dd311/mL/gesetz-ueber-die-deutsche-bundesbank-data.pdf, p. 2，上网时间：2018年11月26日。

③ 这种“地方风格”特点，反映了州级央行对公共储蓄银行的保护和对金融市场自由化的警惕，以及对在法兰克福建设一个单一强大的德国金融中心的敌意。因为不同的董事会成员来自不同的州，他们会更加注重保护本州的利益和提高本州的经济地位与权力。德国央行前任行长卡尔·奥托·普尔（Karl Otto Pöhl）就曾对德国央行董事会成员缺乏欧洲、国际视野和专业的货币决策能力提出批评。参见：Kenneth Dyson, “German Bundesbank: Europeanization and the Paradoxes of Power,” in Kenneth Dyson and Martin Marcussen, eds., *Central Banks in the Age of Euro Area: Europeanization, Power and Convergence*, Oxford: Oxford University Press, 2009, p. 141。

④ Daniela Marconi, Lorenzo Bencivelli, Anna Marra, Alessandro Schiavone and Raffale Tartaglia-Polcini, “Offshore RMB Markets in Europe: Prospects for Freater Financial Integration between Europe and China,” Banca d'Italia, Number 334, July 2016.

汇储备后将人民币纳入外汇储备。

综上，德国包括联邦政府和地方政府对人民币合作存在实体经济和金融领域的利益需求。一边联邦体制界定了联邦、地方在货币合作事务上的权责，另一边对各自利益需求的追逐又决定了各推动主体对中德人民币合作方式和过程的影响。

第二节　实体经济与金融中心利益双导向的货币合作过程

一、贸易需求与德国工商业联合会

德国在2012—2017年稳居全球贸易前三位，2017年占据全球出口贸易比重8.2%，仅次于中国的12.8%和美国的8.7%，远高于欧洲其他国家（荷兰3.7%、法国3%、意大利2.9%、英国2.5%）。2017年德国实现全球贸易顺差2813亿美元。① 根据德国联邦统计局数据，2016—2018年中国连续3年成为德国最大的贸易伙伴，两国贸易总额接近2000亿欧元。② 而且，2015—2018年中国连续4年成为德国最重要的进口国，2018年德国从中国进口1063亿欧元。③ 德国出口贸易体量和与中国的贸易总量均远超法国和卢森堡。双边贸易中的人民币计价结算，可以降低中德企业的沟通成本和谈判中的汇率波动风险，提高确定性，为德国企业拓展更多的中方合作伙伴。④

① WTO, *World Trade Statistics Review* 2018, https://www.wto.org/english/res_e/statis_e/wts2018_e/wts2018_e.pdf, p.68, p.124.

② Statistisches Bundesamt, "China is Germany's Main Trading Partner Once Again," https://www.destatis.de/EN/Press/2019/02/PE19_057_51.html, February 18, 2019, 上网时间：2019年8月5日。

③ Statistisches Bundesamt, "China is the Most Important Import Country for the Fourth Year in a Row," https://www.destatis.de/EN/Press/2019/03/PE19_106_51.html, March 21, 2019, 上网时间：2019年8月5日。

④ Deutsche Bank, "Deutsche Bank for Renminbi Solutions: Why adopt the RMB," https://www.db.com/specials/en/ghp/renminbi.htm, 上网时间：2019年8月9日。

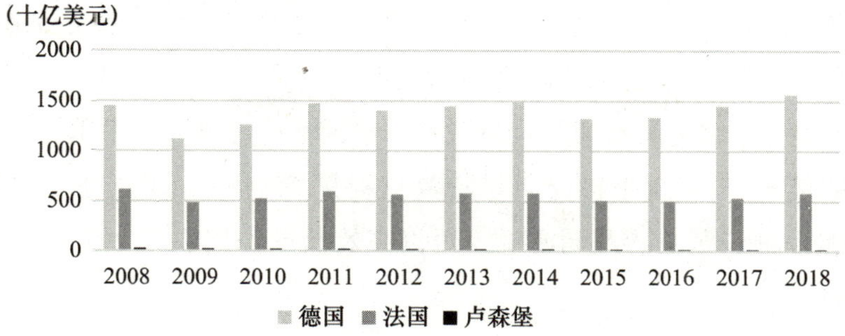

图 5—1 2008—2018 年德国、法国、卢森堡全球商品出口数据比较

资料来源：世界银行公开数据。①

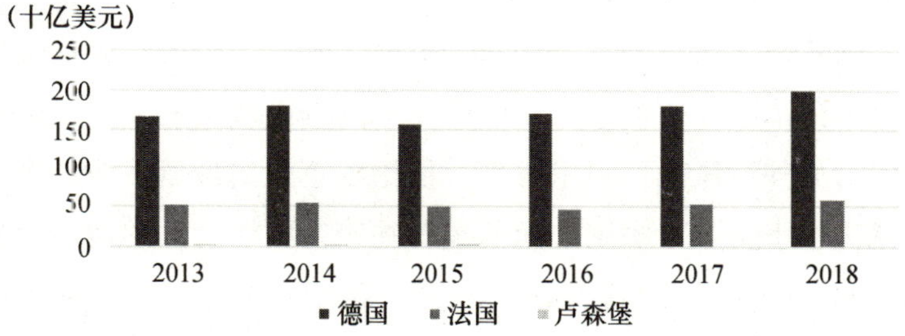

图 5—2 2013—2018 年德国、法国、卢森堡与中国双边贸易总量比较

资料来源：中国商务部公开数据。②

德国工商业联合会是代表德国所有通过法律注册的私人经济体利益的组织，在与德国和欧洲公共部门互动中，确保所有私人部门的利益平衡。③ 由于独立性，德国工商业联合会的意见对县、市和国家行政机关都能够产生影响。德国工商业联合会组织作为实体经济

① World Bank，https：//data. worldbank. org/indicator/TX. VAL. MRCH. CD. WT? locations = DE – CN – FR – LU.

② 中国商务部：国别贸易报告，https：//countryreport. mofcom. gov. cn/。

③ Deutsche IHK，https：//www. dihk. de/wir – ueber – uns/wer – wir – sind，上网时间：2019 年 5 月 1 日。

的利益代表，在人民币合作过程中积极为法兰克福人民币交易中心宣传。① 法兰克福工商业联合会总裁卢茨·雷提格（Lutz Rättig）表示，鉴于中德之间密切的贸易联系，德国不应错过人民币国际化带来的机遇。② 工商业联合会与法兰克福黑森州地方政府在实体贸易和金融议题上的共同游说，可以高效获取德国联邦政府的大力支持。③

二、法兰克福金融中心发展与人民币倡议小组

为推进法兰克福国际金融中心建设，黑森州政府和法兰克福金融推广署给予了大力支持。法兰克福金融促进委员会主席和银行业都认为，将法兰克福发展成人民币交易中心是当务之急。④ 德国央行董事约阿希姆·纳格尔（Joachim Nagel）表示，在法兰克福金融中心建设人民币中心，可以降低中国与德国的跨境交易成本，减少企业和银行的外汇风险。利用清算行使德国企业的经营更为便捷，并深化德国中小企业与中国之间的经贸往来。更多商品的流动会带动更多资本的流动。⑤ 根据 2013 年德国一份调查报告，将近 40% 的受访德国企业建议在法兰克福设立人民币离岸中心。研究中的受访企

① Frankfurt IHK, "Gewinn für Finanzplatz und Realwirtschaft," March 28th, 2014, https: //www. frankfurt - main. ihk. de/presse/meldungen/2014/15827/, 上网时间：2019 年 5 月 1 日。

② Lutz Raettig, "Eröffnung, IHK Frankfurt, Internationalisierung des RMB: Chancen für Frankfurt," 3 July, 2013, pp. 11 – 16.

③ Dr. Johannes Harsche und Uwe van den Busch, *Hessisches Ministerium für Wirtschaft, Verkehr und Landesentwicklung*, *Finanyplatz Frankfurt: Akteure*, *Rahmenbedingungen*, *Perspektiven. Ausarbeitung im Rahmen des Finanzplatmonitorings der hessischen Landeregierung*, Hessen Agentur GmbH, 2006, S. 70 – 71.

④ Frankfurt Main Finance, "Renminbi is a Top Priority in the Financial Centre," March 28th, 2014, https: //frankfurt – main – finance. com/en/category/renminbi – en/, 上网时间：2019 年 5 月 1 日。

⑤ Deutsche Bundesbank, "Renminbi Clearing in Frankfurt," https: //www. bundesbank. de/en/tasks/payment – systems/services/rmb – clearing/renminbi – clearing – in – frankfurt – 626594，上网时间：2019 年 5 月 1 日。

业表示人民币离岸中心可以加快支付系统，实现更快的资本接收，并降低他们在德国支付系统中的行政和实现德国支付系统的统一。[①] 德国央行通过新闻发布表示，建立人民币清算行可以直接完成人民币支付，消除通过第三方支付的结算成本，清算行有直接通向在岸人民币市场和人民币支付体系的通道。[②] 人民币交易中心不仅能促进法兰克福金融中心的建设，也能促进整体的宏观经济发展。[③]

2013 年 7 月黑森州经济部牵头，联合金融界和工商界机构共同成立了人民币倡议小组（RMB Initiative Group），直接推动人民币的合作交流工作。倡议小组成员包括黑森州经济部、法兰克福金融推广署、法兰克福工业贸易联合会、德国商业银行、德意志银行、德国证券交易所、德国国际合作机构、德国中央合作银行、德国复兴信贷银行、黑森—图林根州银行、工业燃气集团、德国大众和中国几大国有银行等，德国央行、德国联邦金融监管局和德国财政部也加入了人民币倡议小组。[④] 黑森州经济部直接负责协调该倡议小组的工作。

2013 年 11 月，黑森州经济部长弗洛里安·伦奇（Florian Rentsch）访华，希望中国支持法兰克福作为欧元区贸易、投资和人民币

① Hessisches Ministerium für Wirtschaft, Verkehr und Landesentwicklung, "Internationalisierung des Renminbi（RMB） – Chancen für Frankfurt, Wirtschaftsminister Rentsch will stärkere Rolle Frankfurts im Chinahandel," Wiesbaden, 3. Juli 2013.

② Deutsche Bundesbank, "Bundesbank welcomes nomination of renminbi clearing bank in Frankfurt," June 19th, 2014, https://www.bundesbank.de/en/press/press – releases/bundesbank – welcomes – nomination – of – renminbi – clearing – bank – in – frankfurt – 670598，上网时间：2019 年 5 月 1 日。

③ Hessisches Ministerium für Wirtschaft, Energie, Verkehr und Landesentwicklung, "Ministerpräsident Volker Bouffier und Wirtschaftsminister Tarek Al – Wazir: Große Chance für unseren Finanzplatz," 28th March 2014, https://wirtschaft.hessen.de/pressearchiv/pressemitteilung/ministerpraesident – volker – bouffier – und – wirtschaftsminister – tarek – al – wazir – grosse – chance – fuer – unseren，上网时间：2019 年 5 月 1 日。

④ 倡议小组之下还分设了地区推广工作小组，包含莱茵和美因地区诸多经济促进协会和企业，比如法兰克福和达姆施塔特商会中德经济合作部，法兰克福莱美两河地区国际投资促进会，法兰克福财经管理学院，黑森州经济促进局，黑森州外贸与投资局，黑森州经济、交通及地区发展部，法兰克福工商会，外国银行在德协会，法兰克福经济促进会等。

金融交易的中心。[①] 他表示:“此去正是时候，中国央行和欧洲央行已经建立本币互换协议，现在开始谈如何实现结算及资本领域的便利化。” 在法兰克福设立国际金融中心符合德国金融部门服务投资及贸易关系的倡议。[②] 在与中国央行会晤时，伦奇直奔主题，“我们的目标是将法兰克福建成欧元区人民币贸易、投资和金融交易的金融中心，为中德双边贸易和投资关系服务。” 为了突出人民币中心倡议在德国政界和工业界获得的广泛支持，随访代表团还包括联邦州政府、德国央行、德国工业界及法兰克福金融市场代表。[③]

2014 年 3 月 28 日，中国人民银行和德国央行顺利签署建立法兰克福人民币清算中心备忘录。黑森州主要官员在与德国央行、法兰克福市、法兰克福金融推广署举行的联合新闻发布会上，一致将法兰克福人民币清算中心看作是德国中小企业的重大机遇。黑森州州长福尔克尔·布菲耶（Volker Bouffier）和法兰克福市市长彼得·费尔德曼（Peter Feldmann）均表示，这条来自中国的好消息使法兰克福金融中心对于全世界的投资都变得更有国际吸引力，也将人民币清算备忘录看作法兰克福金融市场具备足够吸引力的证明。经济部长塔里克·阿尔—瓦齐尔（Tarek Al – Wazir）表示，特别是对中小企业而言，与中国的贸易结算会因此变得更便捷。随着中国环境保护意识的提高和中国政府对本国现代化的投资，德国企业刚好可以将他们的核心技术和高科技引入中国。所以，人民币倡议是一个不

---

① Frankfurt Main Finance, “Friendly Visits Between China and Hesse,” March 29th, 2016, https://frankfurt – main – finance. com/en/friendly – visit – between – close – partners/, 上网时间：2019 年 6 月 1 日。

② Hessisches Ministerium für Wirtschaft, Verkehr und Landesentwicklung, “Rentsch reist mit Delegation nach China,” November 8th, 2013, https://www. hessen. de/pressearchiv/pressemitteilung/staatsminister – rentsch – reist – mit – delegation – nach – china, 上网时间：2019 年 6 月 1 日。

③ Hessisches Ministerium für Wirtschaft, Verkehr und Landesentwicklung, “Rentsch führt Gespräche in Peking,” November 11th, 2013, https://info – pb – hmwvl. hessen. de/pressearchiv/pressemitteilung/rentsch – fuehrt – gespraeche – pekin, 上网时间：2019 年 6 月 1 日。

仅能促进金融中心建设，还能促进宏观经济发展的示范。① 德国央行执行董事会时任董事约阿希姆·纳格尔（Joachim Nagel）表示，现在就要看德国金融业能不能把握好机会、发展出更多有竞争力的金融产品，促进中德经济关系的进一步深化。②

为尽快落实法兰克福金融中心的人民币清算功能，德国央行（Bundesbank）牵头成立了一个工作小组，成员包括德国最大的几家银行、德意志交易所集团和支付提供商（SWIFT）。该小组研究了法兰克福离岸人民币平台三种可能的清算模式：代理行、清算行和清算所。所采用的模型为两阶段模型：第一阶段将指定一个清算银行；在对交易量进行评估之后，第二阶段决定将现有的清算银行升级为清算所。目标是使德国在欧洲人民币支付体系中处于领先地位。德国央行不仅在倡导建立人民币离岸中心的重要性方面发挥了不可替代的作用，还在与中国央行的技术谈判中发挥了不可或缺的对话者作用。③ 此外，黑森州为法兰克福金融中心建设和人民币业务在当地的顺利开展，不仅定期举办欧洲金融周、中欧银行日、人民币会议（RMB－Konferenz）等活动，还建立了包括当地主要公共部门、银行和金融机构参与的人民币倡议小组。

三、人民币清算行落地、RQFII 与后续进展

虽然联邦政府也认为建立法兰克福人民币清算行能为德国实体

---

① Hessisches Ministerium für Wirtschaft, Energie, Verkehr und Landesentwicklung, "Ministerpräsident Volker Bouffier und Wirtschaftsminister Tarek Al－Wazir: Große Chance für unseren Finanzplatz," March 28th, 2014, https://wirtschaft.hessen.de/pressearchiv/pressemitteilung/ministerpraesident－volker－bouffier－und－wirtschaftsminister－tarek－al－wazir－grosse－chance－fuer－unseren，上网时间：2018 年 11 月 25 日。

② Hessisches Ministerium für Wirtschaft, Energie, Verkehr und Landesentwicklung, "Renminbi－Handelszentrum ist Chance für den Mittelstand," April 31st, 2014, https://wirtschaft.hessen.de/pressearchiv/pressemitteilung/renminbi－handelszentrum－ist－chance－fuer－den－mittelstand，上网时间：2018 年 11 月 25 日。

③ Daniela Marconi, Lorenzo Bencivelli, Anna Marra, Alessandro Schiavone and Raffale Tartaglia－Polcini, "Offshore RMB Markets in Europe: Prospects for Freater Financial Integration between Europe and China," Banca d'Italia, Number 334, July 2016, p. 26.

经济带来的福利，但是并没有在实际合作过程中发挥特别的主导作用。德国联邦政府更加关注与中国高层的政治往来。

表 5—2　2010—2017 年中德政府磋商机制建立及联合声明统计

磋商机制建立	2010 年 7 月，北京，德国总理默克尔访华，《中德关于全面推进战略伙伴关系的联合公报》
第一轮磋商	2011 年 6 月，柏林，双方发表首轮中德政府磋商联合新闻公报
第二轮磋商	2012 年 8 月，北京，双方支持双边贸易和投资中使用人民币和欧元，双方拟设立中德经济顾问委员会
第三轮磋商	2014 年 10 月，柏林，双方发表《中德合作行动纲要：共塑创新》双方将在有两国央行参与的定期中德高级别财金对话机制框架内加强协调，指定中国银行法兰克福分行为法兰克福人民币清算行并给予德国人民币合格境外投资者配额
第四轮磋商	2016 年 6 月，北京，双方对建立中德高级别财金对话表示欢迎，将于 2017 年在华举行第二轮高级别财金对话
第五轮磋商	2018 年 7 月 9 日，柏林，双方支持法兰克福金融中心和人民币离岸发展

资料来源：中国外交部。

2014 年，中国国家主席、总理与德国总理均在这一年实现了互访。这一年也成为联邦政府高调为货币合作背书的有利时机。在中国国家主席习近平应德国总统和联邦总理之邀对德国进行国事访问期间，2014 年 3 月 29 日，两国发表《建立中德全方位战略伙伴关系的联合声明》，声明特别指出：双方欢迎中国人民银行和德国央行在法兰克福签署建立人民币清算安排合作备忘录。德方欢迎人民币在国际金融和货币体系中发挥更大作用。此外，双方商定定期举行高级别财金对话。德国总理默克尔于 2014 年 7 月访华，默尔克访华期间中方宣布向德方提供 800 亿人民币境外合格机构投资者额度。2014 年 10 月，中国国务院总理李克强与德国总理默克尔举行第三轮中德政府磋商机制，并共同发表《中德合作行动纲要》（以下简称

《纲要》），《纲要》明确表示：双方欢迎中方指定中国银行法兰克福分行为法兰克福人民币清算行，并给予德国人民币合格境外投资者配额。双方将按照第三轮磋商机制的安排“正式启动中德高级别财金对话机制”。①

在有关清算行命名、建立和运营细节的双边谈判中，黑森州主要官员也一直扮演着主要推动者的角色。2014 年 11 月，黑森州副州长瓦齐尔再次访问中国，加速落实人民币清算中心后继操作。随着代表团访问和合作协议的签署，法兰克福金融中心成为有意在中国进行投资合作的德国企业首选地，也成为中国投资者和公司进入欧元区的门户。②

2015—2019 年，双边高层继续落实人民币合作成果。2015 年 3 月，中德第一次高级别财金对话由德国联邦财政部长肖尔茨（Olaf Scholz）、德国央行行长魏德曼（Jens Weidmann）与中国国务院副总理马凯共同主持，双方支持法兰克福人民币离岸市场发展，并欢迎建立中欧证券交易所。2015 年 10 月，中国总理李克强和德国总理默克尔共同出席了中欧国际交易所（China Europe International Exchange，CEINEX）签字仪式，上海证券交易所、德国交易所和中国金融期货交易所分别占股 40%、40%、20%，2015 年 11 月在法兰克福挂牌交易，以推动人民币计价产品，促进中欧的实体经济发展。③

2018 年德国央行开始投资人民币储备，德国央行的一位董事会成员约阿希姆·维尔梅林（Joachim Wuermeling）表示，将人民币资

① 中国外交部：《中德合作行动纲要》，2014 年 10 月 10 日，https：//www. fmprc. gov. cn/web/ziliao_ 674904/1179_ 674909/t1290297. shtml，上网时间：2018 年 11 月 24 日。

② Frankfurt Main Finance，“Friendly Visits Between China and Hesse，” March 29th，2016，https：//frankfurt – main – finance. com/en/friendly – visit – between – close – partners/，上网时间：2018 年 11 月 25 日。

③ CEINEX，“China Europe International Exchange，” https：//www. ceinex. com/about – us，上网时间：2019 年 8 月 5 日。

产纳入外汇储备是德国央行长期多元化战略的一部分。① 德国央行的投资行为被视为人民币加入 SDR 和欧洲央行先后投资人民币外汇储备后的连贯行动。2019 年初，德国央行也随联邦财政部参加第二次中德高级别财金对话，德国央行此番与中国人民银行的会议主题是加强两家央行对金融市场的监管合作。② 此前金融监管被视为中德金融、货币合作的一大障碍。③

自设立德国人民币清算行以来，中国银行法兰克福分行已累计办理了人民币清算业务近 10 万亿人民币。④ 在 2019 年第二轮中德两国高级财金对话上，德国政府再次明确了对法兰克福建设人民币中心的支持。德国央行总部官员也均表示德国越来越重视与中国加强双边关系，是因为中国经济在世界经济中的分量，对德国、欧洲、全球都意味着巨大的增长潜力。对德国联邦政府和央行而言，中国是重要的、必须保持密切联系的经济体。⑤

第三节　德国人民币业务发展现状

在相关合作备忘录签署后不久，德国复兴信贷银行、中国农业银行相关分行、中国建设银行法兰克福分行先后在法兰克福成功发行了 37 亿元人民币离岸债券（“歌德债”）。尽管中德互为彼此最重要的贸易伙伴之一、跨境收付上德国占据优势，但是德国的人民币

---

① Quote from Emma Dunkley and Alice Woodhouse, Claire Jones, *Financial Times*, "Bundesbank to include renminbi in its currency reserves," January 15th, 2018, https://www.ft.com/content/71257a3c-f9ca-11e7-9b32-d7d59aace167，上网时间：2018 年 11 月 25 日。

② 中国财政部官网：http://m.mof.gov.cn/czxw/201901/t20190118_3125667.htm。

③ 程勇：《建设差异化欧元区人民币离岸中心》，载《中国金融》，2014 年第 20 期。

④ 新华网：《中行法兰克福分行累计人民币清算业务量近 10 万亿元》，2019 年 6 月 29 日，http://world.xinhua08.com/a/20190629/1855957.shtml，上网时间：2019 年 8 月 9 日。

⑤ 德国央行法兰克福总部访谈，2018 年 5 月 30 日。

业务发展总体并没有达到与中德贸易体量相匹配的水平，德国人民币离岸中心的发展较之其竞争者伦敦、巴黎略显后劲不足。

在2019年人民币跨境收付国别和地区排名中，中国香港以44.9%的绝对优势位列全球第一，剩下的国家和地区中德国以3.4%的比例排名第三，位于排名第二的新加坡（10.3%）之后，英国以2.0%位列第七、荷兰以1.7%位列第十。[①] 然而，自2016年以来，德国人民币支付总额占比在全球人民币离岸中心排名一直保持在第八至十位，2019年德国人民币离岸中心的人民币支付总额占全球0.76%。欧盟国家中排名第一的是英国，占6.14%；法国次之，占1.77%；德国第三；卢森堡以0.4%位列第四。[②]

2019年更多的德国企业将人民币作为结算货币，更多德国金融机构选择参与人民币业务。至2020年5月底，已有6家德国同业机构通过当地清算行成为人民币跨境支付系统（CIPS）间接参与者。[③]

总结而言，存在三个阻碍法兰克福人民币业务发展的因素：大部分受访企业在法兰克福清算行建立之初表示，虽然预期中期与中国之间的直接投资总额会上升，但是，中国大陆的外债额度、利息和股息限制等监管障碍及人民币交易的透明度与法律确定性不足，均构成德国企业使用人民币的第一个阻碍。[④]

第二个阻碍，目前对人民币产品和服务的需求主要集中在少数与中国有业务往来的大企业如德国大众、西门子，而创造了2/3就业机会、对经济增长贡献度超过50%的欧洲中小企业对人民币的认知度和使用度仍然匮乏。因此，有必要加强法兰克福人民币业务的

① 中国人民银行：《2020年人民币国际化报告》，第4页。

② 参考的是Swift RMB Tracker 2016年1月至2021年1月的数据。注意：不同于中国人民银行统计的人民币跨境收付数据包括中国大陆的收付数据，SWIFT的人民币支付数据包括基于价值的客户发起和机构付款数据，计入站加出站流量，但不包括中国本土数据。

③ 中国人民银行：《2020年人民币国际化报告》，第28页。

④ Hessisches Ministerium für Wirtschaft, Verkehr und Landesentwicklung, "Internationalisierung des Renminbi (RMB) – Chancen für Frankfurt. Wirtschaftsminister Rentsch will stärkere Rolle Frankfurts im Chinahandel," Wiesbaden, 3. Juli 2013.

宣传和推广。

第三个阻碍德国人民币业务发展的因素是，法兰克福虽坐拥欧元区的中心优势，但由于德国监管部门尚未认可中国的银行监管标准，故对在德中资银行的监管更为严格，在一定程度上限制了银行推动人民币业务发展的能力。因此，德国人民币金融市场发展仍属初级阶段，深度与广度相当欠缺，交易规模较小，人民币存量有限，产品单一，并面临来自伦敦的强有力竞争。①

从时间维度来说，欧洲（尤其德国）企业决定使用人民币的考量标准也一直在变换。

根据德国商业银行2016年的调查报告，2015年只有25%的受访公司积极重视人民币话题，2016年这个数字上升到33%。2016年出现这一进展的原因在于，使用人民币发票的好处激发了企业的兴趣：56%受访者重视使用人民币发票的议价好处，53%受访者是为了满足中国交易伙伴的偏好，47%是为了规避汇率风险，41%是为了获得发展中国大陆市场的优势。而且，2016年的调查报告尤其突出了制造业对人民币的需求。中国是德国进出口企业最重要的贸易伙伴之一，作为贸易关系的一部分，进出口企业正逐步使用人民币。2016年调查问卷显示德国中小企业已经开始认识到人民币日益上升的国际地位。②

到2018年，已经有1/3受访企业在与中国公司做生意时用人民币计价，当时的企业客户提到4个用人民币开发票的好处：超过60%的企业是为了潜在的议价优势和对冲汇率风险，超过35%的人是为了符合中国贸易伙伴的要求和获得开拓中国市场的优势。总结2018年的调查结果来看，虽然倾向在与中国贸易中使用人民币的欧洲企业数量上升，但是，中国的资本管制、对人民币国际化的信心、

① 程勇：《建设差异化欧元区人民币离岸中心》，载《中国金融》，2014年第20期，第50—51页。

② Commerzbank, "New Commerzbank Survey: Renminbi Continues to Establish Itself," Press Release, July 25 2016.

透明度与法律不确定性问题依然成为阻碍德语区企业使用人民币的主要原因。①

2019 年，地缘局势造成的政治不确定则是成为欧洲企业不敢使用人民币的主要顾虑。2019 年商业银行（Commerz Bank）与 Forsa，针对 3900 多家在亚洲有商业利益的欧洲公司客户和 100 家从事国际业务的中国公司客户，合作发起第四次有关人民币调查。此次调查显示：②

首先，有关选择人民币计价的调查问题。2/3 年营业额超过 2.5 亿欧元的企业认为人民币很重要，其中，有 46% 以人民币为中国客户开发票，另外有 21% 计划在未来一年采用人民币计价；年收入在 250 万—1250 万欧元的中小企业中，只有 9% 转向使用人民币开具发票。

其次，有关用人民币开票的优势调查显示，73% 的客户主要是为了“对冲汇率风险”，57% 认为是“价格谈判优势”，46% 是为了获得“进入中国大陆市场的优势”，还有 38% 是为了“满足中国贸易伙伴的偏好”。

再次，阻碍转向使用人民币的因素则包括 57% 被调查者认为的“已经建立起来的秩序”，以及 49% 调查对象认为的“贸易伙伴对欧元或美元的偏好”，还有 11% 表示“对人民币政策可持续性缺乏信心”，以及“由于政治不确定性”从 2018 年的 5% 上升到 11%。

最后，地缘政治的影响。近 66% 欧洲公司认为地缘政治对其业务产生影响，甚至有 1/3 表示影响非常明显。更具体地说，年收越大的企业客户对这种地缘政治的影响感知越明显，而年收较小的企业则很少感受到全球局势的影响。

① Commerzbank, “New Commerzbank survey: Acceptance of the renminbi amongst German - speaking corporate customers in the D - A - CH region is developing continuously,” Press Release, June 11, 2018.

② Commerzbank, “New Commerzbank survey: geopolitics has a noticeable impact on the use of the Chinese RMB as a trading currency,” Press Release, June 25 2019.

黑森州、法兰克福金融推广署和当地的金融界均认为，人民币国际化之于法兰克福，相当于法兰克福遇到了一生中只有一次的机会。① 因为大企业有能力在不同时区进行人民币业务，所以，法兰克福人民币业务中心对于中型企业来说是种福利。不仅德国的中小企业，而且整个欧洲的核心企业都能从欧洲人民币离岸中心受益。这就是黑森州想要通过鼓励德国央行、德国公共部门传递的信息。

当然，较之法兰克福的竞争对手巴黎和卢森堡，虽然中德拥有远超中法、中卢的双边贸易体量，法兰克福却并没有借势成为具有绝对领先优势的欧洲人民币离岸市场。② 在回答“为什么德国经济过去数十年一直发展很好，但是法兰克福没有发展成为国际领先”的金融中心问题时，黑森州经济部金融事务负责人斯特凡·布雷特（Stephan Bredt）表示，德国严于法国、英国、卢森堡的监管方式阻碍了法兰克福金融中心的发展。但是，法兰克福不会像伦敦、巴黎、卢森堡那样继续打监管这张牌，法兰克福金融中心的发展策略是关注总体经济利益、设立一个公平和竞争的环境。这也是黑森州做人民币项目的目标所在。③

因此，在中德人民币合作中，黑森州不仅曾积极推动欧洲央行与中国央行进行货币互换谈判，还主动争取中国对法兰克福人民币离岸市场建设的支持。未来黑森州还将推出一定的政策优惠措施和推广活动，加强人民币业务在当地被接纳程度。④

---

① *Global Capital*, “Germany and the RMB Roundtable. Waving the Flag for the Eurozone,” July 2014.

② 《人民币支付清算量持续稳步增长，累计办理人民币清算业务近 10 万亿元》，中新网，https：//finance. chinanews. com/cj/2019/06－29/8878283. shtml，上网时间：2019 年 8 月 1 日。

③ *Global Capital*, “Germany and the RMB Roundtable. Waving the Flag for the Eurozone,” July 2014.

④ 文史哲、孙闻：《中欧货币互换加速人民币国际化进程》，载《中国信息报》，2013 年 10 月 16 日，第 006 版。

小　结

中德货币合作中，联邦政府虽然也发挥了部分作用，但是黑森州地方政府和代表实体经济利益的工商业联合会组织在其中发挥了真正的主力作用。德国央行则由于其一贯的绝对独立和奉行“物价稳定”首要目标的特点，在合作中只发挥了支持者的角色。究其原因，是因为联邦政府基于德国经济特点更重视实体经济利益，因而愿意支持法兰克福人民币离岸中心的建立，以降低德国企业在中德贸易中的结算成本。而黑森州政府非常重视法兰克福金融中心的发展，希望金融中心的发展可以扩大金融税基和提升本地财政收入。因此，中德货币合作体现了德国推动主体的两种利益：实体经济利益和金融中心利益，中德货币合作也呈现出地方政府主导、联邦政府和德国央行支持的特点。虽然中德之间经贸体量远超中国与其他欧洲国家的水平，但由于德国尤其自金融危机以后的严监管环境等因素，导致法兰克福人民币业务发展较之其他欧洲金融中心不具显著优势。

第六章　中法货币合作：发展巴黎金融中心

第一节　法国推动人民币合作的主体与动力

法国是一个中央政府主导内外事务的半总统制国家。较之德国的联邦结构，法国总统可以更快调用大量政治资源，实现重大利益目标。中法货币合作中，法国关注的利益点是，通过建立人民币合作、引进人民币金融业务，提升巴黎金融中心的国际竞争力，实现巴黎金融中心为法国经济融资、解决就业，甚至缓解社会动荡的目标。除此之外，法国央行的政治性特点也决定了其较之德国央行更容易受法国政治影响。这也是法国央行能在中法货币合作中发挥先锋作用的原因。

一、"双面人"传统与解决社会问题的"灵丹妙药"

法国共和国传统一直以来具有"双面人"（Janus - liké）的特点：一方面，作为一个不可分割的共和国，它要统一行动，并以体现其意志和决心为荣，时刻展示其英雄般领导者的角色。这一特点也延伸到法国对领导国际货币事务的抱负上，如在20世纪80年代，法国发起建立欧洲货币联盟的主要目的在于：一是为降低对国际货币体系下美元的依赖，二是为了平衡当时德国马克在欧洲的货币权力。另一方面，法国又时常表现出对国内社会动荡的犹豫、胆怯和敏感，倾向于做出妥协。在法国看来，促进经济增长是解决社会动荡的灵丹妙药。①

即使在最近十年，经济增长缓慢、偏高的失业率②都是法国国内面临的发展挑战，同时这也是法国社会不稳定的根源。法国政治家一贯以来倾向对社会动荡做出妥协，造成了政府财政愈加困难、上街游行和社会动荡不止，继而进一步妥协的恶性循环。在建立欧洲货币联盟（European Monetary Union）以后，法国将自己的货币主权让渡给欧洲中央银行。法国因而只能放弃过去一直青睐的凯恩斯式扩张性财政政策和扩张性货币政策以刺激经济增长和降低失业率。巴黎国际金融中心地位，则不仅能够解决实体经济融资困难的问题，还能更深一步促进经济增长和解决高居不下的失业问题，也就是化解法国政治一直以来的"心病"——社会动荡。更不用说，一个法国的国际金融中心，在满足法国的物质利益同时，还能满足其对国际货币领导力的追求。

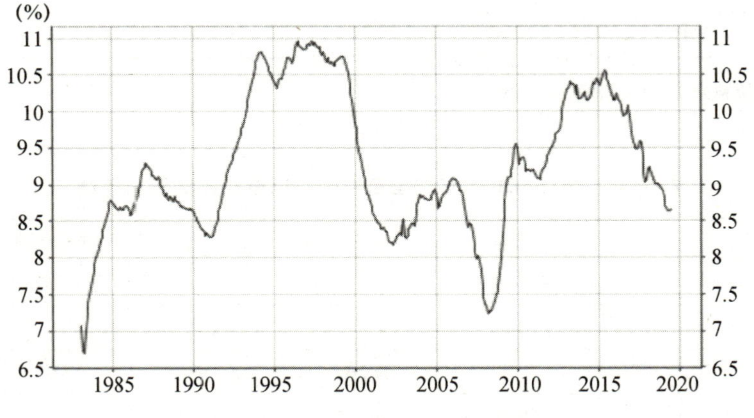

图 6—1　90 年代以来法国失业率统计

资料来源：European Central Bank Data，欧盟统计局和世界银行数据。

① Kenneth Dyson and Kevin Featherstone, *The Road to Maastricht: Negotiating Economic and Monetary Union*, Oxford: Oxford University Press, 1999, p. 70.

② 最近几年法国的失业率较之过去有些回落。

二、促进巴黎人民币离岸中心的发展

中法双边贸易比较稳定。法国重视与人民币货币合作的原因在于，提高巴黎国际金融中心优势和人民币离岸中心竞争力。

表 6—1　2011—2018 年法国对中国出口总额比例变化统计

年份	总额（百万美元）	同比	占比	中国作为贸易伙伴的排名
2018	24446	14.5%	4.2%	7
2017	21345	21.1%	4.0%	7
2016	17624	-11.3%	3.5%	8
2015	19820	-7.1%	3.9%	7
2014	21324	9.0%	3.7%	8
2013	19576	1.0%	3.4%	8
2012	14818	10.5%	3.5%	8
2011	18682	28.8%	3.1%	8

资料来源：中国商务部官网。

表 6—2　2011—2018 年法国自中国进口总额比例变化统计

年份	总额（百万美元）	同比	占比	中国作为进口伙伴的排名
2018	34642	9.3%	5.1%	6
2017	31705	8.2%	5.1%	8
2016	29303	-4.5%	5.1%	8
2015	30682	-9.1%	5.4%	7
2014	33693	3.1%	9.0%	7
2013	32695	-0.3%	4.8%	8
2012	24843	-7.6%	4.9%	8
2011	34318	11.5%	4.8%	7

资料来源：中国商务部官网。

一个成功的国际金融中心能够解决实体经济的融资难题，促进经济增长，进而解决高居不下的失业问题，推动解决法国一直以来的社会动荡难题。[①] 不同于经济强劲、财政盈余和就业率稳定的德国，法国需要通过引入外资的方式为国内实体经济加大对经济的刺激和就业提振。因此，法国总统、财政部门和法国央行共同努力推动巴黎金融中心建设议题。巴黎有自身的优势，欧洲大陆排名前十的银行中有 5 家在巴黎、有欧洲领先的企业债券发行市场、外汇市场成交量、欧洲最大的保险市场和领先的资产管理池。[②] 要建设成为更好的国际金融中心，巴黎不但要面对法兰克福和卢森堡的激烈竞争，还要应对来自英吉利海峡对岸的压力。从英国“脱欧”后法国的表现也能看出巴黎的需求和努力。法国中央政府一边出动以法国总统为首的强大游说团队奔赴伦敦向各银行、金融机构游说，一边积极调整税制、放宽对金融业的管制，以吸引更多国际银行将人员

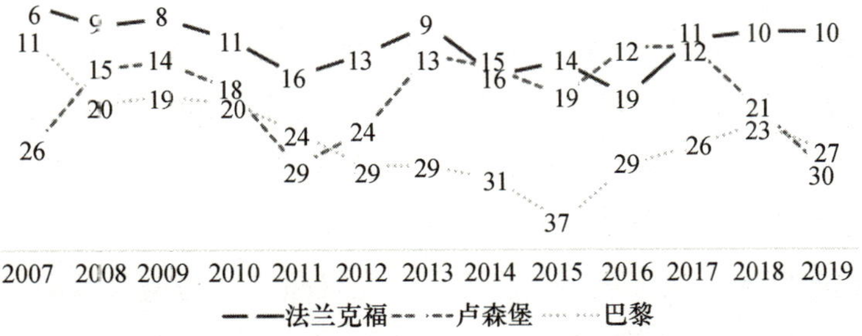

图 6—2　2007—2019 年法兰克福、卢森堡、巴黎全球金融中心排名比较

资料来源：The Global Financial Centers Index（GFCI）公开数据。[③]

---

① Paris Europlace,“Finance for Growth,” https：//www. paris – europlace. com/en/our – priorities/finance – growth，上网时间：2019 年 6 月 20 日。

② Paris Europlace，*Paris*，*the only*“*Global City*” *of the European Union*，*on a par with London*，https：//cn. ambafrance. org/IMG/pdf/europlace. pdf，上网时间：2019 年 6 月 1 日。

③ *The Global Financial Centers Index*，https：//www. longfinance. net/programmes/financial – centre – futures/global – financial – centres – index/gfci – 25 – explore – data/gfci – over – time/，上网时间：2019 年 8 月 5 日。

和业务迁往巴黎。①

2008 年成立的巴黎欧洲金融市场协会（Paris Europlace）是一个由法国政府支持的专业机构，其核心目标是通过与各个国家有潜力的国际金融中心合作，使巴黎成为全球有影响力的金融中心。它的管理会成员基本都是由法国知名企业首席执行官、法国政府高官和央行行长以私人名义组成。其具体目标是在欧洲的新资本市场联盟中发挥主要作用，动员巴黎的金融市场，通过服务法国企业支持就业。② 在新兴人民币离岸市场的政策吸引下，拥有众多顶级银行机构和法国跨国公司支持的巴黎，要创建一个欧元区领先的人民币离岸交易中心，以促进贸易融资、降低贸易和投资结算成本。③

巴黎金融中心的发展，受到强大的政府机构的支持。2008 年成立的巴黎欧洲金融市场协会（Paris Europlace），作为服务巴黎金融业发展的主导机构，其背后受到众多政府部门的背书与支持，如法国银行、法国信托局、法国巴黎国际商会、法兰西岛区域委员会、法国中央证券存管处、泛欧交易所和巴黎市政府。除此以外，巴黎金融广场还汇集了 400 多家不同金融机构、律师和会计公司、咨询公司以及金融监管机构等会员的力量。其核心目标是通过与各个国家有潜力的国际金融中心合作，使巴黎成为全球有影响力的金融中心。

巴黎欧洲金融市场协会的两个优先议题是“为增长而融资”和“人民币业务”：前者突出在实体经济融资上要发挥作用，后者确定将巴黎定位为欧洲领先的人民币交易金融中心。法国政府希望巴黎

---

① Paris Europlace, “London Roadshow,” February 8th, 2017, https://paris-europlace.com/en/news/london-roadshow，上网时间：2018 年 11 月 24 日；*Reuters*, “France to Ease Finance, Tax Rules to Attract Brexit Bankers,” July 11th, 2018, https://www.reuters.com/article/uk-france-financing-markets/france-to-ease-finance-tax-rules-to-attract-brexit-bankers-idUSKBN1K12SZ，上网时间：2018 年 11 月 24 日。

② Paris Europlace, *The RMB Internationalisation: Paris, a hub for Europe*, November, 2012, pp. 62-67.

③ Paris Europlace, “Paris, A Major RMB International Hub,” https://www.paris-europlace.com/en/our-priorities/rmb-business，上网时间：2019 年 6 月 1 日。

能在欧洲大陆和中非经贸关系中，发展成为人民币贸易和金融交易的平台，对巴黎金融中心在中非贸易中发挥人民币结算作用寄予厚望。① 巴黎欧洲金融市场协会的人民币交易中心蓝图如下：（1）激活法国银行、国际银行和大中小型企业在巴黎金融市场的人民币交易量；（2）增强巴黎金融市场上法国和中国各银行为欧洲和国际客户提供人民币产品和服务的水平；（3）发展支持中非贸易的巴黎平台，包括借鉴法国银行在非洲的经验；（4）以充裕的流动性支持活跃于人民币欧洲市场的国际银行。②

2010 年人民币国际化开始阶段，巴黎欧洲金融市场协会就鼓励法国、欧洲的企业与投资机构支持人民币商业交易。巴黎欧洲金融市场协会与中国上海金融监管机构和中国银行间市场交易商协会长期保持交流合作，多年举办“上海—巴黎金融合作论坛”。

表 6—3　上海—巴黎金融论坛举办情况统计表

2010 年 12 月	上海金融办公室和巴黎欧洲金融市场协会签订合作备忘录	鼓励和促进双边对话和经验分享；加强金融市场合作；鼓励和支持巴黎与上海金融机构之间的合作，加强金融部门研究水平与人才培养。
2014 年 7 月 10 日	上海—巴黎金融论坛	由法国巴黎欧洲金融市场协会和上海市金融服务办公室共同举办，是为期两天的“巴黎欧洲金融市场协会第 21 届国际金融论坛”的重要内容。此次论坛旨在加强上海、巴黎两地金融合作交流，推动两地金融中心建设与发展。

① 2018 年 6 月 28 日，笔者在巴黎采访法国央行欧洲和国际关系司的高级官员时，对方表达了人民币国际化进程中法国对中非经贸往来的兴趣和关切；亦可参考巴黎金融推广署委员会主席的访谈材料：*China Daily*，“Paris vies to be yuan hub，” April 13th，2013，http：//www.chinadaily. com. cn/china/2013 - 04/13/content _ 16398074. htm，上网时间：2019 年 6 月 1 日。

② Paris Europlace，“Paris，A Major RMB International Hub”.

续表

2014 年 10 月 31 日	上海—巴黎金融论坛	在上海举行，此次论坛在于推动中国与法国之间的金融市场发展，为巴黎争取人民币在欧洲的交易中心地位是巴黎代表主要任务。
2019 年 6 月 14 日	上海—巴黎金融论坛	上海市地方金融监督管理局与巴黎欧洲金融市场协会在上海签署了《上海市地方金融监督管理局与巴黎欧洲金融市场协会加强金融交流与合作备忘录》，市地方金融监督管理局局长郑杨、欧洲金融市场协会执行主任诺·德·布瑞松代表双方签署了备忘录。中法金融市场及金融机构代表出席仪式。

资料来源：公开资料。

三、法国央行的角色

法国央行在加入欧洲中央银行系统后虽然获得了自主性地位和独立权力，但是法国央行决策依然呈现出一种政治化的结果。这也是法国央行在法国政府的优先事务如建立中法货币合作中发挥“急先锋”作用的原因。也就是说，1993 年开始的欧洲化和 1999 年法国央行将货币主权让渡给欧洲央行对法国央行行长的权力和作用都产生很大影响，但是对法国央行的组织和责任没有明显的影响。法国的货币政策较之其他成员国央行如德国央行显得更加政治化。[①] 具体而言，在加入欧元区之前，1936 年和 1945 年的共和国法案将法国央行收为国有，法国央行被视为法国财政部的隶属机构。法国央行较之德国央行没有任何自主性而言，在法国政府眼中它只是“照顾货币和经济的工具”。只是在 20 世纪 80 年代，被誉为构建欧洲货币联盟“工程师”的时任法国总统密特朗将建立货币联盟设为其执政首

① David Howarth, “Bank of France: The Challenge of Escaping the Politicization,” in Kenneth Dyson and Martin Marcussen, eds., *Central Banks in the Age of Euro Area: Europeanization, Power and Convergence*, Oxford: Oxford University Press, 2009, p. 111.

要目标，加上当时法国左右两派都将建立欧洲货币联盟看作法国走向自律和现代化的必要途径。[①] 因而，欧洲货币联盟得以建立、法国央行加入基于德国央行模板建立的欧元系统，法国央行这才获得了一直希冀得到的自主性地位和独立决策的权力。但是，法国央行依然不能完全摆脱法国政府的影响，这一点体现在法国央行内部高级官员的任职上：首先，法国内部有一个传统，即央行职位的合法性取决于是否曾在法国财政部工作过，并需要在财政部展现过可靠的领导力、良好的管理声誉和高效的决策能力；其次，法国总统在提名法国央行主要官员上享有绝对权力；最后，法国法律要求央行高级官员候选人只需要在经济、金融、货币领域有相关工作经验。法国任命的很多央行官员不仅没有任何货币决策经验，而且很多非专业的党派人士成了货币决策者。[②] 法国央行高级官员任命的政治化决定了法国央行决策的政治化特点，因而，也就不难解释为什么拥有自主性的法国央行会成为中法货币合作的“急先锋”。

第二节 中央政府主导与法国央行发挥先锋作用的合作过程

一、中欧本币互换协议的推动

中法货币合作的具体内容包括建立巴黎人民币清算行和800亿人民币境外合格机构投资者额度授权。然而，在中法建立货币合作

---

① Kenneth Dyson and Kevin Featherstone, *The Road to Maastricht*: *Negotiating Economic and Monetary Union*, Oxford: Oxford University Press, 1999, p. 63.

② 比如，前欧洲央行行长特里谢、前法国央行行长 Christian Noyer 都曾在法国财政部任职，但是较之其他法国央行高官，Noyer 算得上一个例外，其具有更加专业的货币决策经验和技能。参见：David Howarth, “Bank of France: The Challenge of Escaping the Politicization,” in Kenneth Dyson and Martin Marcussen, eds., *Central Banks in the Age of Euro Area*: *Europeanization*, *Power and Convergence*, Oxford: Oxford University Press, 2009, pp. 114 – 117。

之前，欧洲央行和中国人民银行在2013年10月份建立的本币互换合作中就有法国央行在其中积极奔走的痕迹。2013年10月10日，欧洲央行和中国人民银行签署了规模为3500亿人民币/450亿欧元的本币互换协议。巴黎欧洲金融市场协会（Paris Europlace）在其官网的新闻发布中表示："对中欧本币互换协议表示欢迎，同时为使中欧本币互换协议顺利达成，法国央行不仅为此做了大量的筹备性工作，还在与中国央行的对话中发挥了主导作用，确保了本币互换安排的圆满完成。"① 那么，法国央行在中欧建立本币互换协议中究竟是怎么发挥作用的呢？因为法国央行属于欧元系统，其官网直接发布的是欧洲央行原稿的新闻，没有附加任何额外内容。但是，法国央行的主要官员曾表示，他们在欧洲央行内部曾对此议题施加了压力。②

时任法国央行行长克里斯蒂安·努瓦耶（Christian Noyer）在2013年接受《中国日报》记者采访时道出了法国急于催促欧洲央行与中国人民银行建立本币互换协议的原因。他当时表示，巴黎正在加速与伦敦成为欧洲人民币领先金融中心的竞争。英格兰银行在2013年3月份的时候已经和中国达成本币互换协议，这就允许英国央行提前为英国银行业提供4000亿人民币（645亿美元）流动性。作为伦敦金融城的竞争者，法国央行一直研究如何在欧元区发展人民币流动性安全网，并考虑与中国人民银行建立本币互换协议。与中国建立本币互换协议，不仅会鼓励人民币在欧元区作为贸易结算货币和投资货币的使用，还会通过向市场参与者确保人民币的流动性而激发在极端情况下的市场信心。③ 简言之，法国有必要优先促成

① Paris Europlace, "Paris EUROPLACE welcomes the bilateral currency swap agreement between China and the Eurozone, the largest outside of Asia," October 10th, 2013, http: //www. paris－europlace. net/rmb/RMB_ CP－10_ octobre_ 2013－en. pdf，上网时间：2018年11月24日。

② 2018年6月28日，法国央行巴黎访谈。谈及中欧本币互换协议的建立过程时，对方高级官员的原话是："We have pushed this progress"。

③ *China Daily*, "Paris vies to be yuan hub," April 13th, 2013, http: //usa. chinadaily. com. cn/business/2013－04/13/content_ 16398174. htm，上网时间：2018年11月24日。

欧洲央行与中国人民银行建立欧元与人民币之间的互换协议，因为这是保障巴黎国际金融中心开展更多人民币业务和提高巴黎国际金融中心竞争力的前提。

二、中央政府主导的中法货币合作建立

在法国央行成功施压欧洲央行与中国人民银行在 2013 年 10 月建立本币互换协议后，法国政府高层包括总统、总理、外交部长和经济财政部长加速与中国高层进行有效互动，使法国在 2014 年 3 月获得人民币合格境外机构投资者份额、在 2014 年 6 月与中国人民银行签署建立巴黎人民币清算行备忘录。具体从法国时任外交部部长洛朗·法比尤斯（Laurent Fabius）于 2013 年 4 月初访华开始，洛朗·法比尤斯此番访华目的是为了在 2 天的行程里协调中国方面为法国时任总统奥朗德访华做好准备。而且，奥朗德访华之行开始之前，就有英国媒体指出法国总统此行的目标是人民币国际化和双边金融合作。[①] 2013 年 4 月 25 日，法国总统奥朗德访华，发布《中法联合新闻公报》（以下简称《公报》）。《公报》虽未见提及巴黎金融中心、人民币清算行或人民币合格境外机构投资者安排等相关议题，但此次访问的一项重要成果是双方领导人一致决定建立中法高级别经济财金对话机制。

在 2013 年底第一次中法高级别经济财金对话在北京举办之前，时任法国经济财政部部长皮埃尔·莫斯科维奇（Pierre Moscovici）的访华行程就已在巴黎欧洲金融市场协会新闻发布中出现。11 月 21 日的新闻发布不仅指出“皮埃尔·莫斯科维奇确认会在 11 月 26 日会见中国国务院马凯副总理”，还指出，“莫斯科维奇与中国副总理举行会谈的目的是为了进一步支持人民币国际化、加强中法贸易和为

---

① Reuters, “France plans currency swap line with China: paper - Reuters,” April 13th 2013, https://www.reuters.com/article/us-china-france-currency/france-plans-currency-swap-line-with-china-paper-idUSBRE93C01S20130413，上网时间：2019 年 8 月 1 日。

金融服务合作铺平道路”。与此同时，“在中国人民银行和法国央行的支持下，并且在皮埃尔·莫斯科维奇、法国央行行长克里斯蒂安·努瓦耶（Christian Noyer）和中国央行行长周小川的出席下，巴黎欧洲金融促进会将在北京举行第三届中法国际金融论坛，以展示欧洲经济前景和投资机会以及法国和欧洲的人民币发展情况。”① 陪同法国经济和财政部部长皮埃尔·莫斯科维奇来华参加 2013 年首次高级别对话的，还有其他法国重量级官员，如法国央行行长克里斯蒂安·努瓦耶，法国金融市场管理局、法国国库署等相关部门官员。②

2013 年首次高级别经济财金对话的核心成果体现在《首次联合声明》的第 19 条，即“双方同意进一步合作支持巴黎离岸人民币市场发展，包括评估在巴黎开展具体清算和结算安排的需要和形式。中方将积极考虑在适当的时间框架通过人民币合格境外机构投资者（RQFII）安排支持巴黎发展离岸人民币业务”。很快，在 2014 年 3 月中方分配给法国 800 亿元人民币合格境外机构投资者额度。法国成为第一个获得 RQFII 额度的欧元区国家。同年 9 月，中国银行巴黎分行成为巴黎人民币业务清算银行。这两项合作使法国在 2015 年的全球人民币离岸中心排名中位列第五位，高于德国和卢森堡，其贸易中用人民币支付的总额占到 44%。③ 2015 年法国在与中国的支付中有 44% 以人民币结算。④

从 2013 年到 2020 年，中国国务院副总理和法国经济财政部部长已经成功举办过七次中法高级别经济财金对话。

---

① Paris Europlace, “Paris – Hong Kong Opportunities and Cooperation for the RMB Internationalisation,” November 21st, 2013, http://www.paris-europlace.net/files/HK-Paris_Rmb_Forum_Press_release_211113.pdf，上网时间：2018 年 11 月 24 日。

② 法国驻华大使馆：《法国经济和财政部部长皮埃尔·莫斯科维奇访华》，2013 年 11 月 26 日，https://cn.ambafrance.org/article25376，上网时间：2018 年 11 月 24 日。

③ Paris Europlace, “Paris, A Major RMB International Hub,” https://www.paris-europlace.com/en/our-priorities/rmb-business，上网时间：2018 年 11 月 24 日。

④ Paris Europlace, “Paris, A Major RMB International Hub”.

表 6—4　中法历次高级别经济财金对话情况统计

第一次中法高级别财金对话	2013 年 11 月 26 日，北京，中方认可巴黎在促进人民币跨境使用中发挥的积极作用；双方一致认同中国银行间交易商协会和法国巴黎欧洲金融市场协会在金融市场发挥的重要作用。
第二次中法高级别财金对话	2014 年 9 月 17 日，巴黎，中国国务院副总理马凯和法国经济和财政部长米歇尔·萨潘共同主持，法方欢迎指定中国银行为巴黎的人民币清算行和 RQFII 安排。
第三次中法高级别财金对话	2015 年 9 月 18 日，北京，中国国务院副总理马凯与法国经济财政部长米歇尔·萨潘共同主持，支持巴黎欧洲金融市场协会就发展信用债券市场、支持实体经济等议题开展联合研究。
第四次中法高级别财金对话	2016 年 11 月 14 日，巴黎，法国经济财政部长米歇尔·萨潘与中国国务院副总理马凯共同主持，法方欢迎中方做出放宽 RQFII 限制的决定；双方欢迎泛欧交易所和深圳证券交易所开展合作；上海金融服务办公室与巴黎欧洲金融市场协会共同支持双方的金融中心建立合作关系。
第五次中法高级别财金对话	2017 年 12 月 1 日，北京，中国国务院副总理马凯与法国经济财政部长布鲁诺·勒梅尔共同主持，鼓励中国金融机构和企业利用巴黎金融中心在欧元区的领先地位发行欧元债。
第六次中法高级别财金对话	2018 年 12 月 7 日，巴黎，中国国务院副总理胡春华与法国经济财政部长勒梅尔共同主持第六次中法高级别经济财金对话，双方围绕“构建紧密持久的中法全面经济战略伙伴关系”主题，就宏观经济形势和全球经济治理、大项目合作与互联互通，金融合作等议题进行了深入探讨，达成 68 项互利共赢成果。
第七次中法高级别财金对话	2020 年 7 月 21 日，视频对话，国务院副总理胡春华与法国经济财政部长布鲁诺·勒梅尔共同主持第六次中法高级别经济财金对话，两国多部门高级别官员均有参加。中方欢迎符合条件的法国机构投资者积极投资中国债券市场，愿与法国就银行间债券市场投资、发债有关问题保持沟通。还将加强在绿色金融市场领域的合作，共同推动央行和监管机构绿色金融合作网络的有关工作。

资料来源：公开资料。

表 6—5　中法金融论坛举办情况统计

第一届中法金融论坛	2006 年 9 月，由中国人民银行和法兰西银行共同主办的“第一届中法金融论坛”在京举行，来自中法金融界的 500 多位与会人员就促进中欧金融市场合作进行了深入探讨。中国人民银行行长周小川和法兰西银行行长诺瓦业共同致开幕辞。
第二届中法金融论坛	2008 年 10 月 17 日，由中国证监会与法国金融监管委员会共同主办的“第二届中法金融论坛”在京举行，来自中法两国金融监管机构、自律机构以及业界的 150 余名代表就全球金融形势和两国金融业面临的挑战和机遇等共同关心的问题进行了深入探讨。中国证监会主席尚福林和法国金融监管委员会主席米歇尔·普拉达出席论坛并讲话。
第三届中法金融论坛	2013 年 12 月 1 日，中国人民银行和法兰西银行近日在北京合作举办“第三届中法金融论坛”。来自中法两国金融监管机构和市场机构约 300 名代表参加了本次论坛。中国人民银行行长周小川和法兰西银行行长克里斯蒂安·诺瓦耶出席论坛并做开幕主旨演讲。
第四届中法金融论坛	2017 年 12 月 1 日，中国人民银行、法兰西银行、中国证券监督管理委员会、法国金融市场管理局在中法第五次高级别经济财金对话期间，联合举办第四届中法金融论坛。中国人民银行副行长易纲出席会议并致辞。易纲强调，中法加强金融合作将对促进全球经济增长与稳定、改善全球经济治理发挥重要作用。

资料来源：公开资料。

在 2017 年 12 月中法第五次高级财金对话中，双方强调继续推动巴黎作为人民币离岸中心的计价、贸易结算和清算作用，鼓励巴黎欧洲金融市场协会进一步推动法国金融机构和企业在贸易融资、市场交易、外汇交易和贸易活动（包括中非贸易）中使用人民币，鼓励更多法国机构申请 RQFII 资质，并适时增加法国的 RQFII

额度。① 2018 年初法国央行几乎与德国央行同时宣布，将人民币纳入国际储备多元化发展的一部分。②

从奥朗德政府到马克龙政府，法国政治高层都十分重视中法金融合作。③ 法国不同于经济强劲、经常账户盈余和就业率稳定的德国，法国更需要通过引入外资的方式为国内实体经济加大对经济的刺激和就业的提振。

第三节　法国人民币业务发展现状

2018 年初法国总统马克龙访华，期间两国发表《中法联合声明》(以下简称《声明》)。《声明》第十二条强调中法进一步金融、货币合作的重要意义：两国元首对中法两国在经济和财金问题上的合作质量感到满意，对第五次中法高级别经济财金对话 2017 年 12 月 1 日通过《联合情况说明》及作为其附件的《联合金融行动计划》表示赞赏，呼吁尽快落实对话成果，特别是在两国经贸、投资领域开放、加强企业竞争条件，为两国企业提供透明和非歧视性准入等方面。④ 2019 年最新的《中法关系行动计划》，在 2018 年和

---

① 中国财政部：《第五次中法高级别经济财金对话联合声明》，2017 年 12 月 1 日，http：//wjb. mof. gov. cn/pindaoliebiao/gongzuodongtai/201712/t20171201_ 2763970. html，上网时间：2019 年 5 月 1 日。

② *Reuters*，"Bank of France Currency Reserves Partly held in Chinese yuan，" January 16th，2018，https：//www. reuters. com/article/bundesbank – reserves – yuan – france/bank – of – france – currency – reserves – partly – held – in – chinese – yuan – idUSL8N1PA4WJ，上网时间：2019 年 8 月 1 日。

③ *Reuters*，"France plans currency swap line with China：paper – Reuters，" April 13th 2013，https：//www. reuters. com/article/us – china – france – currency/france – plans – currency – swap – line – with – china – paper – idUSBRE93C01S20130413，上网时间：2019 年 8 月 1 日。

④ 《中华人民共和国和法兰西共和国联合声明》，新华网，2018 年 1 月 9 日，http：//www. xinhuanet. com/world/2018 – 01/09/c_ 1122234958. htm，上网时间：2019 年 8 月 1 日。

2019 年 3 月的《声明》基础上继续深化中法合作，为两国全面战略伙伴关系的发展和升级开辟新愿景。《行动计划》除了提出对全球气候治理、双边文化合作、实现经济增长平衡、维护以世贸组织为核心的多边贸易体制等方面的重视，还强调要继续发挥中法高级别经济财金对话在战略合作层面的作用。①

巴黎作为当下国际和欧洲领先的金融中心，其优势在于：（1）就市值和股票交易价值而言，EURONEXT 是欧盟最大的欧盟证券交易所，其所发行股票市值占整个欧盟市场的 49%，德国交易所占 23%；（2）巴黎是欧盟最深和流动性最强的公司股票市场，法国发行的公司股票市场总额占整个欧盟总额的 45%，其次是德国占 14%、意大利占 10%、荷兰占 6%；（3）法国拥有欧盟最大的资产管理池，资金管理总值达 4 万亿欧元，占欧盟总额的 27%；（4）就金融机构数量和雇员数量来算，巴黎是欧洲规模第一的金融从业中心。另有 5 家法国银行位列欧盟排名前十的银行。在保险市场、私募和绿色金融等领域，巴黎也具有不可替代的地位。②

巴黎 2030 年的全球战略依然是提高巴黎国际金融中心的吸引力、巩固优势领域的地位，通过可持续金融创新加速工业转型及提升巴黎在欧洲和国际金融领域的贡献。

在人民币业务领域，按照中国对全球包括中国在内的人民币收付数据的统计，2019 年当德国以 3.4% 的占比成为人民币收付金额最大的欧洲国家，法国在这里却难见踪影。③ 但是，如果排除中国大陆的人民币收付数据，法国以 1.77% 排名全球第六位，而德国以 0.76% 位列第十位。④ 人民币即期外汇交易市场上，2020 年 12 月英

---

① 《中法关系行动计划》，中国政府网，http：//www.gov.cn/xinwen/2019 - 11/06/content_ 5449345.htm，上网时间：2021 年 2 月 17 日。

② Paris Europlace，https：//www.paris - europlace.com/en/french - marketplace，上网时间：2021 年 2 月 17 日。

③ 中国人民银行：《2020 年人民币国际化报告》，第 33 页。

④ SWIFT，*RMB Tracker*，January 2021，p. 5.

国以 37.49% 的占比位居全球第一，接着是美国以 16.51% 位列第二，中国内地以 11.91% 位列第三，中国香港以 8.3% 位列第四，法国以 7.93% 位列第五。

自 2016 年以来，巴黎金融市场正致力于通过双方的银行机构为中法两国企业提供更优质的金融服务：无论法国企业还是在巴黎的欧洲企业，包括中小企业和中型企业等可申请 200 亿元人民币额度存款和 300 亿元人民币银行贷款；中法之间交易使用人民币支付的比例接近 50%，同期德国的数据 10.9%；[①] 法国在欧元区的交易中将有超过 40% 使用人民币计价，德国占 19%。[②] 巴黎金融推广署总裁布雷松表示，未来除了继续拓展巴黎人民币离岸业务，法国还会积极参与中国“一带一路”建设，并以此为桥梁加强与非洲及亚洲的密切往来，促进法国与非洲的紧密联系和在亚洲的影响力，为建立新的基础设施与连接模式提供重要的资本支持。[③] 由于中非之间紧密的贸易联系，很多非洲国家选择在巴黎保留人民币存款，2016 年巴黎人民币存款达 300 亿。[④]

此外，鉴于中法两国都对气候变化和《巴黎气候协定》的重视，中资银行已经在巴黎发行人民币计价债券，一则为应对气候变化挑战，二则为活跃巴黎人民币市场，三则是为了响应中法第五次财金对话中对绿色金融的重视。[⑤] 尽管人民币国际化道路依然很长，但是，法国对巴黎金融中心建设所赋予的重大使命和对巴黎人民币离

---

① Paris Europlace, *The Only Global City of European Union, on a Par with London*, 2016, p. 28.

② Paris Europlace, *The Only Global City of European Union, on a Par with London*, 2016, p. 27.

③ 《巴黎欧洲金融市场协会执行主席：助力中法金融合作再升级》，中国经济网，2018 年 1 月 4 日，http://intl.ce.cn/specials/zxgjzh/201801/04/t20180104_27556794.shtml，上网时间：2019 年 8 月 1 日。

④ Paris Europlace, *The Only Global City of European Union, on a Par with London*, 2016, p. 30.

⑤ 《中行首支三币种气候债在巴黎上市》，新华网，2017 年 11 月 29 日，http://www.xinhuanet.com/world/2017-11/29/c_129752013.htm，上网时间：2019 年 8 月 1 日。

岸中心发展的重视，会使货币合作继续成为双边关系的一大主题。

小　　结

法国的政治体制、财政状况和经济模式与德国都大大不同，这导致法国更加注重人民币合作带来的金融利益，而且也使中法货币合作呈现出不同于中德货币合作的特点。法国一直以来都面临国内社会动荡和经济增长乏力的挑战，因此中央政府寄希望于巴黎能够发展成为一座具有国际竞争力的金融中心，在为法国经济融资的同时，促进法国经济增长和就业，降低社会动荡发生的频次。法国总统、总理、财政部等主要政府部门都积极参与到人民币合作的建立过程。特别值得注意的是，法国央行虽与德国央行同属于欧元系统、宣称“绝对独立”，但是由于受法国政治传统影响，法国央行在中欧本币互换协议谈判中发挥了独特的先锋作用。因此，可以说，中法货币合作呈现出中央政府主导、法国央行发挥先锋作用的特点。法国中央政府对巴黎金融中心的绝对重视和巴黎在中非贸易领域人民币结算中的主导作用，使巴黎逐渐成为欧洲具有优势的人民币离岸中心。

第七章　中卢货币合作：促进金融多元化转型

第一节　政治制度与国际金融中心

卢森堡是一个君主立宪制议会制国家。作为大公国，卢森堡大公在国际层面代表国家，根据宪法规定大公有行政权力，但是在实践中卢森堡政府负责决策和执行。同时，卢森堡存在很多代表不同职业、行业群体的委员会或专业协会。卢森堡经济与社会委员会就关系国计民生的大事向政府提供咨询，五个专业协会即雇员商会、公务员和公职人员商会、农业商会、商业商会和贸易商会，对政府制定的新法律或大公制定的法规发表意见。[①] 这种基于制度的对话模式，使卢森堡大公和政府部门可以联合私人部门力量共同推动金融中心建设，从最高权力层面给予支持。

卢森堡现虽以金融业而著名，但是最初也经历了从钢铁业到金融业的艰难转型。19 世纪到 20 世纪，钢铁业成为卢森堡的经济支柱，占到卢森堡出口的 90%，而银行业则发展比较温和。在卢森堡成为欧洲煤钢联营（European Coal and Steel Community）总部后，服务钢铁产业的跨境资本流动逐渐萌发了扩大本地银行业的需求。此后，卢森堡逐渐发展成为欧盟一系列重要机构的所在地，如欧洲法院、欧洲投资银行、欧洲审计院、欧洲稳定机制、欧洲议会秘书处和大量欧盟委员会的下属机构等，这些机构的存在也激发了卢森堡

---

① The Luxembourg Government，https：//gouvernement. lu/en/systeme - politique. html，上网时间：2019 年 6 月 1 日。

金融服务部门的增长。[①] 20 世纪 70 年代，受石油危机波及的钢铁业经历重组危机，行业内的重大重组也影响了国家团结。这场重组一方面促使钢铁业在国民生产总值中的比重逐渐下降到不足 5%（1990 年），同时也为政府、工会和行业之间的三方协商和卢森堡的政治稳定打下牢固基础；[②] 另一方面，恰逢当时卢森堡重新定位国家未来发展大方向，钢铁危机促使政府为实现经济平衡发展，开始加强对国际金融中心的打造。[③]

在发展国际金融中心的过程中，两个特殊事件意外地为卢森堡金融部门发展增添优势：第一个事件，当卢森堡在 20 世纪 60 年代已经在泛欧洲金融服务市场中发挥重要作用时，美国却突然在 1963 年对美国投资者从海外发行机构发行的美元计价债券所获投资收益征税 15%，导致美国投资者投资海外尤其对于投资卢森堡的意愿大大降低。但是，就在此背景下，卢森堡顺势而为建立欧元债券市场，也才有了如今繁荣的资本市场。第二个事件，卢森堡于 1985 年发挥先行者优势，成为第一个将欧盟颁布的集体投资《可转让证券承诺指令》（Undertakings for Collective Investments in Transferable Securities，UCITS）纳入本国法律的国家。UCITS 表示一个新的监管投资基金登记，也就是一旦一种基金在欧盟某个成员国注册，就可以向所有欧盟公民开放的规定。卢森堡的先发行动促使大量资产管理公司选择卢森堡作为平台，在全球设立、分销投资基金。[④]

这两项举措为卢森堡金融中心的未来发展和特色形成奠定了良好的基础。在持续的经济转型与金融创新下，现在的卢森堡是一个专业化程度非常高的国际金融中心。卢森堡资产管理规模一度达到

---

① Luxembourg for Finance，*Luxfin 2020：A Vision for the Development of the Luxembourg Financial Centre*，p. 7.

② 《卢森堡大公国：全貌综览》，卢森堡政府官网，Grand – Duché de Luxembourg，p. 7。

③ 《卢森堡大公国：全貌综览》，卢森堡政府官网，Grand – Duché de Luxembourg，p. 12。

④ Luxembourg for Finance，*SurprisingLux*，p. 41.

峰值4.2万亿欧元，是居于世界第二、欧洲第一的投资基金中心，也是欧元区首屈一指的私人银行中心。①

表7—1　2018年卢森堡金融中心数据

银行数量	银行来源	资产管理规模与排名	私人银行资产管理规模	金融从业人员	全球对华投资基金份额	全球点心债比例	上市交易所
140	27国	42000亿欧	3630亿欧	49000	29.30%	26%	欧洲最大

资料来源：Luxembourg for Finance, *Activity Report* 2018, pp. 10 – 11; *RMB Business* 2018, p. 8。

表7—2　2018年卢森堡金融中心与环境排名

欧元区第二大金融中心	Global Financial Centers Index/2018
全球排名第一的新兴金融中心	Global Financial Centers Index/2018
全世界第二具有弹性的金融中心	FM Global：Global Resilience Index 2018
全球排名第一的知识密集型雇员聚集金融中心	Cornell INSEAD Innovation Index 2018
全球政治稳定和人员安全排名第一的国家	Cornell INSEAD Innovation Index 2018

资料来源：Luxembourg for Finance, *LFF Activity Report* 2018, p. 12。

一、金融危机冲击带来的结构性调整挑战

过去30年，金融部门成为卢森堡经济增长的主要发动机，来自29个国家的外国银行与卢森堡本地银行部门资产负债表达到7850亿欧元，银行部门贡献了卢森堡四分之一的GDP。② 金融部门因此可以称作卢森堡国民经济支柱之一。③ 然而，2008年金融危机的爆发使

① Luxembourg for Finance, *SurprisingLux*, p. 21.

② Luxembourg for Finance, *LFF Activity Report* 2018, 2018, p. 10.

③ OECD, *OECD Reviews of Innovation Policy*: *Luxembourg* 2016, https://read.oecd-ilibrary.org/science-and-technology/oecd-reviews-of-innovation-policy-luxembourg-2016_9789264232297-en, p. 16，上网时间：2019年1月5日。

卢森堡踏上应对艰巨挑战的征程。而且，在金融危机之前，卢森堡就已出现失业率上升、生产力增长下降和公共财政不可持续等结构性问题。

首先，自 2002 年以来，卢森堡已经出现结构性失业率不断提高、趋势劳动生产力增长下滑以及每资本 GDP 增长潜力下降的局面。2013 年，卢森堡的失业率达到 7%，长期失业份额超过总失业率的 25%。而这些主要由本地低技能工人组成的失业大军，成为政府亟需解决的难题。

其次，卢森堡的劳动生产力水平本身很高，但是最近的 OECD 评估表明 2002 年以后劳动生产力增长趋势已经下降，在危机开始前已经变为负值。生产力被视作长期经济增长的主要动力和不同国家每资本 GDP 差异的主要根源。结合前面提到的结构性失业，这导致了卢森堡每资本潜在产出增长的下降。就各部门来说，除了 ICT（工业、通讯与技术）部门的产出呈现增长态势，制造业、金融服务业和其他专业、科技活动的产出均出现不同程度的下滑趋势。[①]

最后，卢森堡的公共财政也面临可持续发展挑战。由养老金激增、增值税改革引发的公共支出粘性下行和经济高开放性导致的公共收入高度波动性，对卢森堡未来稳健的公共财政提出挑战。尽管卢森堡的财政赤字和公共债务均没有超过欧盟规定的水平，但这些新挑战已经意味着卢森堡需要转变已有的发展思路保证公共财政的稳健发展。[②] 总结而言，结构性失业、生产力增长下降和公共财政挑战的并存，使卢森堡在制定后金融危机的金融战略时，还需要兼顾经济战略的平衡。

① OECD，*OECD Reviews of Innovation Policy*：*Luxembourg* 2016，2016，Paris，pp. 44 - 45.

② Luxembourg Government，MFIN，*13th Update of the Luxembourg Stability and Growth Programme* 2012 - 2015，Luxembourg，27 April 2012，https：//mfin. gouvernement. lu/en/publications/programme - de - stabilite - et - de - croissance/13e - actualisation - psc/13e - actualisation - psc. html，p. 4.

回到金融危机对卢森堡金融部门的影响上，金融部门内部不同业务受到的冲击是不一样的。银行资产自2008年一直呈明显下降趋势，而基金资产自2007年在经历短期下调后一直持续上涨。在金融危机期间，一直表现良好的部门还有保险与再保险、私人银行及资产管理业务。

由于金融危机，卢森堡银行业经历了巨震。一方面，2008年每四家银行就有一家存在净亏损，两家停业，而另外两家需要政府跨国干预。2015年，银行收入自金融危机以来第一次恢复到2007年水平。另一方面，银行利润并没有恢复到2007年的水平，2007年为47亿欧元，2015年为40亿欧元。此外，因为在金融危机发端时更高的资产数量和更宽松的资产负债表得到鼓励，危机后出现的新监管标准直接导致银行资产负债表的下行，从2007年9150亿欧元降到2018年的7850亿欧元。而且，银行利润（零售和公司业务）与财富管理的利润下降太多，导致人寿保险领域的净增利润无法弥补这两个部门的利润下降。① 总之，经历金融危机和欧债危机的卢森堡银行业从此一直处于波动不安的状态。宏观经济波动、欧洲央行低利率政策与日益严厉的监管法规及科技成本相结合，共同拉低了银行部门利润。

尽管保险、私人银行等部门一直表现良好，但是金融危机的确对金融部门整体构成一定打击。比如，卢森堡金融部门表面生产力大幅下降，甚至不到金融危机之前一半的水平。② 而金融部门的生产力下降结合先前银行部门的发展颓势，又会对政府财政、国民经济产生负面影响。

银行业的税收贡献自2000年就一直呈显著下降趋势，而来自新

---

① Benjamin Collette, François Gilles and Marie Arguello, *A 10 – Year Retrospective on the Luxembourg Financial Sector and Its Impact on the Luxembourg Economy*, *Report of Deloitte Luxembourg*, 2017, pp. 18 – 22, *LFF Activity Report* 2018.

② Benjamin Collette, François Gilles and Marie Arguello, *A 10 – Year Retrospective on the Luxembourg Financial Sector and Its Impact on the Luxembourg Economy*, *Report of Deloitte Luxembourg*, 2017, p. 13.

发端的保险、再保险部门的税收收入一直处于上升态势，略有降低但是起伏不大的是公司证券认购税变化。①

首先，根据 OECD 调查报告，卢森堡政府收入波动性与金融部门的税收贡献波动性呈正相关性。也就是说曾经支撑 1/4 GDP 的银行业盈利税波动性会直接影响财政收入变化。然而，较之银行部门，保险和共同基金的盈利税在金融危机期间较之银行盈利税波动较小。所以，当银行盈利税比例在总税基中下降而保险盈利税、认购税收入和共同基金及企业证券税比例上升的时候，这种金融部门的多样化可明显降低财政收入的波动性。② 也就是说，如果要有效降低政府财政收入的波动性，卢森堡政府有必要通过实现金融部门的多样化发展，先降低金融部门盈利税波动性。

其次，鉴于金融部门与其他经济部门之间的紧密联系，金融部门的发展状况直接影响了整个经济的发展前景。一方面，金融部门的繁荣推高了真实汇率而导致其他经济部门的成本上升，使其他部门处于艰难发展的状态。再加上潜在产出增长下降和经济呈现结构刚性特点，而结构刚性又直接弱化了资源动员、人力资本发展和资本升级的能力。总之，金融部门的主导优势导致其他经济部门处于荷兰病③型的艰难发展状态。另一方面，金融危机爆发和金融部门的产出下降，导致先前获取大量资源的高生产力部门如金融、制造业、交通、仓储、通讯、社区和社会服务，已经无法继续有效促进生产力的整体增长。所以，卢森堡后期在重振金融部门的同时，需要继续探索新的高附加值活动并实现结构改革。

综上得出的结论是，尽管长期以来卢森堡凭借强大的金融部门获得了丰厚的财政收入和经济增长，但是一则金融危机的爆发揭示

---

① OECD, *OECD Economic Surveys Luxembourg. Overview*, March 2015, p. 13.

② OECD, *OECD Economic Surveys Luxembourg. Overview*, March 2015, p. 13.

③ “荷兰病”泛指中小国家内部因为一个部门的过于繁荣而导致其他部门衰弱的现象，最初起源于 20 世纪 60 年代荷兰石油、天然气异常繁荣而其他行业衰颓的现象，故命名为“荷兰病”。

了对金融部门依赖的高风险性和不可持续性，二则鉴于金融部门与其他经济部门的消极联系，再加上对各种结构性挑战的考虑，卢森堡需要重新审视宏观经济发展战略制定。

二、金融危机引发的国际监管环境挑战

此外，金融危机的影响不止于对经济、金融本身的直接打击，还因为引发一系列国际监管、税法变更恶化了卢森堡的外在发展环境。金融危机之后，无论 G20、OECD，还是欧盟层面都发起要求加强金融监管和提高财税透明的号召。因而，卢森堡过去引以为豪的银行保密原则（Banking Secrecy）和税收优势在新环境下将一去不复返。

国际税收法规和金融环境的变化貌似将卢森堡置于一个两难境地：一方面，新的环境变化会对卢森堡的财政收入产生负面影响，所以卢森堡似乎应抵触新监管倡议。因为金融监管的加强和市场透明度的提高必然会对金融中心的适应能力发出挑战，而且较之过去几十年，跨境贷款需求愈来愈呈现疲软态势，因此会导致跨国公司对东道国即卢森堡提供更低的税收贡献和政府更紧的财政预算。[①] 另一方面，由于风险敞口和危机的传染性，似乎加强监管又是必需的。即使卢森堡信贷机构有限的国内银行间风险敞口减少了国内银行间风险传染的可能性，但是在卢森堡经营的庞大外国银行系统与卢森堡银行之间以及外国银行与投资基金之间更高程度的跨境金融联系，都会将外在冲击不可避免地转移到卢森堡国内。

面对国际新环境构成的挑战，尽管卢森堡一开始还不适应透明性提高、监管加强而导致的银行保密优势丧失和财政收入下滑的新局面，但是，在《2009 年政府声明》中卢森堡明确将金融中心发展的首要原则确定为：必须在全球范围内对财政、金融和金融产品进

① OECD, *OECD Economic Survey of Luxembourg: Better Skills for More Inclusive Growth*, July 21th, 2017, Paris, p. 17.

行更有效和更严格的管制。经济，特别是金融，必须坚定地为社会服务，金融本身并不是目的。① 前财政部长吕克·弗里登（Luc Frieden）作为关键决策人曾表示，为了创造利润而在短期冒风险当然是不可持续的。如果要为未来的可持续发展做打算，就必须长远考虑、降低风险，坚决防止类似2008年金融危机再次发生。因此，金融业必须回归不那么复杂的经营方式，长期监管当然也是必须的。重要的是要在监管和创新之间找到恰当的平衡点，即在监控风险的前提下，依然保持创新。② 也就是说，卢森堡在后金融危机时期的战略是要直面新环境变化，甚至引导新环境变化。

三、卢森堡的金融创新转型：提高金融多样性

就国内发展战略来说，卢森堡政府认为降低对曾支撑经济增长的金融部门的严重依赖，是一项压倒性的长期挑战。③ 根据近年其财政部活动报告④，具体策略包括：卢森堡未来需要在一边继续发展、依赖金融业的同时，一边通过发展其他经济部门降低对金融业的依赖；就细分行业来说，政府需要通过创新继续促进金融业的多样化发展，在降低风险的同时促进增长；就其他经济部门来说，鉴于各种结构性问题，政府需要通过创新促进其他经济部门的多样性发展。总之，卢森堡在危机后的金融发展策略可以被简单概括为监管创新、业务创新、地理创新。⑤

---

① 《2009年卢森堡政府声明》（*La déclaration gouvernementale de* 2009），卢森堡政府官网，https：//gouvernement. lu/fr/actualites/toutes_ actualites/discours/2009/07 – juillet/29 – declaration – fr. html。

② Luxembourg for Finance，http：//www. luxembourgforfinance. com/en/news/new – role – governments – and – finance，Press Release.

③ OECD，*OECD Economic Surveys Luxembourg. Overview*，March 2015，p. 16.

④ 卢森堡财政部是负责卢森堡金融中心发展和领导卢森堡金融推广署的唯一上级部门，所以根据卢森堡财政部活动报告可以总结卢森堡政府层面对金融中心的战略制定。可参见卢森堡政府官网查看2012—2017年财政部活动报告（https：//gouvernement. lu/en. html）。

⑤ 参考OECD2016年卢森堡创新报告。

首先，金融业务创新方面，政府和私人部门共同致力于促进产品和金融部门地理市场的多样化。因为只有当不同金融产品或次级部门产品不存在正向关系，卢森堡的企业管理和风险多样化过程才算是成功的。所以，卢森堡的短期目标是探索足够多有潜力的新业务领域，除了传统的几块业务如基金、银行和保险再保险部门等，卢森堡2013—2016年的优先目标还集中于以下新业务领域，如人民币业务、伊斯兰金融、社会责任金融（Responsible Finance，包括小微金融、绿色金融等）。

其次，监管创新。国际金融危机的冲击和国际环境的变化使卢森堡长期都将面临监管挑战。卢森堡长期以利基政策、税收激励和银行保密原则等方法获得金融竞争优势，但是危机过后要求的监管从严必然损害卢森堡金融业已有的生长空间和随之而来的国内生产总值与公共财政的降低。卢森堡的国际市场定位依然是全世界。[①] 国际上，卢森堡财长在多个场合呼吁政府加强在金融部门监管中的作用，但强调全球采用共同准则和共同标准的必要性。[②]

因此，卢森堡实质上在引领国际金融监管的改革。

从国际监管合作的角度，银行保密原则的本质目的当然不是为了方便税收欺诈，但是，不可避免地，银行保密原则也方便了一些税务欺骗的产生。因此，卢森堡认为需要协调所有国家行动，加强税务信息交流并提高透明度，降低逃税和税务犯罪。2013年卢森堡在担任欧盟轮值主席国时宣布引入一种税务机构之间自动的信息交流（Automatic Exchange of Information）。并且，卢森堡在欧洲范围内、OECD层面及双边角度与美国等主要国家建立自主信息交换机制。在卢森堡看来，所有G20国家、所有金融中心都应该采取相同准则和标准。如果其他国家不加入自主信息交换，这对卢森堡和其

---

① Luxembourg for Finance，http：//www. luxembourgforfinance. com/en/news/luxembourgs - market - world，上网时间：2019年1月7日。

② Luxembourg for Finance，http：//www. luxembourgforfinance. com/en/news/same - rules - same - standards，上网时间：2019年1月7日。

他加入信息交换的国家是不公平的，因为欧洲的目标不是发展一种导致欧洲地区失业率上升、其他国家瓜分新就业岗位的战略。① 针对国际税法漏洞，卢森堡加入 OECD 反避税共同声明，并与沙特、法国、塞浦路斯等国签订双税协议，努力解决国际金融机构的多国双重不征税问题。此外，卢森堡将欧盟 2011 年颁布的《另类选择投资经理基金》指令（Alternative Invesment Fund Managers Directive，AIFMD）纳入国家法律，所有除 UCITS 以外的基金都被囊括在该框架下，这些基金按照规定均需提前披露操作信息、接受统一监管。实施 AIFMD 的目的在于降低信息不透明和金融风险，稳固投资者对卢森堡金融市场的信心。

从内部监管角度，卢森堡的主要监管机构如金融监督部门委员会（Commission de Surveillance du Secteur Financier，CSSF）是世界上最灵活的监管机构之一。不仅是世界上首个对家庭办公室资产（family office）进行监管的机构，而且还针对不同的业务类型如保险、人民币、银行等设计出兼顾风险监控和操作空间的创新性监管规定。比如，2017 年卢森堡针对保险业精心设计了一个独特的监管法规，完善了对保险公司特殊需求的考虑和监管查询的设计。② 而为了更好地参与人民币投资项目，卢森堡监管机构作为欧洲首家监管机构进行制度创新，第一个允许 UCITS 基金投资 RQFII，第一个允许 UCITS 基金通过“沪港通”市场投资，丰富了卢森堡投资者进入中国人民币投资市场的渠道。③

最后，卢森堡也在关注地理创新。地域角度来说，鉴于外国金融机构在卢森堡位居绝对多数，统计显示金融部门 25% 的收入来自国内金融机构，42% 来自欧盟 28 国，还有 33% 来自世界上欧盟以外

---

① Luxembourg for Finance, http://www.luxembourgforfinance.com/en/news/same-rules-same-standards, Press Release.

② Luxembourg for Finance, *Activity Report* 2017, 2017, p. 3.

③ Luxembourg for Finance, *Luxfin* 2020: *A Vision for the Development of the Luxembourg Financial Centre*, p. 21.

的国家。[①] 而金融危机和欧债危机均对卢森堡金融部门的业务数量和金融机构的税收贡献产生负面影响，[②] 所以，为了降低地域依赖和金融风险，拓展金融业务的地理范围就非常有必要。卢森堡自 2012 年以后尤其将亚洲包括中国、新加坡、韩国、日本，拉美如巴西和中东包括阿联酋、海湾地区等列为新的重点合作目的地。此外，也开始以路演形式探索以色列、纽约、旧金山、德黑兰、印度等。当然，欧洲传统的金融强势地区如德国、法国、意大利、瑞典、英国、爱尔兰和瑞士等也成为卢森堡金融代表团每年必访的固定地区。亚洲尤其中国的人民币国际化为卢森堡金融中心提供了一个全新的业务开发机会，即人民币相关的各种金融产品。中国香港和新加坡是两个重要市场，因为这两个金融中心经营的 70% 基金来自卢森堡。[③]

总之，国际金融危机、国内结构性挑战与国际金融环境的变化，导致卢森堡面临巨大的变革挑战。虽然卢森堡金融中心依然是世界上最成功的金融中心之一，但是随着国际监管环境的变化和卢森堡竞争优势如银行保密原则与财政优惠的丧失，卢森堡需要重新思考金融发展战略。一方面，卢森堡接受加强金融监管的要求，因为只有监管加强才能加强投资者的信心，而且也能提高避免金融危机再次发生的可能性；另一方面，在不利的国际环境背景下，卢森堡在一边继续依赖金融部门的同时，也需要一边降低对金融部门的依赖。加上国内其他生产力增长下降和低技能工人失业率上升等社会问题，卢森堡需要同时促进金融和经济部门的多样化发展。作为卢森堡金融发展的主要负责人，卢森堡财政部部长皮埃尔·格拉梅纳曾在 2014 年 1 月强调，加强中卢合作是新一届政府的优先任务。政府将继续推动

---

① Luxembourg for Finance, *The Contribution of Luxembourg's Financial Center to the European Economy*, 2017, p. 6.

② Benjamin Collette, François Gilles and Marie Arguello, *A 10 – Year Retrospective on the Luxembourg Financial Sector and Its Impact on the Luxembourg Economy*, *Report of Deloitte Luxembourg*, 2017, p. 13.

③ Luxembourg for Finance, *Activity Report* 2015, 2015, p. 16.

卢森堡成为欧洲第一个离岸人民币中心，并将卢森堡建成欧洲和中国之间第一个跨境投资中心。① 由此，人民币国际化背景下亟待开发的人民币业务和人民币金融产品开发，既是卢森堡金融推广机构的目标，也是卢森堡合作主体积极推进人民币合作的主要原因。

第二节 财政部主导、各方协作的合作过程

除了大公、卢森堡政府，在中卢货币合作中发挥主力角色的还有卢森堡财政部。参与、主导中卢货币合作的前后有两位财长，吕克·弗里登（Luc Frieden）和皮埃尔·格拉梅纳（Pierre Gramegna）。于2013年12月上任的第二位财长皮埃尔·格拉梅纳之前就已经是卢森堡金融推广署的重要股东和董事会成员。卢森堡金融推广署（Luxembourg for Finance，LFF）成立于2008年，目标是发展卢森堡的金融服务业，发掘新的商机。本质上来说，LFF是卢森堡政府和卢森堡金融产业联盟（PROFIL）之间公私合作伙伴关系的产物，也是协助卢森堡政府积极推动人民币合作的重要机构。

一、全球领先的人民币中心

卢森堡的金融业非常发达，其早已不是贸易立国，在2018年欧盟28国从中国的进口贸易排名中几乎垫底。② 因此，卢森堡对人民币合作关注的出发点并不是对实体经济利益的考虑，而是从卢森堡金融中心发展的角度出发。

① Luxembourg for Finance，http：//www. luxembourgforfinance. com/en/news/pierre - gramegna - meets - chairman - china - banking - regulatory - commission，上网时间：2019年1月6日。

② Eurostat，*China - EU - international trade in goods statistics*：*Share of EU in the World Trade*，https：//appsso. eurostat. ec. europa. eu/nui/show. do? dataset = ext_ lt_ introle&lang = en，上网时间：2019年8月1日。

表 7—3 2011—2018 年卢森堡对中国出口总额、比例变化统计

年份	总额（百万美元）	同比	占比	在所有欧洲对华出口国中排名
2018	246	9.7%	1.5%	11
2017	224	-1.7%	1.4%	12
2016	228	-3.2%	1.4%	13
2015	253	-1.6%	1.5%	13
2014	257	-0.9%	1.3%	12
2013	259	3.5%	1.4%	12
2012	251	6.9%	1.3%	13
2011	235	32.7%	1.1%	15

资料来源：中国商务部公开数据。

表 7—4 2011—2018 年卢森堡自中国进口总额、比例变化统计

年份	总额（百万美元）	同比	占比	在所有欧洲对华进口国中排名
2018	504	44.0%	2.1%	8
2017	350	-72.3%	1.6%	9
2016	1261	-53.3%	5.8%	5
2015	2699	73.5%	11.7%	3
2014	1551	-9.1%	1.8%	5
2013	1706	-13.2%	6.4%	5
2012	1964	-0.4%	7.1%	5
2011	1971	-9.9%	6.9%	4

资料来源：中国商务部公开数据。

卢森堡金融中心一直以金融创新和领先的人民币业务为特色。2008 年卢森堡金融监管委员会（CSSF）与中国金融监管机构签署备忘录，允许合格境内机构投资者（QDII）投资受 CSSF 监管的金融产品。2011 年大众汽车在卢森堡证券交易所发行了欧洲首支人民币计价债券。卢森堡证券交易所上市的离岸人民币债券点心债券（Dim sum Bond）规模欧洲第一，2011—2015 年总计发行点心债103笔，占亚洲之外总发行量的43%。[①] 虽然点心债在后续的市场中波动较大，但可以看出卢森堡作为人民币离岸中心在产品创新上的主动性。

在2013年，卢森堡实际上已经成为欧元区首屈一指和世界第二的人民币中心：拥有400亿元人民币存款、620亿元人民币的银行贷款。卢森堡证券交易所拥有39支总价值为240亿元上市人民币债券，还管理着大约2200亿元人民币投资基金。时任卢森堡财政部长的吕克·弗里登就坚定了卢森堡成为欧元区人民币中心的目标。其目的依然是为了实现卢森堡金融部门的国际多元化布局。[②]

二、多方协作的中卢清算机制与RQFII落地

为了进一步把握时机和促进卢森堡金融中心人民币业务的繁荣，2013年12月16日，卢森堡大公储和大公储妃、副首相兼经济部长施耐德（Etienne Schneider – Vice Prime Minister）以及经济部国务秘书克洛塞纳（Francine Closener）率领经济代表团访问北京。卢森堡官方代表团不仅在中国首都会见了中国商务部长高虎城，还与中国人民银行行长周小川、中国金融市场监管机构主席肖钢举行会谈。会谈中，施耐德副首相重申卢森堡政府有坚定的意愿为人民币国际化进程做出贡献，进一步加强两国合作，特别是就金融问题和投资问题建立高层对话机制。[③] 2014年6月30日到7月4日，卢森堡财政部长和卢森堡金融推广署主席带着经济使命访问北京、上海和新加坡。[④] 访华前夕的卢森堡财政大臣皮埃尔·格拉梅尼亚曾透露，卢

① Luxembourg for Finance, *Luxfin 2020: A Vision for the Development of the Luxembourg Financial Centre*, 2015, p. 21.

② Luxembourg for Finance, http://www.luxembourgforfinance.com/en/news/minister-luc-frieden-rmb-business-luxembourg，上网时间：2019年1月6日。

③ Luxembourg for Finance, http://www.luxembourgforfinance.com/en/news/luxembourg-economic-mission-china，上网时间：2019年1月6日。

④ Luxembourg for Finance, http://www.luxembourgforfinance.com/en/asia-mission，上网时间：2019年1月6日。

森堡正与中国相关部门商谈将来在卢森堡进行人民币清算业务的可能性。① 访问第一天，皮埃尔·格拉梅纳（Pierre Gramegna）宣布卢森堡人民币清算安排合作备忘录的签订，并认为这是中国对卢森堡金融中心的高度认可。② 2014 年 9 月 16 日，根据《中国人民银行与卢森堡中央银行备忘录》相关内容，授权中国工商银行卢森堡分行担任卢森堡人民币业务清算行。③ 当年 12 月，工行卢森堡分行开始启动人民币清算业务。2015 年 4 月 29 日，人民币合格境外机构投资者（RQFII）试点地区扩大到卢森堡，初始投资额度为 500 亿元人民币。

为了体现卢森堡对人民币国际化的关注，卢森堡金融推广署从 2014 年到 2017 年连续举办四届人民币论坛，每次论坛开场都由卢森堡财长发表欢迎演讲体现卢森堡官方的支持。

卢森堡高层与中国货币决策当局就货币合作进行谈判的时间，刚好与德国、法国甚至英国对华保持密切交往的时间重合。尽管伦敦、法兰克福、巴黎、卢森堡均属于不同级别的金融中心，伦敦属于国际一线金融中心、法兰克福与巴黎属于二线、卢森堡属于准二线，但是几个欧洲的金融中心，特别是位于欧元区的法兰克福、巴黎与卢森堡都想在引入人民币业务上不落人之后。三个成员国之间的金融中心竞争也间接加速了三个成员国甚至欧洲央行与中国的货币合作进程。卢森堡大公、王储、首相、副首相和财政部长多次访问中国，与中国国家主席、国务院总理和中国人民银行行长讨论英国“脱欧”的金融影响和卢森堡国际金融中心建设的问题，双方都将人民币离岸业务与金融合作视为卢森堡的重要发展方向。

---

① Luxembourg for Finance, http://www.gov.cn/xinwen/2014 - 06/29/content_2709682.htm，上网时间：2019 年 1 月 6 日。

② Luxembourg for Finance, http://www.luxembourgforfinance.com/en/news/luxembourg - central - bank - and - pboc - announce - rmb - clearing - bank，上网时间：2019 年 1 月 6 日。

③ 中国人民银行官网，http://www.gov.cn/xinwen/2014 - 09/16/content_2751440.htm，上网时间：2019 年 1 月 6 日。

第三节　卢森堡人民币业务发展现状

至今，卢森堡依然位于全球领先的国际金融中心行列。至2019年底，卢森堡金融中心拥有来自27个国家的125家国际银行落户此地；私人银行资产管理达3950亿欧，卢森堡发行的基金分布到全球70个国家；投资基金管理总额达4.8万亿，是欧洲第一、全球第二投资基金管理中心；资本市场方面，卢交所共发行了36000多种可交易证券；可持续金融方面，卢森堡是世界上最大的绿色债券发行地，卢森堡的责任投资基金占欧洲总量的35%。

中国业务发展方面，中国七大行包括招商银行、中国银行、交通银行、工商银行、光大银行、农业银行、建设银行均先后落户卢森堡，投资中国大陆的基金中31%属于来自卢森堡注册的基金，而欧洲投资大陆的基金中发行于卢森堡的达79.6%。卢森堡还是欧洲RQFII基金的主要注册地。① 卢森堡作为全球最大的绿债发行中心，卢交所与深圳证券交易所于2017年3月共同推出了CUFE－CNI绿色债券指数系列。这是首个在中国和欧洲之间提供同步报价的中国绿色债券指数。② 截至2018年5月，卢森堡绿色交易所上显示了23家中国发行人的绿色债券，占平台上显示的所有绿色债券的13%。③

从人民币业务上来看，卢交所目前是全世界领先的点心债发行地，如图7—1所示，在卢森堡上市的点心债长期以来一直被国际交易者和投资者认可为高质量的债券品牌。截至2017年5月，卢交所发行了106种点心债券，总发行额为343亿元人民币。④ 2018年间，

---

① LFF，*China Business*，pp. 6－7.

② LFF，China Business，p. 51.

③ LFF，*China Business*，p. 48.

④ LFF，*China Business*，p. 51.

卢交所以 26% 的全球市场份额超过香港，成为全球最大的点心债券上市地。[①] 至 2019 年 6 月，卢交所已发行超过 210 种“点心”债券，这些债券受到寻求以人民币发行债券的投资者的欢迎。卢森堡在全球点心债券市场中的份额超过 1/4，领先于英国等竞争对手。[②] 卢森堡在人民币支付结算业务上远落后于其他人民币离岸中心，只占到 0.4%，[③] 但是在人民币资产管理方面，卢森堡占据主导地位。

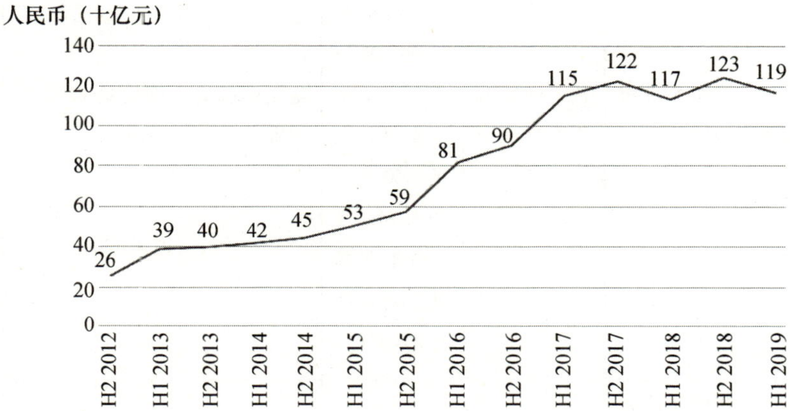

图 7—1 2012－2019 年卢森堡发行的点心债数量

资料来源：LFF，*China Business*，p. 46。

当前，投资中国资本市场的官方渠道包括合格境外机构投资者、人民币合格境外机构投资者、沪港通、深港通、债券通、中国银行家债券市场等，不同的投资渠道对投资者、监管标准、投资配额分配、可用投资项目和币种都有不同规定。

卢森堡金融业目前提供了一系列可被 QFII 和 RQFII 额度持有者

① LFF，https：//www. luxembourgforfinance. com/en/financial－centre/renminbi－business/，February 16，2021.

② Financial Times，Luxembourg strengthens status as offshore renminbi centre，https：//www. ft. com/content/9ac5f2c2－3ab0－4d77－8b49－4eb266767610，Sept. 15，2020.

③ SWIFT，RMB Tracker，January 2021，p. 5.

表 7—5 投资中国的渠道细分

	合格境外机构投资者	人民币合格境外机构投资者额度	沪港通/深港通	债券通	中国银行间债券市场
合格投资者	选定的机构投资者	选定的机构投资者	内地的 SSE/SZE 成员进行南向交易。个人投资者的现金和证券账户中至少必须有人民币 50 万元的余额；所有香港和海外投资者进行北向交易	选定的机构投资者	选定的机构投资者
监管批准	中国证监会牌照			监管批准	中国证监会牌照
配额	分配给每个投资者	分配给每个区域	适用于整体市场	无	无
可使用投资	在上交所/深交所证券投资基金中上市的所有证券，包括封闭式、开放式和 ETF 权证，指数期货。IPO、FX 衍生品（仅用于对冲目的）及其他	在上交所/深交所证券投资基金中上市的所有证券，包括封闭式，开放式和 ETF 权证，指数期货，IPO 和其他	精选 A 股和 H 股	所有现金债券	中国人民银行允许的现金债券和其他产品

续表

	合格境外机构投资者	人民币合格境外机构投资者额度	沪港通/深港通	债券通	中国银行间债券市场
投资货币	美元或其他外汇（在岸转换为人民币）	离岸人民币（CNH）	离岸人民币（CNH），港元和美元	离岸人民币（CNY）/离岸人民币（CNH）	离岸人民币（CNY）/离岸人民币（CNH）

数据来源：Asia Securities Industry & Financial Markets Association，转自：Luxembourg for Finance，China Business，p. 31。

使用的人民币投资工具，包括可转让证券集体投资承诺书[①]（Undertaking for Collective Investment in Transferable Securities，UCITS）、另类基金[②]（AIFs or Part II fund，Alternative funds）、专业投资基金[③]（Specialised investment funds，SIF）、风险资本投资公司[④]（The risk capital investment company，SICAR）、管理企业资产的有效工具[⑤]

① 可转让证券集体投资承诺书，该术语指的是1985年12月20日的欧盟指令85/611/CE，其目的是为零售投资基金建立单一的欧洲市场，同时又要确保高水平的投资者保护。卢森堡是第一个实施UCITS指令的国家。UCITS，简单而言，就是符合本国UCITS要求的基金，即可在整个欧盟发行，一般被认为是符合较高监管要求的基金。

② 另类基金，包括所有不在UCITS指令范围内的投资基金，例如对冲基金、对冲基金的基金、风险资本和私募股权基金以及房地产基金。过去，另类投资基金一般是根据《零售投资基金法》（non UCITS）的第二部分创建的，所以英文又称为Part II fund。

③ 专业投资基金，其特点在于投资政策的灵活性和较宽松的监管制度。SIF可以投资于任何类型的资产，也可以发行无限数量的不同股票类别，从而能根据特定目标投资者的需求和偏好量身定制每种股票类别。

④ 风险资本投资公司，其成立是为了给私人股本和风险资本投资提供量身定制的工具。SICAR的投资需要满足两个标准：它们必须是机会主义的或高风险的（这可能是由于流动性差，因为公司没有上市），必须有潜在的发展公司的意图。第二个标准可以通过许多不同的方式来满足，例如重组、现代化、产品开发或旨在改善资源配置的措施。

⑤ 管理企业资产的有效工具是一种有效的管理企业控股的工具。它也是融资和持有风险资本和私人股本投资的首选工具，从事的所有商业活动都要缴纳公司所得税和增值税。

(Soparfi financial participation company)、预留另类投资基金[①] (The Reserved Alternative Investment Funds, RAIF), 如表7—5所示。

比如，投资者可以使用中国有关部门授予其经理的RQFII配额来投资中国A股，也就是在中国证券交易所交易的中国大陆公司的股份，通过UCITS工具，最多可将净资产的100%投资于中国A股。截至2019年第二季度末，卢森堡有27家RQFII基金注册资产，管理资产总额超过51亿欧元。其中，大多数基金使用的是卢森堡以外实体如新加坡、中国香港或英国所获的RQFII配额。另外，作为QFII和RQFII的替代方案，卢森堡金融监管机构CSSF已于2014年11月28日，首次批准卢森堡UCITS通过“沪港通”进行交易。[②]

现在的卢森堡依然是投资中国大陆的最大投资基金地、领先的RQFII基金中心和点心债上市中心。卢森堡证券交易所是中国公司针对欧洲大陆市场发行离岸人民币债券的良好平台，也为欧洲和全球投资者搭建了人民币离岸市场与在岸市场之桥。卢森堡抓住了中国人民币国际化的机遇，推动与中国的货币合作进度。

卢森堡充分利用自身欧洲大陆交易所优势地位和长期以来耕耘人民币业务的专业性，开创了一条专注于人民币金融投资的道路。卢森堡“船小好掉头”，通过组织动员回应人民币的政策吸引，持续加强自身人民币离岸投资业务的能力。尽管受中美关系摩擦和全球疫情影响，导致2020年以来卢森堡注册基金对中国的投资有所下降。[③] 但同样是领先的国际金融中心，卢森堡在与中国建立金融合作和开展人民币业务时，既不会像巴黎、法兰克福可能会受到地缘政

---

① 预留另类投资基金，2016年7月23日卢森堡通过了备用另类投资基金（RAIF）法，设立了这种新的投资工具。RAIF基于SIF和SICAR制度，但不受CSSF的授权或监督。由于它符合另类投资基金经理指令（AIFMD），也可在欧洲各地分发。参见：LFF, China Business, p. 41。

② LFF, China Business, pp. 32 - 38.

③ ISS Markt Intelligence.

治影响，也不像伦敦会受到“英美特殊关系”的牵累①。这是卢森堡现在和未来的人民币合作中都充满优势的一个重要原因。

小 结

作为一个发达的金融中心，卢森堡国内经济严重依赖金融产业。但是金融危机的爆发和国际监管环境的变化，使卢森堡重新思考危机后的国家发展战略：卢森堡在继续依赖金融业的同时，既要降低国内经济对金融业的依赖，又要促进金融业的多样化。卢森堡金融战略转型的核心目的是通过降低对金融业依赖和促进金融多样化，降低本国金融脆弱性。中国发起的人民币国际化因此被卢森堡政府视作促进金融多样化的重要机遇。因此，卢森堡大公、财政部和金融推广署均参与到这个过程，在建立人民币合作、引入人民币基础设施的同时，继续巩固未来与中国的金融合作。简言之，金融中心利益是驱动卢森堡与中国建立货币合作的本质原因。中卢货币合作呈现出明显的财政部主导、各方共同协作的特点。鉴于卢森堡国际一流的资产管理和私人基金中心地位，点心债、RQFII 和人民币投资基金成为卢森堡的人民币核心业务。

① Financial Times, Luxembourg strengthens status as offshore renminbi centre, https://www.ft.com/content/9ac5f2c2-3ab0-4d77-8b49-4eb266767610, Sept. 15, 2020.

结　　论

一、研究总结

货币国际化在近年越来越受到国际政治的关注。货币国际化的条件既要从国际货币发行国的角度，又需要从合作方的角度来考虑。除了需要关注支持货币国际化的经济因素，也需要研究影响货币国际化的政治因素。那些尤其受政治因素影响其国际化程度的国际货币是协商货币，其政治特点是辨别协商货币类型的必要条件。协商货币的发行国和合作方会进行讨价还价的政治经济协商。当一种协商货币崛起时，发行国通过政策吸引为愿意支持本币的行为提供不同的经济、金融利益；对政策吸引提供的经济、金融利益需求越大的国家，越倾向于与发行国建立货币合作、支持发行国的国际货币。

人民币的国际化进程是一个地位不断上升的协商货币的政策吸引过程。中国通过政策吸引欧洲国家对人民币的支持，欧元区国家和欧洲央行根据自身条件和需求，回应这些政策吸引。欧元区不同国家的内部政治制度，又影响了决策实体对人民币合作的回应方式与效率。人民币各合作项目作为政策吸引的渠道，向欧元区合作决策主体提供了各种好处，主要分为降低结算成本的实体经济好处和促进金融业发展的金融好处。欧元区内部的欧洲央行、德国、法国、卢森堡根据自身对这些利益好处的实际需求，在不同主体的推动下建立了人民币合作项目如双边本币互换、人民币贸易结算、境外清算机制、RQFII 等，以回应中国的政策吸引。

欧元区国家与中国货币合作的案例，验证了本书的研究假设，即协商货币的政策吸引可以推动货币合作，对政策吸引的收益需求更强的国家倾向与中国高效建立货币合作。书中通过案例比较研究和访谈方法，考察了欧元区不同合作决策实体与人民币合作的深层动力。欧洲央行与中国人民银行的本币互换协议，一方面，中国与欧元区之间庞大的经贸、投资体量成为中欧本币互换协议建立的市场前提。因此市场的发展决定欧元区必须要设置好人民币流动性安全网，避免欧元区出现人民币流动性不足而导致内部系统性金融风险。另一方面，将建立本币互换协议视为关乎自身重大利益的成员国如法国、德国，通过其政府向欧洲央行管理委员会施压，积极推动中欧本币互换协议的高效落实。

欧元区的三个成员国德国、法国、卢森堡，虽然政治体制、经济模式和国家实力不同，但均与中国实现了货币合作的达成。它们合作的相似点在于，都是在欧洲央行与中国人民银行签订本币互换协议之后，于 2014—2015 年与中国建立了人民币合作的相关项目。

表 1　2014—2015 年欧元区三国与中国货币合作的相似性

签约机构	RQFII	人民币清算机制
德国央行	2014 年 7 月 授权 RQFII 额度	2014 年 3 月签订人民币清算合作备忘录 2014 年 6 月设立境外人民币清算行
法国央行	2014 年 3 月 授权 RQFII 额度	2014 年 6 月签订人民币清算合作备忘录 2014 年 9 月设立境外人民币清算行
卢森堡央行	2015 年 4 月 授权 RQFII 额度	2014 年 6 月签订人民币清算合作备忘录 2014 年 9 月设立境外人民币清算行

资料来源：中国人民银行《2018 年人民币国际化报告》。

第一，中德货币合作是地方政府主导推动，由德国工商业组织、人民币倡议小组、德国央行和联邦政府高层协助推动的。人民币的政策吸引可促进中德双边贸易结算、法兰克福金融中心发展和提升德国整体的实体经济利益。德国联邦政府认为中德货币合作有利于德国实体经济发展，在人民币合作过程中主要发挥了背书作用。法兰克福怀有建设全球金融中心的愿景，自 2013 年开始，黑森州地方政府作为法兰克福金融中心所在地，在整个中德货币合作过程中发挥了主导者角色，通过 2013 年的连续多次访华向中国政府表达法兰克福金融中心的雄心，并在合作项目中联合德国工商业组织积极奔走。多方推动下的法兰克福成为重要的人民币贸易结算中心。

第二，与德国不同，法国政府在中法货币合作中发挥了主导者角色。法国总统、财政部长、外交部长均参与其中。法国央行在合作过程中发挥了先锋作用，在一开始即内部施压欧洲央行将本币互换协议纳入优先议程。巴黎欧洲金融市场协会从 2010 年开始就鼓励法国企业在中法之间的贸易中使用人民币结算，并推动中法之间的金融交流。法国政府需要以金融中心建设实现融资需求，进而推动经济增长与社会稳定。巴黎作为首都享受到了法国中央政府的大力支持。法国政府期望人民币合作的政策吸引能保证巴黎金融中心的竞争优势，提升巴黎为法国经济融资的能力，同时保证巴黎在中非经贸关系中发挥结算中心的作用。

第三，卢森堡在与人民币货币合作之前已属于国际一流的专业性金融中心。金融危机后，面对国际金融监管压力和长远发展要求，卢森堡回应与人民币长期合作的收益，提升金融多样性，发展人民币离岸投资中心、RQFII 基金中心和人民币债券交易中心。作为仰仗金融业生存的欧洲小国，卢森堡动员了大公、政府财政部和金融推广署等重要力量，支持卢森堡金融中心建设和人民币产品发展。人民币的政策吸引是卢森堡金融多样化的重要机遇。

表 2 欧元区三国与中国货币合作的不同动力及发展比较

	德国	法国	卢森堡
政治体制	管理联邦制议会制 地方分权	单一制半总统制 中央集权	君主立宪制议会制 大公国
经济金融特点	•世界第三大出口国 •中国连续多年是第一大进口来源国 •双边贸易结算量大 •法兰克福金融中心 •金融促进实体经济	•经济发展问题 •稳定就业问题 •巴黎金融中心 •中非贸易结算平台	•世界第二大资产管理中心 •人民币投资基金中心 •欧洲 RQFII 注册地 •人民币债券发行中心 •绿色债券发行中心
主要推动者	黑森州地方政府 德国工商业联合会 人民币倡议小组 德国联邦政府 德国央行	法国政府 法国央行 巴黎欧洲金融市场协会	卢森堡政府 卢森堡金融推广署
人民币存款（2016 年）*	120 亿人民币	300 亿人民币	640 亿人民币
人民币贷款（2016 年）*	150 亿人民币	280 亿人民币	540 亿人民币
RQFII 额度 **	800 亿人民币	800 亿人民币	500 亿人民币
人民币清算行	中国银行 法兰克福分行	中国银行 巴黎分行	中国工商银行 卢森堡分行
该国外汇日均交易总量，人民币外汇日均交易量；及占比（2016/2019 年）***	1163/1244 亿美元 15.78/8.14 亿美元 1.36%/0.65%	1806/1671 亿美元 10.45/19.29 亿美元 0.58%/1.15%	368/576 亿美元 1.28/1.86 亿美元 0.35%/0.32%

续表

	德国	法国	卢森堡
在与中国内地/中国香港的商业支付中人民币使用占比（2017 年）****	>16%	>56%	>20%
人民币跨境收付全球占比（2017 年）**	5.6%	<1%	<1%
离岸人民币经济体支付权重排名（2017 年/2019 年）****	9（0.68%）/ 9（0.79%）	7（1.55%）/ 7（1.46%）	10（0.35%）/ 13（0.36%）

资料来源：根据以下公开资料整理制作：①

* 法国驻华大使馆巴黎欧洲金融市场协会 2016 年报告。

** 中国人民银行《2018 年人民币国际化报告》。

*** 国际清算行 BIS 三年期中央银行外汇和场外衍生品市场 2016 年、2019 年调查报告。

**** 环球同业银行金融电信协会 SWIFT *RMB Tracker*，2016—2019 年报告。

关注合作方对货币政策吸引的实际回应是重要的。因为“我们可以把马拉到河边，但不能硬让它低头喝水”。② 通过对欧元区主要国家与中国货币合作的实证研究，我们考察了实体经济主导的国家和金融市场主导的国家对人民币政策吸引的回应，也展现了不同政

① 中国人民银行：《2018 年人民币国际化报告》；国际清算行：*Triennial Central Bank Survey of foreign exchange and OTC derivatives markets in* 2016 – 2019，https：//www. bis. org/publ/rpfx16. htm，https：//www. bis. org/statistics/rpfx19_fx_annex. pdf；法国驻华使馆：*Paris*，*the only* “*Global City*” *of the European Union*，*on a par with London*，https：//cn. ambafrance. org/IMG/pdf/europlace. pdf；SWIFT，*RMB Tracker*，Sep. 2016；Jan. 2018；Jul. 2019。

② Benjamin J. Cohen，*Renminbi Internationalization*：*A Conflict of Statecrafts*，p. 11.

治体制的国家对于货币合作方式的影响。中外学者对人民币国际化与货币合作程度的测量是重要的，但若只把这些合作项目作为测量指标划为1或0，便不能看到合作签订背后双方所做出的重要而持续的努力。因此，我们需要深入到合作方内部，考察不同的政治体制、经济模式和推动主体在人民币政策吸引中的收益需求和推动过程。

总结而言，本书的创新点：一是从货币合作方的角度，分析了人民币合作对象国对货币合作和人民币作为协商货币崛起的影响。人民币国际化的已有研究，很少深入讨论合作方的动力和条件。本书将补充这一点，进一步推动货币合作与货币政治研究的深入开展。二是在将协商货币的理论框架用于人民币国际合作讨论的同时，通过对欧洲央行、德国、法国、卢森堡与中国货币合作的深入案例研究，验证了本书的研究假设，并提供了一些货币合作研究的案例实证材料。三是研究资料的创新，本书采用了访谈方法和一手研究资料分析的方法。既深入到欧洲央行、德国央行、法国央行内部进行面对面访谈，又从欧盟委员会、欧洲投资银行、黑森州地方政府、巴黎欧洲市场协会、人民币倡议小组、卢森堡金融推广署等主体角度，把握货币合作决策的结构背景和推动主体。

二、政策启示

虽然中国与欧元区不同成员国和货币决策主体比较顺利地建立了货币合作，但是，未来依然存在可能影响中欧货币合作以及人民币在欧洲进一步提升国际化程度的因素。

首先，从中国方面来说，短期来说，中欧金融合作制度框架、监管体系需要尽快设计完善，而且，人民币应开发出更多金融投资产品供欧洲投资者选择。另外，也需要加大对欧洲中小企业的宣传，提高它们对人民币贸易结算好处的广泛认知，顺便也提高人民币金融产品知名度。长期来讲，由于中国国内汇率和利率政策改革、经济改革以及深度发达的金融市场改革尚没有完成，中国尚不能完全放开资本账户和资本流动管制，这就在客观上阻碍了人民币在境外的流通。如果国外投资者依然很难获得人民币，那么人民币真正自由走出国门还有一段路要走。而且，不可否认的是，中国国内改革的反复和近些年中国经济增速预期的下调也影响了欧洲投资者对人民币资产的兴趣。因此，资本账户、资本流动管制和中国经济前景下调依然是现在甚至未来影响人民币在欧洲进一步提升使用度的现实阻碍。对此，中国需要做的是加速国内经济改革，尽快实现弹性汇率机制和利率自由化改革以及建立一个深度发达的金融市场，实现资本账户开放和资本自由流动，在提升国际投资者对中国人民币信心的同时，助益人民币在国际的使用和受欢迎程度。

其次，从欧洲方面来说，欧盟委员会于 2018 年提出的“欧元国际化”倡议及后续一系列操作体现了欧盟对欧元在国际能源领域发挥国际货币功能的抱负，这当然会与同样有志于成为能源计价货币的人民币形成不可避免的竞争。从德国角度来说，德国的金融监管依然严于法国、卢森堡、英国等国，这是法兰克福金融中心和当地人民币业务发展不敌其他欧洲金融中心的一个客观因素。此外，德国虽然在全球高尖端机械制造领域一直占据优势地位，但是德国的数字化建设较之其他国家显得相对落后。而数字化建设的推迟会影响德国数字经济、金融科技发展，也会影响德国未来人民币金融科技业务的竞争力。从法国来看，法国虽然非常擅长以市场营销和路演的方式吸引金融机构迁往巴黎，但是法国政治中一些不稳定因素却严重威胁着巴黎金融中心的外在吸引力和相应的巴黎人民币离岸中心发展。首先，法国财政政策的不可持续和相对其他欧洲国家更高的企业税、对金融机构更高的雇员福利要求，使法国难以在本质上大力改善巴黎金融营商环境和吸引众多金融机构在巴黎落址；其次，法国因其过于讨好选民的福利政策造成选民的“惯性索取”和不断的示威游行，比如近两年一直陆续不断的“黄背心”运动，一方面损害了法国社会稳定的形象，另一方面也降低了国际投行家和金融机构对法国政治领导人的治理信心。因此，针对欧洲方面的问题，只能寄望于德国未来能够放松对国内金融市场的严监管、加速本国数字化基础设施建设；法国则能够在加速本国财政改革的同时，努力维持国内的社会稳定，通过实施一些提升本地金融营商环境的措施，提高法国财政政策的吸引力，促进巴黎人民币业务勃发；卢森堡则需要在加强金融监管的同时，继续保持卢森堡金融中心的吸引力，保证本土金融中心未来在人民币业务中的竞争力。

总结而言，欧洲对于未来中欧货币合作的希望可以归为以下几点：

第一，欧元区不同成员国和货币决策主体在此次货币合作中已经明显表现出，它们希望中国能够为不同欧洲合作主体提供均衡的人民币离岸中心建设支持。这也是我们看到德国、法国、卢森堡在签署相应的人民币合作协议上日期如此接近的原因。可以说，中国在2014—2015年的密集货币合作中已经特别照顾了每个成员国的利益，有的国家第一个拿到RQFII，有的国家则首先签下人民币清算备忘录。未来，中国政府在后继中欧货币合作中一定会继续照顾每个合作方的需求与利益。

第二，欧洲也希望中国能够继续加速国内全面市场化经济改革，放开资本账户和资本流动管制，更方便地在欧洲获取人民币。

第三，欧洲还希望中国能够提高政策透明度，为欧盟私人部门的对华业务决策提高确定性。

反过来，中国对欧盟的需求在于：第一，中国希望中欧当前和未来的货币合作能够在本质上提升人民币发挥国际货币功能；第二，中国也希望欧盟和成员国能够一如既往地对人民币未来在欧洲的进一步国际化提供实质支持；第三，中国还寄望于欧洲能够理解现阶段中国实施资本管制政策的必要性。

这样，对比中国和欧盟之间对彼此的希望和需求，我们发现两者之间存在这样的期望—现实落差：欧洲希望中国尽快放开资本管制，促进人民币业务和本地金融中心繁荣，但是中国资本管制还是有继续实施的必要，所以人民币国际化只能循序而渐进地开展。

针对以上未来中欧货币合作可能出现的问题和需求落差。本书提出四条相关政策建议：中欧还需要设置更多有效的金融、货币协作、沟通框架，完善对话框架设计；注意提升双方在金融、货币合作中的沟通质量，提高相互理解度；中国需要专注、坚定于国内经济改革道路，稳健、高效地实现一系列满足资本账户开放和资本自由流动的条件，最终达到人民币的海外无障碍流通和欧洲人民币离岸中心繁荣；欧盟应正视中国现实需求，降低对中国的一时过高要求和对中欧合作展现更多的耐心和信心。

三、对推进本币国际化的再思考

人民币国际化发生在国际金融危机爆发之后，是中国为解决国内经济挑战、降低对美元依赖和经济脆弱性的必然途径。在当前中美贸易争端背景下，一方面恶化了中国和世界上其他国家的经济环境，另一方面却又因为经济环境的恶化，刺激了其他国家选择人民币作为避险货币的需求。拖了3年尚决的英国“脱欧”，既增添了国际局势的不确定性，使国际经济未来更加前途渺茫，又因为这种“脱欧”的不确定性，而加强了欧元区法兰克福、巴黎、卢森堡等金融中心之间的竞争，给予伦敦之外的欧洲大陆金融中心难得一遇的发展、壮大的机遇。对于中国来说，这些既是危又是机。

国际货币体系中，美元依然是世界上独一无二的主导货币。但是，金融危机的爆发和美国在金融危机中“利己”的货币政策，已经大大地透支了全世界公共部门、私人部门对美元的信任。人民币国际化的发起，一方面可以为其他国家在国际贸易、投资中提供多样化计价、结算、储备货币的新选择，降低汇率和投资风险；另一方面又能为中国的贸易伙伴国扩大与中国经贸往来的机会与红利。可以说，人民币国际化对于面临国内外挑战的中国来说，生逢其时。对于其他国家和货币决策实体来说，与中国建立人民币合作，也是继改革开放后再一次搭中国便车、获取需要的实体经济和金融利益、实现国内政策目标的重要机遇。

回到事实，当前人民币国际化处于初级阶段，中国政府利用政治方式推动人民币的国际化是不可缺少的。在双边关系正常的前提下，中国向潜在合作方发出可提供实体经济、金融利益的政策吸引，外国政府或其他货币合作决策实体会根据自身需要，回应这种政策吸引。并通过建立货币合作，一方面获得需要的利益好处，另一方面又为人民币的国外使用搭建好必要的金融基础设施。因此，基于本书的研究，高效的政策吸引和实际的利益好处是其他国家货币决策实体支持人民币合作的关键所在，也是人民币国际化初级阶段提升人民币国际使用的必要政治途径。

研究货币的政治经济问题是重要的，因为金融始终是一种强大的结构性权力。[①] 人民币的国际化进程将涵盖更多协商货币的政策吸引与合作方的回应过程。本研究将进一步推动人民币国际化背景下的货币合作深度分析。关注合作方在货币政治中的合作动力与实际需求，应当成为货币政治经济分析的重要方向。

---

① Susan Strange, *States and Markets: An Introduction to International Political Economy*, New York: Basil Blackwell, 1988.

参考文献

中文文献

报告类

1. 1997—2017 年《中华人民共和国国民经济和社会发展统计公报》。

2. 1997—2017 年全国金融工作会议。

3. 1997—2017 年人大报告。

4. 1996—2018 年政府工作报告。

5. 1996—2018 年中央经济工作会议。

6. 2009—2018 年中国人民银行货币政策委员会例会。

专著类

1. ［德］何梦笔：《秩序自由主义：德国秩序政策论集》，中国社会科学文献出版社 2002 年版。

2. ［德］赫尔曼·西蒙著，张帆等译：《隐形冠军》，机械工业出版社 2015 年版。

3. ［德］马库斯·布伦纳梅尔、［英］哈罗德·詹姆斯、［法］让-皮埃尔·兰多著，廖岷等译：《欧元的思想之争》，中信出版社 2017 年版。

4. ［美］迈克尔·赫德森、［英］凯瑞·布朗、王缉思、韦森等:《中国未来三十年 III: 重塑梦想与现实》，中央编译出版社 2013 年版。

5. 风笑天:《社会研究方法》，中国人民大学出版社 2009 年版。

6. 徐奇渊、杨盼盼、熊爱宗:《全球经济和中国经济: 穿越无人区》，中国社会科学出版社 2018 年版。

7. 马骏、管涛等:《利率市场化与货币政策框架转型》，中国金融出版社 2018 年版。

8. 厉以宁、吴敬琏:《三去一降一补: 深化供给侧结构性改革》，中信出版集团 2017 年版。

论文类

1. ［法］理查德·德·罗斯:《使用人民币为非洲带来成本效率优势》，载《金融时报》2018 年 8 月 30 日，第 005 版。

2. ［美］阿吉斯·伯纳斯－奎拉、代米恩·坎佩尔:《应尽快让人民币加入 SDR》，欧洲智库，CEPII，Document De Travail。

3. ［美］阿兰 M. 泰勒:《国际货币体系的稳定需要人民币国际化》，“人民币国际化”研讨会会议论文，2011 年 10 月 31 日—11 月 1 日。

4. ［美］麦考利·罗伯特:《在资本项目管制的背景下推动人民币国际化》，“人民币国际化”研讨会会议论文，2011 年 10 月 31 日—11 月 1 日。

5. ［美］杰佛里·富兰克:《人民币国际化的前景》，“人民币国际化”研讨会会议论文，2011 年 10 月 31 日—11 月 1 日。

6. ［日］伊藤隆敏:《人民币国际化的路线图》，“人民币国际化”研讨会会议论文，2011 年 10 月 31 日—11 月 1 日。

7. 程勇:《建设差异化欧元区人民币离岸中心》，载《中国金融》2014 年第 20 期。

8. 崔洪建:《中国—欧盟关系的结构性变化及前景》，载《国际问题研究》2018 年第 1 期。

9. 邓敏:《论欧洲人民币离岸金融中心建设发展趋势及政策建议》,载《海南金融》2013 年第 11 期。

10. 丁纯、瞿黔超:《金融危机对德国经济与社会的影响以及德国的对策》,载《德国研究》2009 年第 2 期。

11. 丁一凡:《货币金融合作:寻找中欧战略合作的新武器》,载《中国经营报》2005 年 5 月 9 日。

12. 法国驻华大使馆:《法国经济和财政部部长皮埃尔·莫斯科维奇访华》2013 年 11 月 26 日。

13. 法国驻上海总领事馆:《巴黎欧洲金融市场协会在上海》2019 年 1 月 17 日。

14. 冯存万:《多重危机视角下的欧盟政策调整及中欧关系》,载《国际展望》2018 年第 6 期。

15. 冯仲平:《改革开放 40 年的中欧关系》,载《国际论坛》2019 年第 2 期。

16. 冯仲平:《中欧关系"大年"要有"大考"意识》,载《现代国际关系》2020 年第 1 期。

17. 高程:《从中国经济外交转型的视角看"一带一路"的战略性》,载《国际观察》2015 年第 4 期。

18. 高海红:《人民币成为国际货币的前景》,载《世界经济与政治》2010 年第 9 期。

19. 高海红、余永定:《人民币国际化的含义与条件》,载《世界经济与政治》2010 年第 1 期。

20. 高洪民:《人民币国际化与上海国际金融中心互促发展的机理和渠道研究》,载《世界经济研究》2010 年第 10 期。

21. 何帆、张斌、张明、徐奇渊:《香港离岸人民币金融市场的现状、前景、问题与风险》,载《国际经济评论》2011 年第 3 期。

22. 何东、马骏:《人民币跨境使用与香港离岸人民币中心发展》,载《中国金融》2011 年第 16 期。

23. 何东、马骏:《消除对人民币国际化的误解》,载《中国经济观察》2011 年第 7 期。

24. 胡华锋:《中国货币互换协议的动因分析》,载《国际金融》2012 年第 6 期。

25. 胡琨:《欧元区最后贷款人机制的制度创新》,载《欧洲研究》2012 年第 6 期。

26. 胡琨:《国际金融危机背景下德国银行体系刍议——功能结构主义的视角》,载《欧洲研究》2016 年第 4 期。

27. 黄海洲:《人民币国际化:新的改革开放推进器》,载《国际经济评论》2009 年第 4 期。

28. 黄河:《公共产品视角下的“一带一路”》,载《世界经济与政治》2015 年第 6 期。

29. 江若尘、陆煊:《中国(上海)自由贸易试验区的制度创新及其评估——基于全球比较的视角》,载《外国经济与管理》第 36 卷第 10 期。

30. 焦武:《上海自贸区金融创新与资本账户开放——兼论人民币国际化》,载《上海金融学院学报》2013 年第 6 期。

31. 金刻羽:《告别浮动汇率恐惧症》,载《财新周刊》2017 年第 1 期。

32. 金玲:《“一带一路”:中国的马歇尔计划?》,载《国际问题研究》2015 年第 1 期。

33. 金玲:《“主权欧洲”、新冠疫情与中欧关系》,载《外交评论》2020 年第 4 期。

34. 李稻葵:《人民币应加快推进国际化》,载《人民日报海外版》2006 年 6 月 30 日第 005 版。

35. 李稻葵、刘霖林:《双轨制推进人民币国际化》,载《中国金融》2008 年第 10 期。

36. 李稻葵、刘霖林:《人民币国际化:计量研究及政策分析》,载《金融研究》2008 年第 11 期。

37. 李稻葵、李丹宁:《中美贸易顺差:根本原因在哪里?》,载

《国际经济评论》2006 年第 5 期。

38. 李稻葵：《突破中等收入陷阱的路线图》，载《经济研究》2014 年第 1 期。

39. 李稻葵：《关于供给侧结构性改革》，载《理论视野》2015 年第 12 期。

40. 李扬、余维彬：《人民币汇率制度改革：回归有管理的浮动》，载《经济研究》2005 年第 8 期。

41. 李仁真、杨心怡：《中欧货币互换协议的法律分析与政策思考》，载《武汉大学学报》第 67 卷第 4 期，2014 年 7 月。

42. 李扬、余维彬、曾刚：《经济全球化背景下的中国外汇储备管理体制改革》，载《国际金融研究》2007 年第 4 期。

43. 李曦晨、张明、朱子阳：《资本流动视角的人民币国际化：套利还是基本面驱动?》，载《世界经济研究》2018 年第 2 期。

44. 李永宁、郑润祥、黄明皓：《超主权货币、多元货币体系、人民币国际化和中国核心利益》，载《国际金融研究》2010 年 7 月。

45. 李巍：《制衡美元的政治基础——经济崛起国应对美国货币霸权》，载《世界经济与政治》2012 年第 5 期。

46. 李巍、朱艺泓：《货币盟友与人民币的国际化》，载《世界经济与政治》2014 年第 2 期。

47. 李巍：《人民币崛起的国际制度基础》，载《当代亚太》2014 年第 6 期。

48. 李巍、朱红宇：《货币伙伴外交与人民币崛起的战略支点国》，载《外交评论》2015 年第 1 期。

49. 李巍：《伙伴、制度与国际货币——人民币崛起的国际政治基础》，载《中国社会科学》2016 年第 5 期。

50. 李巍、朱红宇：《外交关系与人民币离岸市场的发展》，载《世界经济与政治》2017 年第 9 期。

51. 林乐芬、王少楠：《“一带一路”建设与人民币国际化》，载《世界经济与政治》2015 年第 11 期。

52. 刘东民、李远芳:《中英通过金融合作推动人民币国际化和“一带一路”建设的策略选择》,中国社科院世界经济与政治研究所2017 年 2 月 24 日。

53. 刘建丰、潘英丽:《人民币国际化的成功标志及其可行路径——一个“有保有压”具有中国特色的推进策略》,载《国际经济评论》2018 年第 2 期。

54. 刘明礼:《人民币国际化在欧现状与发展趋势》,载《现代国际关系》2016 年第 8 期。

55. 刘明礼:《论欧洲的“去美元化”》,载《现代国际关系》2016 年第 1 期。

56. 刘作奎:《2020 中欧关系的新变化及其前景》,载《人民论坛》2020 年 9 月下。

57. 路风、余永定:《“双顺差”、能力缺口与自主创新——转变经济发展方式的宏观与微观视野》,载《中国社会科学》2012 年第 6 期。

58. 刘玮:《国内政治与货币国际化:美元、日元和德国马克国际化的微观基础》,载《世界经济与政治》2014 年第 9 期。

59. 马骏、管涛:《利率市场化与货币政策框架转型》,载《中国金融》2018 年第 2 期。

60. 马建英:《美国对中国“一带一路”倡议的认知与反应》,载《世界经济与政治》2015 年第 10 期。

61. 裴长洪、付彩芳:《上海国际金融中心建设与自贸区金融改革》,载《国际经贸探索》2014 年 11 月第 11 期。

62. 彭浩东、黄东风:《人民币国际化、汇率变动与人民币 FDI 关系研究》,载《南京审计大学学报》2019 年第 2 期。

63. 施美白、熊炜:《中欧战略伙伴关系的认知差异》,载《公共外交季刊》2014 年夏季号第 5 期。

64. 孙丹:《货币依赖与人民币离岸市场的战略支点选择》,载《世界经济与政治》2017 年第 3 期。

65. 宋爽、王永中:《中国对“一带一路”沿线国家金融支持的特征、挑战与对策》,中国社科院世界经济与政治研究所2017年5月12日。

66. 田丰、徐建炜、杨盼盼、茅锐:《全球失衡的内在根源——一个文献综述》,载《世界经济》2012年第10期。

67. 田野、张晓波:《国家自主性、中央银行独立性与国际货币合作——德国国际货币政策选择的政治逻辑》,载《世界经济与政治》2012年第1期。

68. 屠晶:《人民币国际化进程中离岸金融市场发展研究》,载《金融论坛》2011年第12期。

69. 王国刚:《人民币国际化的冷思考》,载《国际金融研究》2014年第4期。

70. 王雅琦、谭小芬、张金慧、卢冰:《人民币汇率、贸易方式与产品质量》,载《金融研究》2018年第3期。

71. 文史哲、孙闻:《中欧货币互换加速人民币国际化进程》,载《中国信息报》2013年10月16日第006版。

72. 吴舒钰、李稻葵:《货币国际化的新测度——基于国际金融投资视角的分析》,载《经济学动态》2018年第2期。

73. 肖立晟:《如何正确看待人民币汇率波动》,载《解放日报》2015年8月25日第011版。

74. 肖立晟、张明:《克服浮动恐惧、增强汇率弹性》,载《金融评论》2016年第5期。

75. 肖立晟:《人民币汇率升值背后的“羊群效应”》,载《21世纪经济报道》2017年9月12日第004版。

76. 《中行首支三币种气候债在巴黎上市》,新华网,2017年11月29日。

77. 《中华人民共和国和法兰西共和国联合声明》,新华网,2018年1月9日。

78. 徐明棋:《上海自由贸易试验区金融改革开放与人民币国际

化》，载《世界经济研究》2016 年第 5 期。

79. 徐奇渊：《人民币国际化面临的挑战和选择》，载《当代世界》2010 年 7 月。

80. 徐奇渊、何帆：《人民币国际化对国内宏观经济的影响——基于人民币跨境结算渠道的分析》，载《广东社会科学》2012 年第 4 期。

81. 徐奇渊、杨盼盼：《人民币国际化，苦练内功不可少》，载《人民日报》2014 年 7 月 10 日第 023 版。

82. 徐奇渊：《我国政府债务中短期风险与长期风险考量》，载《地方财政研究》2014 年第 11 期。

83. 徐奇渊：《人民币国际化：概念、争论与展望》，载《上海金融》2015 年第 4 期。

84. 徐奇渊、杨盼盼、肖立晟：《“一带一路”投融资机制建设：中国如何更有效地参与》，载《国际经济评论》2017 年第 5 期。

85. 徐奇渊：《人民币汇率走向充分弹性：条件逐步成熟》，中国社科院世界经济与政治研究所 3 月 27 日。原文发于 FT 中文网 2018 年 3 月 21 日。

86. 易纲：《继续深化汇率改革》，载《资本市场》2016 年。

87. 易纲：《中国经济转型和稳健的货币政策》，载《全球化》2018 年第 3 期。

88. 杨帆：《上海自贸区意义究竟何在》，载《南方经济》2014 年第 4 期。

89. 殷剑锋：《人民币国际化：“贸易结算 + 离岸市场”，还是“资本输出 + 跨国企业”？——以日元国际化的教训为例》，载《国际经济评论》2011 年第 4 期。

90. 余永定：《见证失衡——双顺差、人民币汇率和美元陷阱》，载《国际经济评论》2010 年第 3 期。

91. 余永定：《美国经济再平衡视角下中国面临的挑战》，载《金融研究》2010 年第 1 期。

92. 余永定：《再论人民币国际化》，载《国际经济评论》2011年第5期。

93. 余永定、张明：《资本管制和资本项目自由化的国际新动向》，《国际经济评论》2012年第5期。

94. 余永定：《从当前的人民币汇率波动看人民币国际化》，载《国际经济评论》2012年第1期。

95. 余永定、肖立晟：《论人民币汇率形成机制改革的推进方向》，载《国际金融研究》2016年11月。

96. 余永定、肖立晟：《完成“8·11汇改”：人民币汇率形成机制改革方向分析》，载《国际经济评论》2017年第1期。

97. 余永定、肖立晟：《解读中国的资本外逃》，载《国际经济评论》2017年第5期。

98. 张斌、徐奇渊：《汇率与资本项目管制下的人民币国际化》，载《国际经济评论》2012年第4期。

99. 张斌：《香港人民币离岸市场发展的困惑》，RCIF Policy Belief，2011.069，2011。

100. 张骥：《去特殊化的中法战略伙伴关系》，载《世界经济与政治》2013年第12期。

101. 张健：《欧美关系走向及其对中欧关系的影响》，载《现代国际关系》2020年第12期。

102. 张明：《人民币汇率升值：历史回顾、动力机制与前景展望》，载《金融评论》2012年第2期。

103. 张明：《中国国际收支双顺差：演进前景及政策涵义》，载《上海金融》2012年第6期。

104. 张明、贺军：《中国经济去杠杆化的潜在风险》，载《金融研究》2013年第5期。

105. 张明、何帆：《人民币国际化进程中在岸离岸套利现象研究》，载《环球金融》2012年第10期。

106. 张明：《人民币国际化：成就问题与前景》，载《财经》

2021 年 8 月 12 日。

107. 张明：《中国面临的短期资本外流：现状、原因、风险与对策》，载《金融评论》2015 年第 3 期。

108. 张明：《人民币国际化与亚洲货币合作：殊途同归?》，载《国际经济评论》2015 年第 2 期。

109. 张明、王永中：《构建天然气人民币体系的可行性与人民币国际化》，载《上海金融》2018 年第 3 期。

110. 张明、高卓琼：《原油期货交易计价与人民币国际化》，载《上海金融》2019 年第 6 期。

111. 张明：《美国次贷危机的根源、演进及前景》，“全球金融危机：国际影响及其对策”会议笔谈，载《世界经济与政治》2008 年第 12 期，第 6—8 页。

112. 张良悦、刘东：《“一带一路”与中国经济发展》，载《经济学家》2015 年第 11 期。

113. 张曙光：《人民币汇率问题：升值及其成本—收益分析》，载《经济研究》2005 年第 5 期。

114. 张曙光、张斌：《外汇储备持续积累的经济后果》，载《经济研究》2007 年第 4 期。

115. 张宇燕、张静春：《人民币国际化的成本和收益》，载《世界知识》2008 年第 21 期。

116. 张宇燕：《人民币国际化：赞同还是反对?》，载《国际经济评论》2010 年第 1 期。

117. 张宇燕、冯维江：《如何理解中美贸易摩擦》，中国社科院世界经济与政治研究所 2018 年 4 月 25 日。原文首发于《光明日报》2018 年 4 月 24 日。

118. 赵柯：《中欧如何在国际货币体系改革中合作?》，载《现代国际关系》2011 年第 3 期。

119. 赵柯：《货币的政治逻辑与国际货币体系的演变》，载《欧洲研究》2011 年第 4 期。

120. 赵柯:《中欧金融合作:动因、路径与前景——从贸易伙伴迈向全球合伙人》,载《欧洲研究》2016 年第 1 期。

121. 赵柯:《货币国际化的政治逻辑——美元危机与德国马克的崛起》,载《世界经济与政治》2012 年第 5 期。

122. 赵柯:《德国马克的崛起》,中国社会科学院博士学位论文,2013 年。

123. 郑春荣:《德国经济治理中的稳定文化——评〈德国马克和经济增长〉》,载《欧洲研究》2013 年第 1 期。

124. 郑春荣:《德国在中欧关系中的角色》,载《欧洲研究》2015 年第 3 期。

125. 郑春荣:《欧洲政治碎片化与中欧关系走向》,载《当代世界》2020 年第 6 期。

126. 周弘:《中国与欧洲关系 60 年》,载《欧洲研究》2009 年第 5 期。

127. 周俊仰、汪勇、韩晓宇:《去杠杆、转杠杆与货币政策传导——基于新凯恩斯动态一般均衡的研究》,载《金融理论与政策》2018 年第 5 期。

128. 周茂清:《“一带一路”与人民币国际化》,载《研究探索》2016 年第 5 期。

129. 周旺旺:《德国、法国与中国货币合作过程与动因的比较分析》,载《法国研究》2019 年第 4 期。

130. 朱鲁秀:《人民币汇率预期驱动香港地区离岸人民币金融中心假说成立吗?》,载《世界经济研究》2014 年第 11 期。

131. 中国财政部:《第四次中法高级别经济财金对话联合声明》,2016 年 11 月 14 日。

132. 中国财政部:《第五次中法高级别经济财金对话联合声明》,2017 年 12 月 1 日。

133. 中国财政部:《第六次中法高级别财金对话联合声明》,2018 年 12 月 7 日。

257. Soskice D. and Peter Hall, Varieties of capitalism: The institutional foundations of comparative advantage, Oxford: Oxford University Press, 2001.

258. Statistisches Bundesamt, "Volkswirtschaftliche Gesamtrechnungen, Bruttoinlandsprodukt ab 1970, Vierteljahres - und Jahresergebnisse," 4. Vierteljahr 2015, Wiesbaden, 2016.

259. Statistisches Bundesamt, "China is Germany's Main Trading Partner Once Again," February 18, 2019.

260. Statistisches Bundesamt, "China is the Most Important Import Country for the Fourth Year in a Row," March 21, 2019.

261. Statista, "Leading banks in Europe as of May 2019, by market capitalization (in billion USD)," 2019.

262. Sterling - Folker, Jeffiner, "Theories of International Cooperation and the Primacy of Anarchy Explaining Us: International Monetary Policymaking after Bretton Woods," New York: State University Press of New York Press, 2002.

263. Strange, Susan, Sterling and British Policy. A Political Study of an International Currency in Decline, London, New York, Toronto: Oxford University Press, 1971.

264. Strange, Susan, States and Markets. An Introduction to International Political Economy, New York: Basil Blackwell, 1988.

265. Streeck, Wolfgang and Mertens, Daniel, "An Index of Fiscal Democracy," Max - Planck - Institut für Gesellschaftsforschung, Köln, Discussion Paper 10/3, 2010.

266. Streeck, Wolfgang and Mertens, Daniel, "Politik im Defizit. Austerität als fiskalpolitisches Regime," Max - Planck - Institut für Gesellschaftsforschung, Köln, Discussion Paper 10/5, 2010.

267. Streeck, Wolfgang and Mertens, Daniel, "Fiscal Austerity and Public Investment. Is the Possible the Enemy of the Necessary?" Max -

Euro. Europeanization, Variation, and Convergence, Oxford University Press, 2002.

250. Rhodium Group LLC, Cross Border Monitor (CBM): People's Republic China European Union Direct Investment 2Q 2019 Update: Public Version, 15. July 2019.

251. Risse, Thomas, "The Euro between National and European Identity," in Robert M. Fishman and Anthony M. Messina, eds., The Year of the Euro: The Cultural, Social, and Political Import of Europe's Common Currency, Notre Dame, IN: University of Notre Dame Press, 2006.

252. Rogoff, Kenneth, "Can International Monetary Policy Cooperation Be Counterproductive?" Journal of International Economics, Vol. 18, 1985.

253. Schäfer, Armin and Streeck, Wolfgang, "Introdution: Politics in the Age of Austerity," in Armin Schäfer and Wolfgang Streeck, eds., Politics in the Age of Austerity, Cambridge: Polity Press, 2013.

254. Singer, David Andrew, "Uncertain Leadership: The US Regulatory Response to the Global Financial Crisis," in Eric Helleiner, Stefano Pagliar and Hubert Zimmermann, eds. Global Finance in Crisis. The Politics of International Regulatory Change, London and New York: Routledge, 2010, pp. 93 – 107.

255. Soskice, D., "Divergent Productions Regimes: Coordinated and Uncoordinated Market Economies in the 1980s and 1990s," in H. Kitschelt, P. Lange, G. Marks and J. Stephens, eds., Continuity and Change in Contemporary Capitalism, New York: Cambridge University Press, 1999.

256. Soerensen, Anders Ravn, "Monetary Organization and National Identity: A Review and Considerations," Journal of Cultural Identity, Vol. 9, No. 2.

ments London as Renminbi hub," Financial Times, 15. October 2013, London.

154. Howarth, David, "The French State in the Euro – Zone: 'Modernization' and Legitimizing Dirigisme," in Kenneth Dyson, ed., European States and the Euro. Europeanization, Variation, and Convergence, Oxford: Oxford University Press, 2002.

155. Howarth, David, "Bank of France: The Challenge of Escaping the Politicization," in Kenneth Dyson and Martin Marcussen, eds., Central Banks in the Age of Euro Area: Europeanization, Power and Convergence, Oxford: Oxford University Press, 2009.

156. Hobolt, Sara B. and Patrick Leblond, "Is My Crown Better than Your Euro? Exchange Rates and Public Opinion on the European Single Currency," European Union Politics, Vol. 10, No. 2, 2009.

157. Hu, Kun, "The Institutional Innovation of the Lender of Last Resort Facility in the Eurozone," Journal of European Integration, Vol. 36, Issue 7, 2014.

158. Hughes – Hallet, A. J., "The Impact of Interdependence on Economic Policy Design: The Case of the US, EEC and Japan," Economic Modelling, Vol. 4, 1987.

159. Humpage, Owen F., "A Hitchhiker's Guide to International Macroeconomic Policy," Economic Review, Vol. 26, No. 1, 1990.

160. Iida, Keisuke, "Analytic Uncertainty and International Cooperation: Theory and Application to international Economic Policy Coordination," International Studies Quarterly, Vol. 37, 1993.

161. Iida, Keisuke, International Monetary Cooperation among the United States, Japan, and Germany, Princeton: Princeton University Press, 1999.

162. James, Harold, International Monetary Cooperation Since Bretton Woods, Washington, D. C. International Monetary Fund and New

economic Conflict and Shifting Structure of the Global Economy," EUI Working Paper RSCAS No. 2005/11, Florence: European University Institute.

146. Henning, C. Randall, "The Global Liquidity Safety Net: Institutional Cooperation on Precautionary Facilities and Central Bank Swaps," New Thinking and the New G20 Series, Paper No. 5, 2015.

147. Hessisches Ministerium für Wirtschaft, Verkehr und Landesentwicklung, "Wirtschaftsminister Dieter Posch: Bündlung der Finanzaufsicht in Frankfurt überfällig," Wiesbaden, 14. Mai 2009.

148. Hessisches Ministerium für Wirtschaft, Verkehr und Landesentwicklung, "Internationalisierung des Renminbi (RMB) – Chancen für Frankfurt, Wirtschaftsminister Rentsch will stärkere Rolle Frankfurts im Chinahandel," Wiesbaden, 3. Juli 2013. Hessisches Ministerium für Wirtschaft, Verkehr und Landesentwicklung, "Rentsch reist mit Delegation nach China," 8. November 2013.

149. Hessisches Ministerium für Wirtschaft, Verkehr und Landesentwicklung, "Rentsch führt Gespräche in Peking," 11. November 2013.

150. Hessisches Ministerium für Wirtschaft, Energie, Verkehr und Landesentwicklung, "Ministerpräsident Volker Bouffier und Wirtschaftsminister Tarek Al – Wazir: Große Chance für unseren Finanzplatz," 28. March 2014.

151. Hessisches Ministerium für Wirtschaft, Energie, Verkehr und Landesentwicklung, "Renminbi – Handelszentrum ist Chance für den Mittelstand," 31. March 2014.

152. Hill, Christopher, Smith, Michael and Vanhoonackers, Sophie, eds., International Relations and European Union (3rd. Edition), Oxford: Oxford University Press, 2017.

153. Hornby, L., and P. Jenkins, "Chancellor George Osborne ce-

"Which foreign states support the global use of the Chinese renminbi? The international political economy of currency internationalization," The World Economy, March 2019.

36. China Daily, "Paris vies to be yuan hub," April 13th, 2013.

37. Chinn, M., and J. Frankel, "Will the Euro Eventually Surpass the Dollar as Leading International Reserve Currency?" NBER Working Paper 11510, Cambridge, MA: National Bureau of Economic Research, 2005.

38. Cohen, Benjamin J., The Future of Sterling as an International Currency, London: Macmillan, 1971.

39. Cohen, Benjamin J., Organizing the World's Money. The Political Economy of International Monetary Relations, London and Basingstoke: The McMillian Press Ltd, 1977.

40. Cohen, Benjamin J., The Geography of Money, Ithaca and London: Cornell University Press, 1998.

41. Cohen, Benjamin J., "The Triad and the Unholy Trinity: Problems of International Monetary Cooperation," in Jeffry A. Frieden and David A. Lake, eds., International Political Economy Perspectives on Global Power and Wealth, London and New York: Routledge, 2000, 4th edition.

42. Cohen, Benjamin J., The Future of Money, Princeton: Princeton University Press, 2004.

43. Cohen, Benjamin J., "The Macro – foundations of Monetary Power," in David M. Andrews, ed., International Monetary Power, Ithaca and London: Cornell University Press, 2006.

44. Cohen, Benjamin J., "Toward a Leaderless Currency System," paper presented at workshop "Wither the Key Currency?" Cornell University, Ithaca, New York, October 12th – 14th, 2007.

45. Cohen, Benjamin J., "Toward a Theory of Currency Statecraft,"

Working Paper, 2018.

46. Cohen, Benjamin J., The Future of Global Currency: The Euro Versus the Dollar, London, New York: Routledge, 2011.

47. Cohen, Benjamin J., "The Yuan Tomorrow? Evaluating China's Currency Internationalisation Strategy," New Political Economy, Vol. 17, No. 3, 2012.

48. Cohen, Benjamin J., Currency Power: Understanding Monetary Rivalry, Princeton, NJ: Princeton University Press, 2015.

49. Cohen, Benjamin J., "The IPE of Money Revisited," Review of International Political Economy, Vol. 24, No. 4, 2017.

50. Cohen, Benjamin J., Renminbi Internationalization: A Conflict of Statecrafts, Research Paper, Chatham House: The Royal Institute of International Affairs, March 2017.

51. Cohen, Benjamin J., Currency Statecraft: Monetary Rivalry and Geopolitical Ambition, University of Chicago Press, 2018.

52. Collette, Benjamin, François Gilles and Marie Arguello, A 10 - Year Retrospective on the Luxembourg Financial Sector and Its Impact on the Luxembourg Economy, Report of Deloitte Luxembourg, 2017.

53. Commerzbank, "New Commerzbank survey: Renminbi Continues to Establish Itself," Press Release, 25 July 2016.

54. Commerzbank, "New Commerzbank survey: Acceptance of the renminbi amongst German - speaking corporate customers in the D - A - CH region is developing continuously," Press Release, 11 June 2018.

55. Cooper, Scott, "Why Doesn't Regional Monetary Cooperation Follow Trade Cooperation?" Review of International Political Economy, Vol. 14, No. 4, 2007.

56. Cooper, Scott, "Monetary Blocs on the Periphery: Small State Choice or Great Power Hegemony?" Commonwealth and Comparative Politics, Vol. 46, No. 1, 2008.

57. Crouch, Colin, Industrial Relations and European State Tradition, Oxford: Clarendon Press, 1993.

58. Crouch, Colin, "The Euro and Labour Market and Wage Policies," in Kenneth Dyson, ed., European States and the Euro. Europeanization, Variation, and Convergence, Oxford: Oxford University Press, 2002.

59. Currie, D. A., P. L. Levine and N. Vidalis, "Cooperative and Noncooperative Rules for Monetary and Fiscal Policy in an Empirical Two-Bloc Model," in R. Bryant and R. Porters, eds., Global Macroeconomics: Policy Conflict and Cooperation, London: Macmillan, 1987.

60. Currie, D. A. and D. Vines, Macroeconomic Interactions between North and South, Cambridge: Cambridge University Press, 1988.

61. Currie, D. A., "International Cooperation in Monetary Policy: Has It a Future?" The Economic Journal, Vol. 103, No. 416, 1993.

62. Currie, D. A. and Paul Levine, Rules, Reputation and Macroeconomic Policy Coordination, Cambridge: Cambridge University Press, 1993.

63. Deutsche Bundesbank, "Presseerklärung zur IFD," 02 December 2003.

64. Deutsche Bundesbank, "Chancen des Finanzplatzes Deutschland," 23 September 2004.

65. Deutsche Bundesbank, "Bundesbank welcomes nomination of renminbi clearing bank in Frankfurt," 19 June, 2014.

66. Deutsche Bundesbank, "Renminbi clearing in Frankfurt," March 28, 2019.

67. Deutsche Bank, "Deutsche Bank for Renminbi Solutions: Why adopt the RMB," April 15, 2019.

68. Dobson, W., Economic Policy Coordination: Regime or Prologue? Washington: Institute for International Economics, 1991.

69. Dutta, M., "The Euro Revolution and the European Union: Monetary and Economic Cooperation in the Asia – Pacific Region," Journal of Asian Economics, Vol. 11, 2000.

70. Dyson, Kenneth, and Kevin F. Featherstone, Michalopoules, George, "Strapped to the Mast EU Central Bankers between Global Financial Markets and Regional Integration," in William D. Coleman, Geoffrey R. D. Underhill, eds., Regionalism and Global Economic Integration: Europe, Asia and the America, London and New York: Routledge, 1998.

71. Dyson, Kenneth, and Kevin Featherstone, The Road to Maastricht: Negotiating Economic and Monetary Union, Oxford: Oxford University Press, 1999.

72. Dyson, Kenneth, "Conclusions: European States and Euro Economic Governance," in Kenneth Dyson, ed., European States and the Euro. Europeanization, Variation, and Convergence, Oxford: Oxford University Press, 2002.

73. Dyson, Kenneth, The Politics of the Euro – Zone, Oxford: Oxford University Press, 2000.

74. Dyson, Kenneth, ed., European States and the Euro. Europeanization, Variation, and Convergence, Oxford: Oxford University Press, 2002.

75. Dyson, Kenneth, "Germany and the Euro: Redefining EMU, Handling Paradox, and Managing Uncertainty and Contingency," in Kenneth Dyson, ed., European States and the Euro. Europeanization, Variation, and Convergence, Oxford: Oxford University Press, 2002.

76. Dyson, Kenneth, "German Bundesbank: Europeanization and Paradox of Power," in Kenneth Dyson and Martin Marcussen, eds., Central Banks in the Age of Euro: Europeanization, Convergence and Power, Oxford: Oxford University Press, 2009.

77. Ebbinghaus, B., Reforming Early Retirement in Europe, Japan and the USA, Oxford: Oxford University Press, 2006.

78. ECB, Experience with Foreign Currency Liquidity – providing Central Banks Swaps, Monthly Bulletin August 2014.

79. ECB, The International Role of Euro, June 2018.

80. ECB, Protocol on the Statute of the European System of Central Banks and of the European Central Bank. (https://www.ecb.europa.eu/ecb/legal/pdf/en_statute_2.pdf.)

81. Eichengreen, Barry and Fabio Chironi, "European Monetary Unification and International Monetary Cooperation," working paper, 1996.

82. Eichengreen, Barry, "Relaxing the External Constraint: Europe in the 1930s," in George Alogoskoufis, Lucas Papademos, and Richard Portes, eds., External Constraints on Macroeconomic Policy: the European Experience, New York: Cambridge University Press, 1991.

83. Eichengreen, Barry, "Sterling's Past, Dollar's Future: Historical Perspectives on Reserve Currency Competition," mimeo, April 2005.

84. Eichengreen, Barry, "It may be Our Currency, but It is your problem," Australian Economic History Review, Vol. 51, No. 3, November 2011.

85. Eichengreen, Barry, and Domenico Lombardi, "RMBI or RMBR? Is the Renminbi Destined to Become a Global or Regional Currency?" Asian Economic Papers, Vol. 16, No. 1, 2017.

86. Eichengreen, Barry and Xia, Guangtao, "China and the SDR: Financial Liberalization through Back Door," CIGI Papers, No. 170 – April 2018.

87. Esping – Andersen, G., Three Worlds of Welfare Capitalism, Princeton: Princeton University Press, 1990.

88. Esping – Andersen, G., Social Foundations of Postindustrial E-

conomies, Oxford: Oxford University Press, 1999.

89. European Banking Federation (https://www.ebf.eu/).

90. European Commission, European Commission contribution to the European Council and the Euro Summit Towards a stronger international role of the euro, December 2018.

91. European Commission, Commission Recommendation on the international role of the euro in the field of energy, December 2018.

92. European Commission, Deepening Europe's Economic and Monetary Union Update ahead of the Euro Summit of 14 December 2018.

93. European Commission and HR/VP contribution to the European Council, EU – China – A strategic outlook, 12 March 2019.

94. European Financial Service Round Table (http://www.efr.be/).

95. European Parliament, Transcript of the Monetary Dialogue with ECB President, February 18th, 2013.

96. European Parliament, Transcript of the Monetary Dialogue with ECB President, September 25th, 2017.

97. European Round Table of Industrialists (https://www.ert.eu/).

98. Eurostat, China – EU – international trade in goods statistics: Share of EU in the World Trade.

99. Financial Times, "Bundesbank to include renminbi in its currency reserves," January 15th, 2018.

100. Fishman, Robert M. and Anthony M. Messina, eds., The Year of the Euro. The Cultural, Social, and Political Import of Europe's Common Currency, Notre Dame, IN: University of Notre Dame Press, 2006.

101. Flandreau, M., and C. Jobst, "The Empirics of International Currencies: Evidence from the 19th Century," mimeo, November 2005.

102. Frank, E., "The Surprising Resilience of the US Dollar," Review of Radical Political Economics, Vol. 35, No. 3, 2003.

103. Frankel, Jeffrey A. and Katharine A. Rockett, "International Macroeconomic Policy Coordination When Policy – makers Disagree on the Model," Working Paper No. 2059, 1986.

104. Frankel, Jeffrey A. , "Obstacles to International Macroeconomic Policy Coordination," Journal of Public Policy, Vol. 8, No. 3/4, 1988.

105. Frankel, Jeffrey A. , and K. E. Rockett, "International Macroeconomic Policy Coordination When Policy Makers Do Not Agree on the True Model," American Economic Review, Vol. 78, 1988.

106. Frankel, Jeffrey A. , Scott Erwin and Katharine Rockett, "International Macroeconomic Policy Coordination When Policymakers do not Agree on the True Model: Reply," American economic Review, Vol. 82, No. 4, 1992.

107. Frankfurt IHK, "Gewinn für Finanzplatz und Realwirtschaft," March 28th 2014.

108. Frankfurt Main Finance, "Renminbi is a Top Priority in the Financial Centre," March 28th, 2014.

109. Frankfurt Main Finance, "Friendly Visits Between China and Hesse," March 29th, 2016.

110. Frankfurter Rundschau, "Frankfurt Main Finance," August 25th 2008.

111. Frankfurter Rundschau, "Frankfurt 2030 Blick," August 30th 2008.

112. Frieden, Jeffry A. , "Domestic Politics and Regional Cooperation: The United States, Japan, and Pacific Money and Finance," in Jeffrey Frankel and Miles Kahler, eds. , Regionalism and Rivalry: Japan and the United States in Pacific Asia, Chicago: The University of Chicago Press, 1993.

113. Frieden, Jeffry A. , "Global Governance of Global Monetary Relations: Rationale and Feasibility," Economics, Vol. 3, 2009.

114. Fritz, Barbara and Laurissa Muehlich, "Varieties of Regional Monetary Cooperation: A Tool for Reducing Volatility in Developing Economies?" Contemporary Politics, Vol. 21, No. 2.

115. Funabashi, Yōichi, Managing the Dollar: From the Plaza to the Louvre, Washington: Institute of International Economics, 1989.

116. Fung, Hung – Gay, Derrick Tzau& Jot Yau, "Offshore Renminbi – Denominated Bonds," Chinese Economy, Vol. 46, No. 2, 2013.

117. Finance Watch (https://www.finance – watch.org/).

118. Gamble, Andrew and Dilemma, Gavin, "Britain and EMU," in Kenneth Dyson, ed., European States and the Euro. Europeanization, Variation, and Convergence, Oxford: Oxford University Press, 2002.

119. Genschel, Philipp and Schwartz, Peter, "Tax Competition and Fiscal Democracy," in Armin Schäfer and Wolfgang Streeck, eds., Politics in the Age of Austerity, Cambridge: Polity Press, 2013.

120. Gerring, John, "Causation: A Unified Framework for The Social Sciences," Journal of Theoretical Politics, Vol. 17, No. 2, 2005.

121. Grilli, V, D. Masciandaro and G. Tabellini, "Political and Monetary Institutions and Public Financial Policies in the Industrial Countries," Economic Policy, Vol. 13, 1991.

122. Global Capital, "Germany and the RMB Roundtable. Waving the Flag for the Eurozone," July 2014.

123. Goodman, John B. and Pauly, Louis W., "The Obsolescence of Capital Controls: Management in an Age of Global Markets," World Politics, Vol. 46, No. 1, Oct. 1993.

124. Gosh, Atish R. and Paul R. Masson, "Model Uncertainty, Learning, and the Gains from Coordination," American Economic Review, Vol. 81, No. 3, 1991.

125. Gowa, Joanne, Closing the Gold Window. Domestic Politics and the End of Bretton Woods, Ithaca and London: Cornell University

Press, 1983.

126. Gowan, Peter, "Cooperation and Conflict in Transatlantic Relations after the Cold War," Interventions, Vol. 5, No. 2, 2003, pp. 218 - 232.

127. Hall, Sarah, "Rethinking International Financial Centres through the Politics of Territory: Renminbi Internationalisation in London's Financial District," Royal Geographical Society, Vol. 42, 2017.

128. Handesblatt, "Die Bundesregierung entdeckt den Finanzstandort Deutschland," 02 September 2018.

129. Harsche, Johannes, und Uwe van den Busch, Hessisches Ministerium für Wirtschaft, Verkehr und Landesentwicklung, Finanyplatz Frankfurt: Akteure, Rahmenbedingungen, Perspektiven. Ausarbeitung im Rahmen des Finanzplatmonitorings der hessischen Landeregierung, Hessen Agentur GmbH, 2006.

130. Hasegawa, Masanori, "The Geography and Geopolitics of Renminbi: A Regional Key Currency in Asia," International Affairs, Vol. 94, No. 3, 2018.

131. Heise online, "Das plötzliche Verschwinden der Initiative Finanzstandort Deutschland," 07 Juli 2011.

132. Helaba, Finanzplatz - Fokus, Bankbeschäftigung Frankfurt - Panik unbegründet, 12. 03. 2013.

133. Helaba, Finanzplatz - Fokus, Bankbeschäftigung Frankfurt - Panik unbegründet, 12. März 2013.

134. Helaba, Finanzplatz Frankfurt Bewegt sich Weiter Jubiläumsausgabe, Juni 2016.

135. Helleiner, Eric, The Making of National Money: Territorial Currencies in Historical Perspective, Ithaca, NY: Cornell University Press, 2003.

136. Helleiner, Eric, and Andreas Pickel, eds., Economic Na-

tionalism in a Globalizing World, Ithaca, NY: Cornell University Press, 2005.

137. Helleiner, Eric, "Below the State: Micro - Level Monetary Power," in David M. Andrews, ed, International Monetary Power, Ithaca and London: Cornell University Press, 2006.

138. Helleiner, Eric, "Political determinants of international currencies: What future for the US dollar?" Review of International Political Economy, Vol. 15, Issue 3, 2008.

139. Helleiner, Eric, "Enduring Top Currency, Fragile Negotiated Currency: Politics and the Dollar's International Role," in Eric Helleiner and Jonathan Kirshner eds. , The Future of the Dollar, Ithaca, NY: Cornell University Press, 2009.

140. Helleiner, Eric, and Jonathan Kirshner, "The Future of the Dollar: Whither the Key Currency?" in Eric Helleiner and Jonathan Kirshner, eds. , The Future of the Dollar, Ithaca, NY: Cornell University Press, 2009.

141. Helleiner, Eric, Stefano Pagliar and Hubert Zimmermann, eds. , Global Finance in Crisis. The Politics of International Regulatory Change, London and New York: Routledge, 2010.

142. Helleiner, Eric, The Status Quo Crisis: Global Financial Governance After the 2008 Meltdown, United States: Oxford University Press, 2014.

143. Helleiner, Eric, "Dowansizing the Dollar in the Age of Trump: The Ambiguities of Key Currency Status," Brown Journal of World Affairs, Vol. 23, No. 2, 2017.

144. Henning, C. Randall, "Systematic Conflict and Regional Monetary Integration: The Case of Europe," International Organization, Vol. 52, No. 3, 1998.

145. Henning, C. Randall, "The Exchange Rate Weapon, Macro-

economic Conflict and Shifting Structure of the Global Economy," EUI Working Paper RSCAS No. 2005/11, Florence: European University Institute.

146. Henning, C. Randall, "The Global Liquidity Safety Net: Institutional Cooperation on Precautionary Facilities and Central Bank Swaps," New Thinking and the New G20 Series, Paper No. 5, 2015.

147. Hessisches Ministerium für Wirtschaft, Verkehr und Landesentwicklung, "Wirtschaftsminister Dieter Posch: Bündlung der Finanzaufsicht in Frankfurt überfällig," Wiesbaden, 14. Mai 2009.

148. Hessisches Ministerium für Wirtschaft, Verkehr und Landesentwicklung, "Internationalisierung des Renminbi (RMB) – Chancen für Frankfurt, Wirtschaftsminister Rentsch will stärkere Rolle Frankfurts im Chinahandel," Wiesbaden, 3. Juli 2013. Hessisches Ministerium für Wirtschaft, Verkehr und Landesentwicklung, "Rentsch reist mit Delegation nach China," 8. November 2013.

149. Hessisches Ministerium für Wirtschaft, Verkehr und Landesentwicklung, "Rentsch führt Gespräche in Peking," 11. November 2013.

150. Hessisches Ministerium für Wirtschaft, Energie, Verkehr und Landesentwicklung, "Ministerpräsident Volker Bouffier und Wirtschaftsminister Tarek Al – Wazir: Große Chance für unseren Finanzplatz," 28. March 2014.

151. Hessisches Ministerium für Wirtschaft, Energie, Verkehr und Landesentwicklung, "Renminbi – Handelszentrum ist Chance für den Mittelstand," 31. March 2014.

152. Hill, Christopher, Smith, Michael and Vanhoonackers, Sophie, eds., International Relations and European Union (3rd. Edition), Oxford: Oxford University Press, 2017.

153. Hornby, L., and P. Jenkins, "Chancellor George Osborne ce-

ments London as Renminbi hub," Financial Times, 15. October 2013, London.

154. Howarth, David, "The French State in the Euro – Zone: 'Modernization' and Legitimizing Dirigisme," in Kenneth Dyson, ed., European States and the Euro. Europeanization, Variation, and Convergence, Oxford: Oxford University Press, 2002.

155. Howarth, David, "Bank of France: The Challenge of Escaping the Politicization," in Kenneth Dyson and Martin Marcussen, eds., Central Banks in the Age of Euro Area: Europeanization, Power and Convergence, Oxford: Oxford University Press, 2009.

156. Hobolt, Sara B. and Patrick Leblond, "Is My Crown Better than Your Euro? Exchange Rates and Public Opinion on the European Single Currency," European Union Politics, Vol. 10, No. 2, 2009.

157. Hu, Kun, "The Institutional Innovation of the Lender of Last Resort Facility in the Eurozone," Journal of European Integration, Vol. 36, Issue 7, 2014.

158. Hughes – Hallet, A. J., "The Impact of Interdependence on Economic Policy Design: The Case of the US, EEC and Japan," Economic Modelling, Vol. 4, 1987.

159. Humpage, Owen F., "A Hitchhiker's Guide to International Macroeconomic Policy," Economic Review, Vol. 26, No. 1, 1990.

160. Iida, Keisuke, "Analytic Uncertainty and International Cooperation: Theory and Application to international Economic Policy Coordination," International Studies Quarterly, Vol. 37, 1993.

161. Iida, Keisuke, International Monetary Cooperation among the United States, Japan, and Germany, Princeton: Princeton University Press, 1999.

162. James, Harold, International Monetary Cooperation Since Bretton Woods, Washington, D. C. International Monetary Fund and New

York and Oxford: Oxford University Press, 1996.

163. Jensen, Henrik, "Monetary Policy Cooperation May Not Be Counterproductive," The Scandinavian Journal of Economics, Vol. 99, No. 1, 1997.

164. Jupille, Joseph and David Leblang, "Voting for Change: Calculation, Community, and Euro Referendums," International Organization, Vol. 61, No. 4, 2007.

165. Katada, Sori N., "Mission Accomplished, or a Sisyphean Task? Japan's Regulatory Responses to the Global Financial Crisis?" in Eric Helleiner, Stefano Pagliar and Hubert Zimmermann, eds. Global Finance in Crisis. The Politics of International Regulatory Change, London and New York: Routledge, 2010, p. 137 – 152.

166. Katzenstein, Peter B., A World of Regions: Asia and Europe in the American Imperium, Ithaca, NY: Cornell University Press, 2005.

167. Kawai, Masakiro and Shinji Takagi, "Towards Regional Monetary Cooperation in East Asia: Lessons from Other Parts of the World," International Journal of Finance and Economics, Vol. 10, 2005.

168. Kaelberer, Matthias, "The Euro and European Identity: Symbols, Power and the Politics of European Monetary Union," Review of International Studies, Vol. 30, No. 2, 2004.

169. Kenen, Peter B., "The Coordination of Macroeconomic Policies," in William H. Branson, Jacob A. Frankel, and Morris Goldstein, eds., International Policy Coordination and Exchange Rate Fluctuations, Chicago: University of Chicago Press, 1990.

170. Kenen, Peter B., "Currency Internationalization: An Overview," BIS Research Paper, Basel: Bank for International Settlements, 2009.

171. Keohane, Robert O., After Hegemony. Cooperation and Discord in the World Political Economy, Princeton, New Jersey: Princeton University Press, 1984.

172. Kindleberger, Charles P., "Group Behavior and International Trade," Journal of Political Economy, Vol. 59, No. 1, 1951.

173. Kindleberger, Charles P., "The Politics of International Money and World Language," Essays in International Finance, No. 61, 1967.

174. Kirchner, Emil, "China and the EU as Global Actors: Challenges and Opportunities for Joint Cooperation," Economic and Political Studies, Vol. 3, No. 1, 2015.

175. King&Wood Mallesons, Branching Out. Investment Opportunities in China in 2020, 2014.

176. Kirshner, Jonathan, Currency and Coercion: The Political Economy of International Monetary Power, Princeton, NJ: Princeton University Press, 1995.

177. Kirshner, Jonathan, "The Inescapable Politics of Money," in Jonathan Kirshner, ed., Monetary Orders: Ambiguous Economics, Ubiquitous Politics, Ithaca, NY: Cornell University Press, 2003.

178. Krugman, Paul, "The International Role of the Dollar: Theory and Prospect," NBER, 1984.

179. Liao, Steve and Daniel McDowell, "No Reservations: International Order and Demand for the Renminbi as a Reserve Currency," International Studies Quarterly, Vol. 60, 2016.

180. Liu, Hongsong and Shaun Breslin, "Shape the Agenda Jointly? China and the EU in G20," in Jianwei Wang and Weiqing Song, eds., China, The European Union and The International Politics of Global Governance, New York: Palgrave Macmillan US, 2016.

181. Luxembourg for Finance, Luxfin 2020: A Vision for the Development of the Luxembourg Financial Centre.

182. Luxembourg for Finance, SurprisingLux.

183. Luxembourg for Finance, LFF Activity Report, 2014.

184. Luxembourg for Finance, Activity Report, 2015.

185. Luxembourg for Finance, Activity Report, 2017.

186. Luxembourg for Finance, The Contribution of Luxembourg's Financial Center to the European Economy, 2017.

187. Luxembourg for Finance, Activity Report, 2018.

188. Luxembourg for Finance, RMB Business, 2018.

189. Luxembourg Government, MFIN, 13th Update of the Luxembourg Stability and Growth Programme 2012 – 2015, Luxembourg, 27. April 2012.

190. Marconi, Daniela, Lorenzo Bencivelli, Anna Marra, Alessandro Schiavone and Raffale Tartaglia – Polcini, "Offshore RMB Markets in Europe: Prospects for Freater Financial Integration between Europe and China," Banca d'Italia, Number 334, July 2016.

191. Marcussen, Martin, Ideas and Elites: The Social Construction of Economic and Monetary Union, Aalborg: Aalborg University Press, 2000.

192. Marcussen, Martin, "EMU: A Danish Delight and Dilemma," in Kenneth Dyson, ed., European States and the Euro. Europeanization, Variation, and Convergence, Oxford: Oxford University Press, 2002.

193. McCauley, Robert, "Renminbi Internationalization and China's Financial Development Model," for the Council on Foreign Relations/China Development Research Foundation workshop on the Internationaliztaion of the Renminbi, Oct 31 – Nov 1, 2011, Beijing.

194. McDowell, Daniel, "The (Ineffective) Financial Statecraft of China's Bilateral Swap Agreements," Development and Change, Vol. 50, Issue 1, Jan. 2019.

195. McKay, David, "The Political Economy of Fiscal Policy under Monetary Union," in Kenneth Dyson, ed., European States and the Euro. Europeanization, Variation, and Convergence, Oxford University Press, 2002.

196. McKibbin, W. J. and J. D. Sachs, Global Linkages: Macroeconomic Interdependence and Cooperation in the World economy, Washington: The Brookings Institution, 1991.

197. McNamara, Kathleen R., The Currency of Ideas: Monetary Politics in the European Union, Ithaca and London: Cornell University Press, 1998.

198. McNamara, Kathleen R., "Consensus and Constraint: Ideas and Capital Mobility in European Monetary Integration," Journal of Common Market Studies, Vol. 37, No. 3, 1999.

199. McNamara, Kathleen R., "Economic Governance, Ideas and EMU: What Currency does Policy Consensus Have Today?" Journal of Common Market Studies, Vol. 44, No. 4, 2006.

200. McNamara, Kathleen R., "A rivalry in the Making? The Euro and International Monetary Power," Review of International Political Economy, Vol. 15, Issue 3, 2008.

201. Mercer, Jonathan, "Human Nature and the First Image: Emotion in International Politics," Journal of International Relations and Development, Vol. 9, 2006.

202. Mersch, Yves, "China: Progressing towards financial Market Liberalization and Currency Internationalization," Speech in Luxembourg, 26. February 2014.

203. Millmow, Alex, "The Power of Economic Ideas: The Origins of Keynesian Macroeconomic Management in Interwar Australia 1929 – 1939," ANU Press, 2010.

204. Milner, Helen, "International Theories of Cooperation among Nations: Strengths and Weaknesses," World Politics, Vol. 44, 1992.

205. Mooslechner, Peter and Matin Schuerz, "International Macroeconomic Policy Coordination: Any Lessons for EMU? A Selective Survey of the Literature," in Andrew Hughes Hallett, Peter Mooslechner and

Martin Schuerz, eds. , Challenges for Economic Policy Coordination within European Monetary Union, 2001.

206. Moro, Giovanni, ed. , The Single Currency and European Citizenship: Unveiling the Other Side of the Coin, New York: Bloomsbury, 2013.

207. Moran, Michael, " Politics, Banks, and Financial Market Governance in the Euro – Zone," in Kenneth Dyson, ed. , European States and the Euro. Europeanization, Variation, and Convergence, Oxford: Oxford University Press, 2002.

208. Muk, E. , "Singapore to get RMB 50 billion of RQFII quota," Asian Investor, 23. October 2013, Hong Kong.

209. Song, J. , "Taiwan nears formosa bonds landmark," Finance Asia, 4 December 2013, Hong Kong.

210. Mundell, Robert A. , " EMU and the International Monetary System: A Transatlantic Perspective," working Paper No. 13, Vienna: Austrian National Bank, 1993.

211. Nelson, Stephen C. and Peter J. Katzenstein, " Uncertainty, Risk, and the Financial Crisis of 2008," International Organization, Vol. 68, No. 2, 2014.

212. Nordhaus, W. , "The Political Business Cycle," Review of Economic Studies, Vo. 42, 1975.

213. Oatley, Thomas H. , Monetary Politics: Exchange Rate Cooperation in the European Union, Ann Arbor: University of Michigan Press, 1997.

214. Odell, John S. , U. S. International Monetary Policy: Markets, Power and Ideas as Sources of Change, Princeton: Princeton University Press, 1982.

215. Odell, John S. , and Thomas D. Willett, "Introduction: International Monetary Cooperation, Domestic Politics, and Policy Ideas,"

Journal of Public Policy, Vol. 8, No. 3/4, 1999.

216. OECD, OECD Economic Surveys Luxembourg. Overview, March 2015.

217. OECD, OECD Reviews of Innovation Policy: Luxembourg 2016, 2016.

218. OECD, OECD Economic Survey of Luxembourg: Better Skills for More Inclusive Growth, July 21th, 2017.

219. Otero – Iglesias, Miguel, and Ming Zhang, "EU – China Collaboration in the Reform of the International Monetary System: Much Ado About Nothing?" Working Paper No. 2012W07, 2012.

220. Otero – Iglesias, Miguel, "The Euro for China: Too Important to Fail and too Difficult to Rescue," The Pacific Review, Vol. 27, No. 5, 2014.

221. Oudiz, Gilles and Jeffrey Sachs, "Macroeconomic Policy Coordination among the Industrial Economies," Brookings Papers on Economic Activity, Vol. 1984, No. 1, 1984.

222. Oudiz, Gilles and Jeffrey Sachs, "International Policy Coordination in Dynamic Macroeconomic Models," in Willem H. Buiter and Richard C. Marston, eds., International economic Policy Coordination, Cambridge: Cambridge University Press, 1985.

223. Oye, Kenneth A., "Explaining Cooperation under Anarchy: Hypothesis and Strategies," World Politics, Vol. 38, No. 1, 1985.

224. Pardo, Ramon Pacheco, Jan Knoerich and Yuanfang Li, "The Role of London and Frankfurt in Supporting the Internationalization of the Chinese Renminbi," New Political Economy, 2018.

225. Paris Europlace, "Finance for Growth" (https: //www. paris – europlace. com/en/our – priorities/finance – growth).

226. Paris Europlace, Paris, the only "Global City" of the European Union, on a par with London (https: //cn. ambafrance. org/IMG/pdf/

europlace. pdf).

227. Paris Europlace, The RMB Internationalisation: Paris, a hub for Europe, November, 2012.

228. Paris Europlace, "Paris EUROPLACE welcomes the bilateral currency swap agreement

229. between China and the Eurozone, the largest outside of Asia," 10. October 2013.

230. Paris Europlace, "Paris – Hong Kong Opportunities and Cooperation for the RMB Internationalisation," 21. November 2013.

231. Paris Europlace, "London Roadshow," 8. February 2017.

232. Paris Europlace, "Paris, A Major RMB International Hub," (https://www.paris – europlace.com/en/our – priorities/rmb – business).

233. Paris Europlace, The Only Global City of European Union, on a Par with London, 2016.

234. Parsons, Craig, "Showing Ideas as Causes: The Origins of the European Union," International Organization, Vol. 56, No. 1, 2002.

235. Pauly, Louis, "The Obsolescence of Capital Controls? Economic Management in an Age of Global Markets," World Politics, Vol. 46, No. 1, 1993.

236. Pauly, Louis W., "Capital Mobility, State Autonomy and Political Legitimacy," Journal of International Affairs, Vol. 58, No. 2, 1995.

237. Pauly, Louis W., "Financial Crisis Management in Europe and Beyond," Contribution to Political Economy, Vol. 27, 2008.

238. Pepper, G., Restoring Credibility: Monetary Policy Now, London: Institute of Economic Affairs, 1992.

239. Peter Gowan, "Cooperation and Conflict in Transatlantic Relations after the Cold War," Interventions, Vol. 5, No. 2, 2003.

240. Plasmans, Joseph, Jacob Engwerda, Bas Van Aarle, Giovanni Di Bartolomeo and Tomasz Michalak, Dynamic Modeling of Monetary and Fiscal Cooperation among Nations, Netherland: Springer, 2006.

241. Posen, Adam, and Arvind Subramanian, "Stabilizing Inflation: Why We will Need International Monetary Cooperation in the Coming Global Recovery," Oxford Review of Economic Policy, Vol. 26, No. 1, 2010.

242. Posner, Elliot, "Is an European Approach to Financial Regulation Emerging from the Crisis?" in Eric Helleiner, Stefano Pagliari and Hubert Zimmermann, eds. Global Finance in Crisis. The Politics of International Regulatory Change, London and New York: Routledge, 2010, p. 108 –120.

243. Putnam, Robert and Nichlos Bayne, Hanging Together: Cooperation and Conflict in the Seven – Power Summits, London: Sage, 1987.

244. Radaelli, Claudio, "The Italian State and the Euro: Institutions, discourse, and Policy Regimes," in Kenneth Dyson, ed., European States and the Euro. Europeanization, Variation, and Convergence, Oxford: Oxford University Press, 2002.

245. Raettig, Lutz, "Eröffnung, IHK Frankfurt, Internationalisierung des RMB: Chancen für Frankfurt," 3. July, 2013.

246. Reuters, "France plans currency swap line with China: paper – Reuters," 13. April 2013.

247. Reuters, "France to Ease Finance, Tax Rules to Attract Brexit Bankers," 11. July 2018.

248. Reuters, "Bank of France Currency Reserves Partly held in Chinese Yuan," 16. January 2018.

249. Rhodes, Martin, "Why EMU Is—or May Be—Good for Euroepan Welfare States," in Kenneth Dyson, ed., European States and the

Euro. Europeanization, Variation, and Convergence, Oxford University Press, 2002.

250. Rhodium Group LLC, Cross Border Monitor (CBM): People's Republic China European Union Direct Investment 2Q 2019 Update: Public Version, 15. July 2019.

251. Risse, Thomas, "The Euro between National and European Identity," in Robert M. Fishman and Anthony M. Messina, eds., The Year of the Euro: The Cultural, Social, and Political Import of Europe's Common Currency, Notre Dame, IN: University of Notre Dame Press, 2006.

252. Rogoff, Kenneth, "Can International Monetary Policy Cooperation Be Counterproductive?" Journal of International Economics, Vol. 18, 1985.

253. Schäfer, Armin and Streeck, Wolfgang, "Introdution: Politics in the Age of Austerity," in Armin Schäfer and Wolfgang Streeck, eds., Politics in the Age of Austerity, Cambridge: Polity Press, 2013.

254. Singer, David Andrew, "Uncertain Leadership: The US Regulatory Response to the Global Financial Crisis," in Eric Helleiner, Stefano Pagliar and Hubert Zimmermann, eds. Global Finance in Crisis. The Politics of International Regulatory Change, London and New York: Routledge, 2010, pp. 93 – 107.

255. Soskice, D., "Divergent Productions Regimes: Coordinated and Uncoordinated Market Economies in the 1980s and 1990s," in H. Kitschelt, P. Lange, G. Marks and J. Stephens, eds., Continuity and Change in Contemporary Capitalism, New York: Cambridge University Press, 1999.

256. Soerensen, Anders Ravn, "Monetary Organization and National Identity: A Review and Considerations," Journal of Cultural Identity, Vol. 9, No. 2.

257. Soskice D. and Peter Hall, Varieties of capitalism: The institutional foundations of comparative advantage, Oxford: Oxford University Press, 2001.

258. Statistisches Bundesamt, "Volkswirtschaftliche Gesamtrechnungen, Bruttoinlandsprodukt ab 1970, Vierteljahres – und Jahresergebnisse," 4. Vierteljahr 2015, Wiesbaden, 2016.

259. Statistisches Bundesamt, "China is Germany's Main Trading Partner Once Again," February 18, 2019.

260. Statistisches Bundesamt, "China is the Most Important Import Country for the Fourth Year in a Row," March 21, 2019.

261. Statista, "Leading banks in Europe as of May 2019, by market capitalization (in billion USD)," 2019.

262. Sterling – Folker, Jeffiner, "Theories of International Cooperation and the Primacy of Anarchy Explaining Us: International Monetary Policymaking after Bretton Woods," New York: State University Press of New York Press, 2002.

263. Strange, Susan, Sterling and British Policy. A Political Study of an International Currency in Decline, London, New York, Toronto: Oxford University Press, 1971.

264. Strange, Susan, States and Markets. An Introduction to International Political Economy, New York: Basil Blackwell, 1988.

265. Streeck, Wolfgang and Mertens, Daniel, "An Index of Fiscal Democracy," Max – Planck – Institut für Gesellschaftsforschung, Köln, Discussion Paper 10/3, 2010.

266. Streeck, Wolfgang and Mertens, Daniel, "Politik im Defizit. Austerität als fiskalpolitisches Regime," Max – Planck – Institut für Gesellschaftsforschung, Köln, Discussion Paper 10/5, 2010.

267. Streeck, Wolfgang and Mertens, Daniel, "Fiscal Austerity and Public Investment. Is the Possible the Enemy of the Necessary?" Max –

Planck - Institute für Gesellschaftsforschung, Köln, Discussion Paper 11/12, 2011.

268. Suzuki, Motoshi, "Economic Interdependence, Relative Gains, and International Cooperation: The Case of Monetary Policy Coordination," International Studies Quarterly, Vol. 38, 1994.

269. SWIFT, RMB Tracker, January 2016.

270. SWIFT, RMB Tracker, January 2017.

271. SWIFT, RMB Tracker, January 2018.

272. SWIFT, RMB Tracker, January 2019.

273. SWIFT, RMB Tracker, January 2021.

274. Swinburne, M. and M. Gastello - Brauco, "Central Bank Independence: Issues and Experiences," IMF Working Paper No. 58, 1991.

275. Takatoshi, Ito, "The Internationalization of the RMB: Opportunities and Pitfalls," for the Council on Foreign Relations/China Development Research Foundation Workshop on the Internationalization of the Renminbi, Oct 31 - Nov 1, 2011, Beijing.

276. Tavlas, George S., "On the International Use of Currencies: The Case of the Deutsche Mark," Essays in International Finance No. 181, Princeton, NJ: Princeton University, 1991.

277. Töpfer, Laura - Marie, and Sarah Hall, "London's Rise as an Offshore RMB Financial Centre: State - Finance Relations and Selective Institutional Adaption," Regional Studies, Vol. 52, 2018.

278. Triggs, Adam, "Macroeconomic Policy Cooperation and the G20," The World Economy, Vol. 41, No. 13, 2018.

279. Tsygankov, Andrei P., Pathways After Empire: national Identity and Foreign Economic Policy in the Post - Soviet World, New York: Rowman and Littlefield, 2001.

280. Underhill, Geoffrey R. D., "Global Integration, EMU, and Monetary Governance in the European Union: The Political Economy of

the ‘Stability Culture’,” in Kenneth Dyson, ed., European States and the Euro. Europeanization, Variation, and Convergence, Oxford: Oxford University Press, 2002.

281. Verdun, Amy, “The Role of the Delors Committee in the Creation of EMU: An Epistemic Community?” Journal of European Public Policy, Vol. 6, No. 2, 1999.

282. Verdun, Amy, European Responses to Globalization and Financial Integration, Houndmills, Basingstoke, Hampshire and London: Springer, 2000.

283. Verdun, Amy, “The Netherlands and EMU: A Small Open Economy in Search of Prosperity,” in Kenneth Dyson, ed., European States and the Euro. Europeanization, Variation, and Convergence, Oxford: Oxford University Press, 2002.

284. Verdun, Amy, “The European Union and the Global Political Economy,” in Christopher Hill, Michael Smith and Sophie Vanhoonackers, eds., International Relations and European Union 3rd. Edition, Oxford: Oxford University Press, 2017.

285. Volz, Ulrich, Prospects for Monetary Cooperation and Integration in East Asia, Cambridge, Massachusetts London, England: The MIT Press, 2010.

286. Wang, Hongying, “The Political Economy of Exchange Rates in East Asia,” in Thomas Oatley and W. Kindred Winecoff, eds., Handbook of the International Political Economy of Monetary Relations, Massachusetts: Edward Elgar, 2014.

287. Walter, Andrew, “Domestic Sources of International Monetary Leadership,” in David M. Andrews, ed., International Monetary Power, Ithaca and London: Cornell University Press, 2006.

288. Walter, Andrew, “Chinese Attitudes towards Global Financial Regulatory Cooperation: Revisionist or Statusquo?” in Eric Helleiner,

Stefano Pagliar and Hubert Zimmermann, eds. , Global Finance in Crisis. The Politics of International Regulatory Change, London and New York: Routledge, 2010.

289. Olivier Walther, Christian Schulz and Sabine Dörry, "Specialised International Financial Centres and Their Crisis Resilience: The Case of Luxembourg," Geographische Zeitschrift, Band 99, H. 2/3, 2011.

290. Webb, Michael, The Political Economy of Policy Coordination: International Adjustment Since 1945, Ithaca and London: Cornell University Press, 1995.

291. Wessels, Wolfgang and Linsenmann, Ingo, "EMU's Impact on National Institutions: Fusion towards a Gouvernance Economique or Fragmentation?" in Kenneth Dyson, ed. , European States and the Euro. Europeanization, Variation, and Convergence, Oxford: Oxford University Press, 2002.

292. Widmaier, Wesley W. , "Constructing Monetary Crises: New Keynesian Understandings and Monetary Cooperation in the 1990s," Review of International Studies, Vol. 29, 2003.

293. Widmaier, Wesley W. , "The Social Construction of the 'Impossible Trinity': The Intersubjective Bases of Monetary Cooperation," International Studies Quarterly, Vol. 48, 2004.

294. Willett, T. D. , Floating Exchange Rates and International Monetary Reform, Washington, DC: American Enterprise Institute, 1977.

295. Willett, T. D. and J. Mullen, "The Effects of Alternative International Monetary Systems on Macroeconomic Discipline and Inflationary Biases," in R. E. Lombra and W. E. Witte, eds. , Political Economy of International and Domestic Monetary Relations, Ames: Lowa State University Press, 1982.

296. Willett, T. D. , "National Macroeconomic Policy Preferences

and International Coordination Issues," Journal of Public Policy, Vol. 8, No. 3/4, 1988.

297. Willett, T. D. , "International Financial Markets as Sources of Crisis or Discipline?" Claremont Working Papers, Claremont Graduate University, Claremont, CA, 1998.

298. Willett, T. D. , "Developments in the Political Economy of Policy Coordination," Open Economies Review, Vol. 10, 1999.

299. Wright, Randall and Alberto Trejos, "International Currency. Advances in Macroeconomics 1," Article 3, 2001.

300. Prakash Kannan, "On the Welfare Benefits of an International Currency," European Economic Review, Vol. 53, 2009.

301. WTO, World Trade Statistics Review 2018.

302. Zhao, Minghao, "The Belt and Road Initiative and Its Implications for China - Europe Relations," The International Spectator, Vol. 51, No. 4, 2016.

303. Zimmermann, Hubert, "The Burden Sharing Problem in German - American Relations 1960 - 1967," German history, Vol. 14, No. 3, 1996.

304. Zimmermann, Hubert, "No Country for the Market: The Regulation of Finance in Germany after the Crisis," German Politics, Vol. 21, No. 4, 2012.

305. Zimmermann, Hubert, "Varieties of Global Financial Governance? British and German Approaches to Financial Market Regulation," in Eric Helleiner, Stefano Pagliar and Hubert Zimmermann, eds. Global Finance in Crisis. The Politics of International Regulatory Change, London and New York: Routledge, 2010, pp. 121 - 136.

后　记

本书的研究问题，出自2016年我和家人的一次严肃讨论。当时我们注意到人民币国际化开启后，中国与海外央行和政府开始建立的一系列货币合作。我本身是学德语的，所以自然而然关注人民币国际化背景下欧盟以及欧洲各国与中国建立货币合作的动机和过程差异。人民币国际化背景下，不同国家对与中国建立货币合作的反应、利益和动机以及过程差异研究，对于理解欧盟各国在货币问题上的行为逻辑与决策路径和更好地推进人民币国际化都十分有价值。随后，在与我的博导胡礼忠教授经过多次讨论确定了这个问题的研究意义和可行性后，我在德国指导教授的引导下，最终完成了博士论文。而此书正是在博士论文的基础上修改而成的。

很多博士生在着手博士研究计划时，往往是手忙脚乱却找不着重点和节奏，我也一样。尤其是当肩负期望却做不出成果的时候，感觉会更糟糕。我是在完成对欧洲利益集团对中欧货币合作影响的排查后，开始慢慢找到研究的感觉，也渐渐从读书—思考—写作中体验到美妙的快乐。这种美妙的乐趣也在与优秀的学者对话中得到沉淀，既为20年前Kenneth Dyson对欧洲货币联盟未来可能发生金融危机的智慧所佩服，又对Eric Helleiner的文笔感到惊羡，还对前欧洲央行行长Draghi的决策魄力感到折服。一篇博士论文，不管其缺陷如何，其在一个人人生中最大的贡献，就是帮助一个人实现思维的成长和精神的成熟。

当然，遗憾也是有的，但这可能就是博士论文的宿命。因为留学时间有限、经费有限，我无法完成对欧元区所有成员国央行和财政部的访谈，无法彻底走访欧盟主要机构以完成对中欧货币合作的政治和经济基础的实地考察，也因为经济学知识有限无法对欧洲央行的决策风格进行细致的考察。除了这些原因之外，答辩前半年我将注意力集中在写作工作论文和论文发表上，最后用来沉淀和修正博士论文的时间则有些仓促。

在答辩之前的一次新加坡会议上，有学者对以本书为基础修改而成的会议文章的研究价值和全球经济学背景的缺失提出建议。正式博士答辩时，评委意见集中在对中欧关系背景、中国发起人民币国际化的国内背景和承上启下的章节安排上。在本书修订过程中，已经采纳了这些意见。本书是在博士论文基础上做的进一步修订，尤其注重从结构上完善中国与欧元区货币合作的全球背景、双边关系背景以及中国国内背景，并对欧元区的由来、欧元区货币政治特点以及欧洲央行决策机制进行了更加详细的梳理。同时，也花费一些精力更新了人民币业务在欧元区不同国家的发展现状。

没有以下这些人的支持和帮助，本书的完成基本是不可能的：

首先，感谢我的博士论文指导老师胡礼忠教授，胡老师从一开始的叮嘱、后面及时回复我的每一个困惑到最后本书出版前也在回应我的修改疑虑，不仅关心我的论文写作和毕业就业，还时常关心问候我的家庭和家人。

其次，在博士第二年，感谢中国国家留学基金委和德国德意志学术交流中心的奖学金，资助我赴德国图宾根大学政治学研究所学习一年。期间，我的德国指导教授 Leo 是欧洲政治经济学领域多产型学者的代表，我最佩服和感激他的地方是他在每次的讨论中提出有意义的问题，引导研究不偏离正轨，这段枯燥、苦涩甚至郁结的时光让我终生受益。同时，也感谢研究所的 Abels 博士、Guntrum 博士等每次在 workshop 上对我的论文和研究提出的宝贵建议。另外，值得一提的是，图宾根大学政治哲学领域的 Dirksmeier 教授曾助我获得留学申请，让我见识到学家的仁者风骨，而逗留期间次次相遇并畅谈政治与人生的 Hasenclever 教授，又激发了我对学者生涯更高层次的思索。同时，对曾经接受我的学术访谈邀请的欧元区央行官员和经济学家依然怀有诚挚的谢意，他们的帮助使我收集到可以说是最核心的研究资料。

另外，现已调到交大的刘宏松教授和答辩委员会中来自上外的汪宁教授、章玉贵教授与复旦的胡令远教授、唐朱昌教授、潘锐教授等均对本书初稿曾提出建设性修改意见。本书已结合这些意见进行修改，再次向这些老师致以诚挚的谢意！同时，对曾经在柏林和香港帮我搜集资料的 Michael 表示谢意！

最后，博士毕业后，我加入了深圳技术大学外国语学院钟玲老师领导的团队。钟老师作为院长、前辈和同事，每次都会悉心为我解答来自新手青教的各种困惑，关心我的工作和生活。深圳技术大学良好的工作环境和团队氛围，也大大助益了本书的完成。特别对深圳技术大学学术著作出版基金资助出版深表谢意！另外，时事出版社编辑的兢兢业业工作使本书的及时出版成为可能，感谢编辑的努力付出。

写在最后，我先生在我读博写作本书初稿和后期修改出版过程中均给予了极大支持。记得有一个作者在自己的“致谢”里曾这样提到自己家人的贡献：“如果不是我太太和我们的三个孩子，我的书可能提早两年就完成了……”这当然博人一笑，我现在的感受却相反，重要的不是顺利地写完一本书，而是在这过程中成为更好的人，这就是我的家庭的贡献。

谨以此书献给我的父亲母亲。

周旺旺　于深圳坪山河畔

2021 年 3 月 15 日

图书在版编目（CIP）数据

欧元区人民币国际化动力机制研究/周旺旺著. —北京：时事出版社，2021.10

ISBN 978-7-5195-0436-6

Ⅰ.①欧…　Ⅱ.①周…　Ⅲ.①人民币—金融国际化—研究　Ⅳ.①F822

中国版本图书馆 CIP 数据核字（2021）第 165753 号

出版发行：时事出版社
地　　址：北京市海淀区彰化路 138 号西荣阁 B 座 G2 层
邮　　编：100097
发行热线：（010）88869831　88869832
传　　真：（010）88869875
电子邮箱：shishichubanshe@sina.com
网　　址：www.shishishe.com
印　　刷：北京良义印刷科技有限公司

开本：787×1092　1/16　印张：14.25　字数：220 千字
2021 年 10 月第 1 版　2021 年 10 月第 1 次印刷
定价：99.00 元
（如有印装质量问题，请与本社发行部联系调换）